U0501872

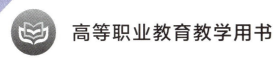

高等职业教育教学用书

中国职业技术教育学会教学工作委员会"十三五"重点课题研究成果

ZHIYE LIYI

职业礼仪

主　编　向多佳　李　俊

副主编　王容平　张乙喆　徐平乐　杨　立

参　编　雷朝晖　陆　蓉　陈德荣　张海庆

　　　　胡竹娅　彭　婷

高等教育出版社·北京

内容提要

本书是中国职业技术教育学会教学工作委员会"十三五"重点课题的研究成果之一。

本书以培养高素质技能型人才为核心,针对岗位特点,从实际出发,构建了十个职业礼仪学习模块,包括职业礼仪认知、职业形象塑造、职业仪态规范、职业交往礼仪、职场沟通礼仪、职场通用礼仪、服务礼仪训练、商务礼仪训练、社交礼仪训练以及礼仪活动策划。按照工作流程,每个模块分多个项目任务,同时设计了相应的能力训练,编写线条清晰,叙述精练,突出了职业特色,体现了教学内容与职业岗位和工作过程的关联性,操作性强。

本书适合作为高等职业院校公共基础课教材,也可以作为职业礼仪培训指导用书。

图书在版编目(CIP)数据

职业礼仪 / 向多佳,李俊主编. —北京:高等教育出版社,2020.8(2022.1 重印)
ISBN 978 - 7 - 04 - 054558 - 6

Ⅰ. ①职… Ⅱ. ①向… ②李… Ⅲ. ①礼仪-高等职业教育-教材 Ⅳ. ①K891.26

中国版本图书馆 CIP 数据核字(2020)第 119492 号

策划编辑 李光亮	**责任编辑** 李光亮 余 红	**封面设计** 张文豪	**责任印制** 高忠富	

出版发行	高等教育出版社	**网 址**	http://www.hep.edu.cn
社 址	北京市西城区德外大街 4 号		http://www.hep.com.cn
邮政编码	100120		http://www.hep.com.cn/shanghai
印 刷	上海天地海设计印刷有限公司	**网上订购**	http://www.hepmall.com.cn
开 本	787mm×1092mm 1/16		http://www.hepmall.com
印 张	22		http://www.hepmall.cn
字 数	495 千字	**版 次**	2020 年 8 月第 1 版
购书热线	010-58581118	**印 次**	2022 年 1 月第 3 次印刷
咨询电话	400-810-0598	**定 价**	43.00 元

本书如有缺页、倒页、脱页等质量问题,请到所购图书销售部门联系调换

编写说明

进入新时代以来,《国务院关于加快发展现代职业教育的决定》、中共中央办公厅国务院办公厅《关于深化教育体制机制改革的意见》等重要文件陆续印发,职业教育逐步成为国家技术技能人才供给的重要渠道,推动社会包容、和谐、创新发展的重要力量,助力个体全面持续发展、多样成才的重要路径。党的十九大报告指出,要完善职业教育和培训体系,建设知识型、技能型、创新型劳动者大军,弘扬劳模精神和工匠精神,营造劳动光荣的社会风尚和精益求精的敬业风气。

党的十九大以来,国家提出了加快构建现代职业教育体系、着力提高职业教育质量的大政方针。职业教育要定位于培养更多高素质技术技能人才,为建设现代化经济体系、推动经济高质量发展,加快实体经济发展、加快发展先进制造业和现代服务业,推动产业转型升级、促进就业创业、增进民生福祉、助力精准扶贫,为青年提供更多人生出彩的机会提供有力支撑,就迫切需要进行供给侧改革、提高职业教育质量。提高职业教育质量的关键是要坚持服务发展、促进就业的办学方向;健全德技并修、工学结合的育人机制;着力培养学生的工匠精神、职业道德、职业技能和就业创业能力;持续不断地加强职业教育标准体系建设。

面对新时代新要求,一方面,在建设现代职业教育体系的过程中,国家对职业教育的功能定位进行了调整,从以"服务为宗旨"变成"以服务发展为宗旨",隐含了服务社会经济发展和人的全面发展两方面的内容;从"以就业为导向"调整为"以促进就业为导向",隐含着从片面追求当期就业目标向追求全面考量当期和长期就业目标的转变,作为国民教育体系的一部分,职业教育将更加注重立德树人、全面育人、加强文化基础教育,强化人文素养教育;另一方面,随着我国经济转型发展、实施"中国制造2025"、全球经济一体化、社会分工进一步细化,以及"大众创业万众创新""学习型社会"和"终身学习"等观念深入人心,社会发展对技术技能型人才素质提出了更高的要求。因此,作为人力资源开发体系的一部分,职业教育将更加注重促进就业创业,加强职业核心能力培养,推动产业文化、工业文化、企业文化与职业教育的融合,对接国际标准,提高技能培养水平,大力提倡质量意识、环保意识、安全意识、绿色道德等。

2016 年以来,中国职业技术教育学会教学工作委员会陆续成立了相关的"十三五"重点课题组,紧紧围绕提高公共课教学质量这个核心问题,进行了持续不断的研究探索。课题组认真贯彻落实《教育部关于深化职业教育教学改革全面提高人才培养质量的若干意见》(教职成〔2015〕6 号)精神,紧跟高职专业教学标准制(修)订的工作步伐,努力探索以立德树人为核心,职业精神与职业技能高度融合的高等职业教育公共基础课教学改革模式,加强公共基础课与专业课的对接程度,提出更加科学、实用的高等职业教育公共基础课开课方案。通过不懈的努力,课题组厘清了高职现有职业素质类课程的开设依据文件(部颁教学文件或课程纲要),明确了各门职业素质类公共基础课程的课程功能定位,并着手开发了《职业素质教育》《职业发展和就业创业指导》《职业生涯规划》《就业与创业指导》《创新创业教育》《创新创业教育实践》《心理健康教育》《职业礼仪》等 8 门创新教材,实现了与修订高职专业教学标准同步对接。

在教材的编写中,课题组、高等教育出版社通力合作,并聘请教育部职业技术教育中心研究所、中国职业技术教育学会、人力资源社会保障部职业技能鉴定中心、中国职工教育和职业培训协会、北京师范大学、中国人民大学、天津职业技术师范大学和部分职业院校有关专家指导编写或者直接参与编写,组建了一个具有权威性和广泛代表性的编写团队。

教材的编写过程本着"把握新形势、找准新起点、构建新体系、推进新模式、配套新资源"的工作方针,紧紧把握新时代职业教育的历史方位,着力凸显工匠精神和职业精神、体现创新创业的时代特征,努力做到高职公共基础课程为学生的专业发展服务、为学生的职业生涯发展服务、为学生的核心素养和核心能力养成服务,为提高职业院校技术技能人才的培养水平提供了一套融思想性、实用性于一体的好教材。

希望广大职业院校积极参与新教材的试用,为我们提供宝贵的实践经验,以帮助我们持续改进教材质量。

中国职业技术教育学会教学工作委员会

高等教育出版社

前 言

习近平总书记在党的十九大报告中指出："文化是一个国家、一个民族的灵魂。"高度的文化自信，是一个国家和民族对自身拥有的生存方式和价值体系的深度认同与执着信念，是民族精神的聚合和社会风貌的展现，是推动社会主义文化繁荣、经济发展的强大动力。习近平总书记还强调，中国特色社会主义文化，源自中华民族五千多年文明历史所孕育的中华优秀传统文化。中华优秀传统文化是涵养中国人民文化自信的沃土。自古以来，中国在世界上就享有"礼仪之邦"的美誉。作为一种社会文化，礼仪是社会文明的标志。讲"礼"重"仪"，是灿烂的中华民族优秀传统文化的重要表征。"礼之用，和为贵。"直至今天，由先哲们所构造的礼仪体系仍一直影响着中国，乃至世界。《新时代公民道德建设实施纲要》第四部分第六条指出：要充分发挥礼仪礼节的教化作用。礼仪礼节是道德素养的体现，也是道德实践的载体。因此，我们创造性地在《职业礼仪》教材中引入了中国传统礼仪文化的内容，让高职学生通过学习，了解中国传统礼仪文化的精髓，从而在国际形势多变、国内改革加速和文化思想越来越多元化的复杂现实中，能够保持清醒的判断，坚持用正确的世界观、人生观、价值观来面对当下的学习与未来的职业生涯。

本书的编写，重点考虑了现代行业企业对技术技能人才越来越高的要求：既要符合新时期岗位的需求，掌握必要的技术技能，更要具备良好的职业素养、健全的人格、精益求精的工匠精神。因此我们充分发挥高职院校校企合作和产教融合的优势，汇集了优秀的教师和行业专家共同研究。企业专家熟悉岗位、教师熟悉教学，双方的契合能发挥出各自的优势和作用，共同做好教材开发工作，并以此为契机深化产教融合。本书内容从职业岗位出发，按照"教、学、做"一体化的教学要求，针对学生"学什么，怎么学"来进行设计与编写，将传授职业礼仪知识与培养职业礼仪技能相结合，强化学生职业素养的养成和专业技能的积累，既满足高职学生当前的学习需求和毕业后的工作需要，更体现立德树人的教育根本任务，努力培养德智体美劳全面发展的高素质强技能现代职业人才。

针对现代服务业的特点，本书打破传统教材的编写模式，努力创新《职业礼仪》教材编写形式，开发新型教材，以培养高素质技能型人才为核心，以能力为本位，通过行业专家和专业教师们对工作岗位和职业能力的分析,构建了十个系统化的职业礼仪学习模块。按照工作流程,每个模块分多个项目,线条清晰,叙述精练;学生可以明确所学内容在职业工作中处于哪个岗位、哪个工作环节,能够解决哪些问题,怎么解决问题。每个模块后面都设计有相应的能力训练,先描述职业环境、工具和条件,再提出工作流程,帮助学生建立职业认知。

本书突出了职业特色,内容简洁明了,以岗位任务、工作流程为依据,通过案例分析、情景导入或工作流程图等形式,体现教学内容与工作过程的关联性。同时,本书作为高职教材,教学针对性较强,坚持"理论以够用为度,实践教学以企业的基本业务为参照"的原则,把握高职教学的"度",按照实际工作过程的思路组织教学内容,力求语言简洁,论述清晰,操作步骤明确,可操作性强。

本书由成都职业技术学院向多佳、武汉职业技术学院李俊担任主编,成都工贸职业技术学院王容平、唐山工业职业技术学院张乙喆、成都职业技术学院徐平乐、湖南铁道职业技术学院杨立担任副主编,由向多佳负责审订编写大纲和教材统稿。各模块的编写分工如下:向多佳编写模块一、模块七,李俊、武汉职业技术学院陆蓉编写模块二,徐平乐编写模块三,张乙喆、唐山工业职业技术学院陈德荣编写模块四,王容平、成都工贸职业技术学院雷朝晖编写模块五,黑龙江绥化学院张海庆编写模块六,杨立编写模块八,四川交通技师学院胡竹娅编写第九模块,李俊、武汉职业技术学院彭婷编写模块十。

在编写过程中,我们参考了相关的教材和专著,借鉴了一些专家、学者的观点和资料,还参考了一些报刊、网络资料,限于篇幅,难以一一列举,在书末列出了主要的参考文献。在此,谨向各位专家、学者以及给予我们帮助的各位研究人员表示衷心的感谢!由于编写时间较仓促,书中难免还存在一些错误和遗漏,请大家不吝指教。

编　者
2020 年 5 月

目　录

模块一
职业礼仪认知

人无礼则不生,事无礼则不成,国无礼则不宁。

——《荀子·修身》

不学礼,无以立。

——《论语·季氏篇第十六》

项目一　礼　仪　认　知

项目学习目标

情感态度目标

1. 礼敬中国传统礼仪精华,自愿传承中国礼仪文化。
2. 开启主动明礼、自觉守礼、热情行礼的礼仪意识。
3. 激发对礼仪知识的求知欲。

技能目标

1. 能探寻和关注身边的礼仪现象。
2. 学会用正确的方法,观察、分析有关礼仪的事件。
3. 能采用礼仪的原则去规范自己的言行举止。

知识目标

1. 初识中国传统礼仪文化。
2. 把握礼仪的内涵,了解遵守礼仪的意义。
3. 了解礼仪的特征。
4. 掌握礼仪的原则。

项目学习内容

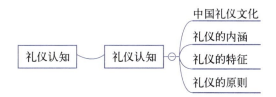

礼仪认知 —— 礼仪认知 —— 中国礼仪文化 / 礼仪的内涵 / 礼仪的特征 / 礼仪的原则

没有规矩不成良才二例

（一）清代第一才子纪晓岚家教很严，对子女有"四戒""四宜"的家训。"四戒"是：一戒晚起，二戒懒惰，三戒奢华，四戒骄傲。"四宜"是：一宜勤读，二宜敬师，三宜爱众，四宜慎食。"四戒"与"四宜"相辅相成，相映生辉。既告诉了后人什么不该做，又告诉了后人应该怎么做。寓意简洁明了，深刻透彻。

（二）清代教育家李毓秀所作的《弟子规》，以《论语·学而篇》中"弟子入则孝，出则悌，谨而信，泛爱众，而亲仁，行有余力，则以学文"为要旨，分别从在家、出外、待人、接物与学习等五个方面明确了"弟子"应当恪守的言行规范。以便于儿童朗诵背诵的形式，简单明白地讲明了做人的道理，达到了道德认知的启蒙作用。《弟子规》在中国传统文化中占有重要的地位，也是家喻户晓的家教读本。

案例分析

讨论：没有规矩行不行？为什么？懂规矩的人，给我们什么印象？

一个人，如果从小就受到良好家训家风的熏陶，那么在成长过程中、在为人处世上，就会有"法"可依，坚守内心。中国历史上有许多名人的家训家风令人称道，如并称为我国"四大家教范本"的《梁启超家书》《曾国藩家书》《颜氏家训》与《傅雷家书》，非常值得我们认真学习。

复旦大学教授钱文忠在《孝经全鉴》中有评：《弟子规》讲的是社会行为规范，让孩子知道应有的规矩，在孝顺父母、兄友弟恭中学会怎样与他人相处。其目的在于养成良好的行为习惯，培养诚敬的态度，形成仁爱的人格。（《钱文忠随笔精选》，长江文艺出版社，2016年版，第182页）

各高校的《大学生守则》或《大学生行为规范》都向大学生们明确了思想品德和言谈举止等要求，是对学生学习、生活、行为规范等方面的指导，也是学校对学生进行教育管理的依据。

有礼走遍天下，无礼寸步难行。自古以来，中国在世界上就享有"礼仪之邦"的美誉，"礼"字从古至今有多种书写方式（图1-1）。现在经济高度发达，社会对职业人员的素质要求越来越高，企业或组织对人才规格的要求也越来越严。学礼、知礼、懂礼、守礼、讲礼、行礼，早已成为现代职业人员的必修课程。懂礼施礼，才能展示职业人员良好的个人素

图1-1 "礼"字的演变

养、职业形象和人际交流与沟通能力,才能增强职业人员的职业竞争力,帮助其获得成功的从业感受和愉快的生活体验,进而实现个人和所在组织的双赢。

项目实施

1

任务　礼 仪 认 知

一、中国礼仪文化

(一)礼仪的缘起

了解礼仪的起源,有利于认识礼仪的本质,自觉地按照礼仪规范的要求进行各种社会交往活动。对于礼仪的起源,学术界有多种观点,各得其理。最主流的观点大致可以归为两种。

1. 源于祭祀仪式

"礼,履也。所以事神致福也。"——《说文解字》

有一种观点为多数研究者所认同,即礼仪起源于祭祀仪式。东汉许慎的《说文解字》对"礼"字的解释是:"禮,履也。所以事神致福也。从示从豊,豊亦聲。"意思是:礼是履行敬拜活动,用来祭祀神灵的一种庄重的仪式。从造字看,"礼"是会意字,"示"指神灵,从中可以看出,"礼"字与古代祭祀神灵的仪式有关。人们依制击鼓奏乐,在器皿里盛满美玉美酒等供品,敬拜祖先神灵,以求得到神灵的庇护和赐福。古代的祭祀活动不是随随便便可以进行的,它有着规定的方式和程序,必须严格地按照一定的程序和方式来进行。可以说,"礼"字的本义,是人们给上天供奉物品、祭祀神灵的仪式规制。

2. 源于风俗习惯

礼出于俗,俗化为礼。

有一种观点认为,礼仪起源于风俗习惯。人是群居动物,是不能离开社会和群体的。人们在长期的交往活动中,逐渐产生了一些约定俗成的风俗习惯,久而久之,这些风俗习惯就演变成人与人交际的规范。当这些风俗习惯被人们自觉地延续、遵守,并以文字形式记录下来,就逐渐成为人们交际交往固定的礼仪。遵守礼仪,不仅使人们的社会交往活动变得有序,有章可循,同时也能使人与人在交往中更具有亲和力,社会生活更加和谐。

综合两种观点来看,可以说,"礼"起源于原始宗教和风俗习惯。"礼"以义起,它是一个群体在形成共同心理和文化的过程中逐渐产生的。《荀子·礼论》云:"礼有三本:天地者,性之本也;先祖者,类之本也;君师者,治之本也。"

中国的古代礼仪早在三千多年前的西周时期就已基本成型。到了春秋时期,更是由孔子集其大成,发扬光大。而后又有孟子、荀子等大家不断增益,使得礼仪成为中国社会发展的重要精神支柱。礼仪不仅渗透在人们生活的方方面面,成为维持社会秩序与人际交往的规范与准则,还是治理国家的重要方略,影响着国家的政治制度。

"礼之用,和为贵。"直至今天,先哲们所构建的礼仪体系仍一直影响着中国,甚至影响着世界。

 小知识 ••

"三礼"——中国礼学经典

《周礼》《仪礼》和《礼记》,合称"三礼"。"三礼"之名,起于东汉郑玄注"三礼"。"三礼"是我国礼乐文化的典籍,是我国最早最重要的礼仪论著。

《周礼》,原名《周官》。它综合了从西周到春秋时期的王室和各诸侯国中出现的官制,也夹杂着战国时期的有关社会经济制度、政法制度、学术思想等,是我国典章制度之本。

《仪礼》,本名《礼》,记载了我国古代的亲族关系、宗教思想、内政外交情形以及当时的官室、车马、衣服、饮食等制度,是当时社会生活中士大夫的生活规范。

《礼记》,也称《小戴礼记》,是孔门弟子解释说明礼的理论和行礼的记载。其中既有儒家的经义,又有古代的典章制度。

(二) 修身与治国之本

"大概礼之起于祀神,故其字后来从示,其后扩展而为对人,更其后而为吉、凶、军、宾、嘉的各种仪制。"——郭沫若《十批判书》

礼文化是华夏文化的核心,华夏礼仪分为吉礼、凶礼、军礼、宾礼、嘉礼五种类型。祭祀之事为吉礼,丧葬之事为凶礼,军旅之事为军礼,宾客之事为宾礼,冠婚之事为嘉礼。五礼的内容非常广泛,从反映人与天、地、鬼神关系的祭祀之礼,到体现人际关系的家族、亲友、君臣上下之间的交际之礼;从表现人生历程的冠、婚、丧、葬诸礼,到人与人之间在喜庆、灾祸、丧葬时表示的庆祝、凭吊、慰问、抚恤之礼,可以说是无所不包,充分反映了古代中华民族的尚礼精神。

1. 个人修身准则

"不学礼,无以立。"——《论语·季氏》

礼是个人成人的必修课。周朝时期就制定有做人与修身的规范,如《尚书》《礼记》中都详细记载有许多关于个人应当遵循的语言和行为的规范。《论语·颜渊》有言:"非礼勿视,非礼勿听,非礼勿言,非礼勿动。"

从儿童启蒙教育开启礼仪的教化,从家规家训入手,引导儿童养成规范的言谈举止,懂得待人接物的礼仪。及至成人,行冠礼,是一个新的理解和践行华夏礼仪的重要节点。《礼记·冠义》有言:"凡人之所以为人者,礼义也。礼义之始,在于正容体、齐颜色、顺辞令。"其意是说,人之所以成为人,是因为讲礼义。礼义的开始,在于使举止端正,使态度端正,使言谈恭顺。首先,要求容貌体态的端正,即站得挺直,坐得稳重,这是行为端正最起码的要求。其次,要求表情必须表里如一,外表端庄稳重,不可以过分情绪化,内里诚恳朴实,不可以诡谲奸诈。再者,要求语言辞令必须和顺,说话温和委婉,不许骂人,不许说脏话。

礼的核心精神是对人对物对事的尊重,礼对人的道德修养具有涵化和培育的作用。荀子说:"故礼者,养也。"(《荀子·礼论》)对"礼"的永恒追求,和对"道德"的追求一样,成为中国人做人的目标,使人们能够自觉遵守"礼"的要求和准则,从而使人际关系长久保持了和谐,社会秩序也得以长期保持稳定。

 小链接

一则班规的影响

"出家门,正衣冠;入校门,勤问暖;团结友爱,礼让先……"

这是成都职业技术学院 2003 级计算机网络技术专业(2)班学生每天晨誓的"班规",也是违反纪律的学生在认识自己错误时的开场白。

毕业十多年以后,学生们和班主任向多佳老师相聚时,仍会齐声记诵。大家对在成职院所接受的教育依然记忆犹新,回忆了很多当年在学校发生的小故事,更分享了许多自己毕业后成长的经历和感受,甚至提到一个引导手势给自己的工作带来的收获……感激学校教育之情溢于言表。

2. 治国首要方略

"凡国之大事,治其礼仪,以佐宗伯。"——《周礼·春官宗伯·肆师》

孔子主张将礼施之于政治,施行礼治。在国家治理上,荀子也非常看重"礼"。《荀子·致士》中说:"故礼及身而行修,义及国而政明,能以礼挟而贵名白,天下愿,令行禁止,王者之事毕矣。"荀子以为,礼义是立法的精神,如果人们爱好礼义,其行为就会自然合法,甚至不用刑罚,百姓也能自然为善。如果以礼义为本,则法治就可以更好地发挥作用了。

学者何雪芹说:"自秦以下,中国历代政府大都采取外儒内法、礼法合治的治国方略,用儒家思想治民,用法家思想量刑,用礼涵化人心,用法安定秩序。以礼为主导,以法为准绳;以礼为内涵,以法为外貌;以礼移民于隐微,以法彰善恶于明显;以礼夸张恤民的仁政,以法渲染治世的公平……以礼入法使道德法律化,以法附礼使法律道德化。倡礼循法、礼法相济成为中国社会的治国传统,这种传统的治国模式,塑造了古代中国的政治和社会秩序,构建了传统中国和谐有序的社会结构,维护了中国古代社会的长期稳定。"

数千年来,"礼法并举"与"礼为法之大本"伴随着中华民族走过了一条不同于其他国家和民族的文明发展道路,具有鲜明的中国特色。

二、礼仪的内涵

礼仪是社会文明进步的标志。人们以礼仪构建社会活动的行为准则,以礼仪沟通感情,以礼仪促进友谊,以礼仪赢得和睦与安宁,以礼仪塑造善良诚实的人格品质。可以说,礼仪逐渐成为人们在社会活动中人际交往的"通行证"。

(一) 礼仪是一种社会文化

作为一种社会文化,礼仪在长期的社会发展中随着社会的变革而发生着变革。从原始社会的图腾崇拜、神灵崇拜、祖先崇拜,到后来的伦理道德、社会制度、人际交往基本规则等等,礼仪的发展经历了漫长的历史演变。就一种社会文化而言,应该说礼仪是社会文明的标志,是衡量一个国家、地区、民族文明程度高低、道德水平高低和社会风尚优劣的尺度,也是社会精神面貌和开化程度的反映。

(二) 礼仪是一种规范

"礼者,敬人也。"——《荀子·礼论》

礼仪是一种以自尊敬人、约定俗成的惯用形式所表现出来的待人接物的行为规范。它是人们在社会交往中受历史传统、风俗习惯、宗教信仰、时代潮流等因素影响而形成的,既为人们所认同,又为人们所遵守,是以建立和谐关系为目的的各种符合交往要求的行为规范。

礼仪作为一种规范,从狭义角度来讲,是指国家或组织及个人在一种正式活动和一定环境中采取的行为、语言等规范。从广义角度来讲,礼仪是人们在社会生活中的言行的规范和待人接物的标志,是社会文明程度的标志。

(三) 礼仪是"礼""仪"的总和

"礼"和"仪"指的都是尊敬的方式,是人们在社会交往活动中形成的行为规范与准则。礼仪,是对礼貌、礼节、仪表、仪式的统称。

1. 礼节与礼貌

把礼仪规范具体落实到个人身上,个人所表现出来的良好修养,即人们常说的礼貌。礼貌侧重于个人的品质与素养,包含一个人的思想道德水平、文化修养、文明程度、交际能力等内在修为。

礼节是礼貌的具体呈现方式。礼节是通过自尊敬人的约定俗成的通用形式来表达礼貌。一般不需要借助其他物品就可以完成,譬如拱手、鞠躬、握手、致意等。

礼貌是礼节的基础,是礼节的内涵;礼节是礼貌的具体表现方式,是礼貌的外现。礼节与礼貌之间的相互关系是相辅相成的。有礼貌而不懂礼节,在人际交往中手足无措,容易失礼;懂礼节而缺乏礼貌,在人际交往中会显得僵硬,缺乏诚意。

2. 仪表与仪式

仪表是个体性的,是指一个人的仪容修饰、服饰装扮、姿态表情等。它是一个人的礼貌修养、文明层次、欣赏美与创造美能力的外在展现。

仪式则大多是集体性的,也有个体性的,是对社会活动表达庄重与重视的具体呈现。一般需要借助其他物品来完成,如:升旗仪式、迎宾仪式、阅兵式、开幕式、祭孔大典、奠基仪式、开业庆典、成人仪式、结婚仪式等。

三、礼仪的特征

(一) 普遍性

礼仪是一种人类文明的积淀,它把人们在社会活动、交际应酬中的习惯做法固定下来,并逐渐形成社会活动、交流与沟通的定式。这是一种普遍的社会现象,并不会因为某些人的个人意志而改变。

在我们的现实生活中,几乎没有人可以不参加社会交往活动,而礼仪正是一门可以将社会交往活动导向成功,从而获得自信快乐与和谐共处的科学。一般而言,社会的文明程度越高,作为社会全体成员共同遵守的规则——礼仪所占的比重越大。随着人类社会文明程度的提高,礼仪必将进一步得到广泛的普及。

(二) 时代性

礼仪是人们在长期交往和共同生活中约定俗成的行为规则。在漫长的历史进程中,礼仪从内容到形式不断地被筛选和沉淀,同时又不断地被注入新鲜的内容。

随着世界经济全球化日益凸显,各个国家、地区、民族之间的交往日益密切,各个国家、地区、民族的礼仪也随之不断地相互影响,不断地推陈出新。到今天,礼仪以更加简洁、实用的形式存在,以适应现代高效率、快节奏的时代要求。正如稽首、顿首等跪拜礼已经逐渐淡出时代,取而代之的是致意礼、鞠躬礼、握手礼等表达简洁而明确的礼仪形式。

(三) 规范性

礼仪,指的是人们在社会活动中必须遵守的行为规范,是约定俗成的一种待人接物的惯用形式。

礼仪的规范性,不仅约束着人们在社会活动、交际场合的言谈举止,使之合乎礼仪,也是人们在社会活动、交际场合中必须要采用的一种"通用语言"。它帮助人们实现有效沟通,达成其参与活动的目的。要想在社会活动、交际场合表现得落落大方、彬彬有礼,任何人都必须重视礼仪的规范性,自觉地遵守礼仪的规范。

(四) 可操作性

礼仪来源于社会活动实践,而且直接为社会实践服务。礼仪的鲜明特点是具有规范的细节操作方法,且规则简明,切实有效。

礼仪注重一切从实际出发,从社会生活需要出发,注重言谈举止、穿着修饰、交流方式的规范和表情达意的正确发送。用细节操作周详地对礼仪原则加以贯彻,把它们落到实处,言之有物,行之有方。

四、礼仪的原则

现实中,必须要遵循一定的礼仪的原则,礼仪的规范才能得以正确地执行和落实。

(一) 敬人原则

"夫礼者,自卑而尊人,虽负贩者,必有尊也,而况富贵乎?"——《礼记·曲礼上》

敬人原则是礼仪的重点与核心内容。孔子曾经高度地概括了礼仪的核心思想:"礼者,敬人也。"

敬人的原则,是指在交际活动中,人们与交往对象既要相互尊敬,相互谦让,友好相待,和睦共处,更要尊重交往对象的人格,尊重交往对象的劳动,尊重交往对象的感情和喜好,将对交往对象的重视、恭敬、友好放在第一位。在与人交往的过程中,首先要尊重对方,唯有如此,才能让交往对方感受到自己的重视、敬意和友好,才能展示出自身良好的修养和素质,相应地也才能得到对方的真诚回报。《孟子》有云:"爱人者人恒爱之,敬人者人恒敬之。"

 小知识

尊重他人五要点

(1) 尊重上级。尊重上级是一种天职。
(2) 尊重同事。尊重同事是一种本分。
(3) 尊重下级。尊重下级是一种美德。
(4) 尊重客户。尊重客户是一种常识。
(5) 尊重所有人。尊重所有人是一种教养。

(二) 自律原则

"己所不欲,勿施于人。"——《论语·卫灵公》

礼仪的规范与法律、道德的约束不同。法律约束具有强制性,道德约束具有监督性,而礼仪约束更多的是认知、认同、服从与内化的自律性。前两者重他律,而后者重自律。

人际交往中,最重要的就是自我要求、自我控制、自我约束、自我对照、自我反省、自我检点,这就是自律的原则。任何人不论身份高低、职位大小、财富多寡、年龄大小,都应自觉遵守、应用礼仪,否则就会受到社会公众的谴责和轻视,人际交往就难以成功。

(三) 真诚原则

"巧诈不如拙诚。"——《韩非子·说林上》

在人际交往中,参与者必须诚心诚意,以诚相待,言行一致,表里如一。唯有如此,参与者所表达的尊重和友好,才会被交往对方理解和接受。

如若虚情假意,只是把礼仪当作伪装,当作道具,心口不一,投机取巧,言行相悖,或者人前是人,人后是鬼,不讲真诚,那么讲究礼仪就无从谈起,就只能是一种蒙骗他人、掩饰个人劣行的伎俩。

(四) 平等原则

"公曰:'凡待人,无贵贱贤愚,礼貌当如一。'"—— 司马光《涑水记闻　卷十五》

人际交往中,应坚持平等相待。古人云:"勿以身贵而贱人。"对任何交往对象都必须一视同仁,都应该给予同等程度的礼遇。不能因为交往对象在身份、地位、财富、种族、性别、文化、职业、年龄,以及与自己的关系亲疏远近等方面有所不同,就区别对待,厚此薄彼,给予不同待遇。在尊重交往对象、以礼相待这一点上,必须给予同等程度的礼遇。

另一方面,在人际交往中,交往者不应该因为自己年轻、地位低、财富少、文化层次低等因素而产生自卑、自轻、自惭、自贱的思想。从做人的角度，在人格尊严层面，人人都是平等的，所有人无一例外。

（五）适度原则

"多寡恰如其分，无不欣喜。"——李绿园《歧路灯》

适度，即恰如其分。这"恰如其分"里，最难的就是这"分"——分寸。我们用礼不失分寸，才让人舒服自在。

俗话说"礼多人不怪"，说明礼节不可欠缺。在实际应用礼仪时，我们还必须合乎规范，注意技巧，特别要注意针对不同的场合、不同的对象，把握分寸，适度得体，才能保证应用礼仪取得良好成效。

注意感情适度、谈吐适度、举止适度、用礼适度，才能真正赢得对方好评，达到交流与沟通的目的。凡事过犹不及，运用礼仪时，做得不到位，或者做得过了头，都不能正确地表达自己的自尊、敬人之意。《庄子》有云："君子之交淡若水，小人之交甘若醴。"

（六）从俗原则

常言道，百里不同风，千里不同俗。

由于国家、民族、风俗、地域文化、宗教信仰等背景的不同，在人际交往中，为表达我们对交往对方的尊重、友好，就应遵守从俗原则。一般而言，应坚持入国问禁，入乡随俗，入门问讳，与绝大多数人的习惯做法保持一致。

切忌唯我独尊，自以为是，指手画脚，目中无人，随意批评、否定其他人的习惯做法，否定不同于自己的做法。此种行为，只能得到众人的不悦和排斥，无法与他人和谐相处，更无法与他人愉快合作。折磨自己，也折磨别人。我们应坚持入乡随俗，与绝大多数人的习惯做法保持一致。这既是个人良好教养和礼貌的表现，更是赢得别人尊重、友好的好办法。

（七）谦和原则

"故礼恭而后可与言道之方，辞顺而后可与言道之理，色从而后可与言道之致。"——《荀子·劝学》

谦和是中国人的一种传统美德，更是现代社会活动与人际交往成功的重要条件。其表现为：谦恭有礼、随和大方、乐于听取他人的意见，显示出虚怀若谷的胸襟。谦和的人对周围的人具有很强的吸引力，有着较强的协调人际关系的能力。

当然，我们此处强调的谦和，并不是指过分的谦虚、无原则的妥协和退让，更不是妄自菲薄。应当认识到过分的谦虚其实是人际交往的障碍，尤其是在和西方人的交往中，不自信的表现会让对方怀疑你的能力。

（八）宽容原则

"以大度兼容，则万物兼济。"——《宋朝事实类苑·祖宗圣训》

懂得宽容，更智慧。"海纳百川，有容乃大"，"识高则量大"，都是在讲宽容的魅力，这个道理亘古不变。

　　宽容原则,是要求人们既要严于律己,更要宽以待人。不要求全责备,斤斤计较,更不要过分苛求,咄咄逼人;要多容忍他人,多体谅他人,多理解他人。在人际交往过程中,要能够允许他人有独立进行自我判断和个人行动的自由,能够容纳不同的观点、看法和与自己观念不合的行为,应该求同存异。对不同于自己,也不同于众人的言谈举止,应尽力去理解容忍,不可要求他人效法自身,与自己保持一致。

　　凡事心胸开阔一点,体谅他人,善解人意,才能够正确地对待和处理好各种关系与纷争,争取更长远的发展。

　　我们掌握并遵行礼仪的原则,在人际交往中方能彬彬有礼、受人尊敬,才能有效地进行交流与沟通,创建和谐的人际关系和和谐的社会。

案例:新加坡"罚"你没商量

模块一
职业礼仪认知

没有良好的礼仪,其余的一切成就都会被人看成骄傲、自负、无用和愚蠢。

——(英国)约翰·洛克

一个健全的心态,比一百种智慧都更有力量。

——(英国)狄更斯

项目二　职业认知与职业礼仪

项目学习目标

情感态度目标

1. 主动开启职业认知。
2. 建立角色定位意识。
3. 感知和认同职业礼仪的重要意义。
4. 主动学习进入职场的礼仪知识。

技能目标

1. 能分析职业礼仪与生活礼仪的区别。
2. 学会用角色定位理论去定位不同系统环境中自己的角色。
3. 能分享注重职业礼仪的意义。

知识目标

1. 了解职业意识。
2. 了解角色定位的基础理论。
3. 了解调整职业心态的方法。
4. 掌握职业礼仪的概念及适用场合。

项目学习内容

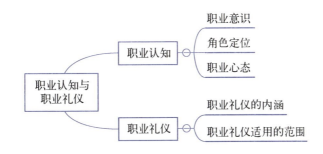

此境非彼境

第一天上班的小王，刚开始工作有点紧张。老张看到小王紧张的样子，就微笑着安慰他说："没关系的，大家都有个熟悉的过程。"小王感觉好多了，开始摸索着工作起来。中午在办公室里休息，小王惬意地听着音乐，习惯性地把脚跷到了办公桌桌面上，随着音乐抖抖，感觉很舒服。突然耳边传来老张的呵斥声："你怎么能把脚跷到办公桌上呢？这也太不像话了！"遭到老员工批评的小王赶紧把脚放下来，转眼看看周围几位同事，大家都皱皱眉头转过了脸。小王摸摸头，一脸疑惑。

讨论：小王疑惑什么？在家里可以随意跷脚，在办公室就不可以，为什么？

案例分析

家，是私密的休息地；其他我们付费的休闲类场所，是相对私密的休息的地方。在这些非正式、非工作的环境中，我们需要的是自我的放松与休息。只要不违反规定，不破坏公物，不影响他人，一般怎么舒服，我们就可以怎么做。

而公共场所、职场中，尤其是正式场合、办公区域，职业人员应该自觉规范自己的言谈举止，约束自己的散漫习惯，表现出自尊敬人的礼貌风范、彬彬有礼的处事态度，表现出职业人员应有的良好职业素质。只有这样，才能赢得大家的认可，才能与领导、同事和客户愉快合作。

由于社会经济的不断发展，我国社会职业构成发生了很大变化。2015 年版《中华人民共和国职业分类大典》职业分类结构为 8 个大类、75 个中类、434 个小类、1 481 个职业。其中，第四大类"社会生产服务和生活服务人员"，特别关注了新兴服务业的社会职业发展，主要按照服务属性归并职业，增加 7 个中类、50 个小类、81 个职业，共分为 15 个中类、93 个小类、278 个职业。

项目实施

任务一 职业认知

一、职业意识

（一）职业

所谓职业，是指人们所从事的在社会分工中具有专门技能的以获得物质报酬作为自己主要生活来源的能满足自己精神需求的工作。简单地说，是个人所从事的服务于社会并作为主要生活来源的工作。从实质上看，职业是社会职能专业化和个人角色社会化两者之间的统一。职业人员应该明白，职业对我们个人而言，并不仅仅是简单意义上的谋生

1

手段,它是我们创造事业、实现自我价值的平台,它还是我们生命品质的体现,是我们应承担的社会责任的升华。

社会的进步,有赖于社会全体成员,包括各行各业职业人员的共同努力。现代职业,除了传统范围的三百六十行,已经形成和正在形成无数新兴的职业。

(二) 职业意识

职业意识,一般是指人们对某一职业的认知、意愿和观点。它是人们对自己或他人所从事的某一职业劳动的认识、情感、态度和评价等在心理上的综合反映,是支配职业人员一切职业行为的指导思想。

职业意识是通过法律法规、行业规定、规章制度、员工守则等来具体呈现的。它是一个人从事某项工作时必须要遵守的最基本的硬性规定。职业意识既有社会共性的,也有与行业或企业相通的特殊性。它是一个人从事某项工作时必须要自我约束的最基本的思想观念。只有当我们的职业意识达到或高于规定的层次,我们的职业行为才会符合职业的要求,才可能成为合格的或优秀的职业人员,也才可能自觉、愉快地工作和进步。

(三) 修炼职业意识

我们可以从以下几个方面来具体认识和修炼职业意识。

1. 敬业意识

爱岗敬业,是作为职业人应该具有的意识,也是一种主人翁精神的体现。唯有敬业,热爱自己从事的职业,才会工作积极认真,有高度的责任感,具有良好的职业道德。

2. 诚信意识

《论语·为政》中说:"人而无信,不知其可也。"意思是:一个人要是不讲信用,或者失去了信用,不知道他还可以做什么。它告诉我们,人不可以不讲信用。市场经济是信用经济。为人处世,必须做到言而有信,才能取信于人;企业也只有取信于民,才能生存下去。

3. 顾客意识

顾客是商品或服务的挑选者、接受者和购买的决定者。市场的回报是公平的,又是残酷的。树立"顾客是上帝""顾客是商家的衣食父母"的顾客意识,是非常必要的。对待顾客的态度,实质上就是对待自己"生计""饭碗"的态度。

4. 团队意识

一个企业,一家组织,就是一个独立的社会经营团队,是由该企业或其他组织所有员工组成的一个利益共同体。而职业的分工越来越细,工作过程更加专业化,更需要加强团结合作。

团队意识即整体配合意识。一个团队唯有和谐通畅,上下同心,协同合作,才能共同进步,共创价值。

5. 自律意识

自律就是对国家法律法规、行业标准、企业制度及职业道德的自我服从。自律是自愿、自发地进行自我要求、自我约束、自我对照、自我反省、自我控制的行为,不需要外在监督就能实现。要分清职业与业余爱好的范畴,在担任职业角色时,能够克制自己的偏好与个人特殊习惯,克服自己的弱点,约束自己的行为。

6. 学习意识

新科技、新知识、新理念,在这个快速发展的时代中不断涌现。每个人要跟上时代步伐,实现人生价值,就必须不断自主学习,不断给自己充电,具备学习的能力。懒于学习的人,实际是在选择落后,实际是在选择离开。

7. 创新意识

创新意识是一个民族进步的灵魂,是一个国家兴旺发达的不竭动力。要创新,要具有强烈的创造欲、敏锐的观察力、准确的记忆力和良好的思维能力。创新意识的培养,需要用科学的方法进行思考,更需要锲而不舍的毅力。

二、角色定位

作为一名社会成员、一位职业人士,我们日常所饰演的角色是多种多样的,是根据自己所处的位置,以及时间、地点、空间环境、社会环境等诸多因素的不同而变化着的。

✐ 课堂互动 •----

讨论:以下两个案例中,有什么相似之处?

案例一: 小王刚被推为班长时,既兴奋又热情,时常去辅导员老师那里请示、汇报,经常和同学们讨论班级活动,每天进行班级检查与记录。不久,他感觉自己已经是班级"老大"了,可以独当一面。在后期班级活动中,他经常严厉批评同学,不再与同学讨论,也不听同学的建议,认为自己的方案就是最好的,连辅导员老师那里也不汇报了,往往自作主张,自行其是。

结果,同学们议论纷纷,大家开始疏远小王,他组织的班级活动也没有几位同学来参加。辅导员老师找他谈话,希望他改进工作方式。

案例二: 小杨是公司的一名销售助理。当他在协助领导做完一次年度营销规划后,就认为自己已经具备了战略规划的能力。在后期的工作过程中,做得少,说得多。当他看到一些他认为公司做得不尽完美的地方时,就凭感觉批评、议论;当他遇到自己也无法解决的问题时,就不停抱怨、发牢骚;还常在客户或同事面前指手画脚,认为某件工作应该如何如何做……

于是客户不认可,同事不服气,领导不满意。最后,逼得自己下岗,也给公司造成了一定的损失!

提示:

两个案例的相似之处是:角色错位。由角色定位错误而引起个人意识的偏差,导致言谈举止不符合应有的角色规范,从而导致结果没有向个人预设的线路发展。

作为职业人员,在内部交往和外部交往中,如何把控好自己的言谈举止?如何体现尊重与友好,达到最好的交流与沟通效果?

交流与沟通是双向的、互动的,需要相互的理解与支持,这就需要我们准确定位个人的职场角色,准确地发送职场信号。

(一) 自我角色定位准确

现实生活中,每个人都分别饰演着各种各样的角色,而且在不同的场合里,人们往往需要变换不同的角色。只有清楚地定位自己当下的角色,才能把事情做好。职业人员在工作时,必须首先明确自己此时此地所饰演的角色是什么,这是非常重要也是非常必要的。如果角色定位错误,工作中就会错位,就会发生言谈举止的偏差,就会导致人际交往和沟通的失败,就会影响工作的顺利进行。

职业人员在工作中,应首先明确自己所处的时间、地点、场合和当前的身份,调整好自己的心态,摆正自己的位置。

(二) 准确设计自我角色形象

俗话说,干什么,就要像什么。西方有句谚语:"你可以先装扮成那个样子,直到你成为那个样子。"由此可见,东西方都在强调角色形象的重要性。"像样",才能给人以职业化、专业化的第一印象,才能减少不必要的猜疑过程。

在工作中,每个人都应按照自己所承担的角色标准来进行扮演。为自己所担任的形象进行设计,就是让自己角色的定位具体化、明确化、形象化。发式、妆容、服饰、姿态、礼节等设计要具体落实到位,才可能获得上下、内外的一致认同和好评。

(三) 为对方进行必要的定位

对方是什么人,是怎样的人?在开始交流与沟通之前,我们必须弄清楚。只有明确定位了对方,方能不失分寸,表达得当,友好交往。

尊重他人,就要了解他人。在职场活动中,交际对象的身份各有不同。不同的交际对象,由于其职业、职务、性别、年龄、文化程度、身体状况、个人喜好、宗教信仰等的不同,交际的心理也不同。对对方进行必要的定位,是职业人员顺畅地与他人进行交流与沟通的重要准备工作。

(四) 遵守惯例,注意角色间的调整

按惯例交往,更容易让对方了解和接受我们对他的尊重和友好,因为惯例是社会约定俗成的表达方式,人人都了解。交往中,还要注意因双方关系的发展所导致的双方角色的变化,以及自己在各种交往对象,如客户、上司、同事等眼中的角色转换。

三、职业心态

在日复一日的职场工作中,会有倦怠、烦躁、郁闷、不如意等状态的出现。职业人员要提高职业意识,准确进行角色定位,还要调整好职业心态,才能更好地做好本职工作,更快地提升自己,更好地服务于所在组织。

(一) 加强职业道德修养

良好的职业道德,是每一位职业人员都必须具备的基本品质,这是行业、企业或其他组织结构对职业人员最基本的规范和要求,同时,也是每一位职业人员承担起自己的工作

责任的必备素质。

各种职业由于所固有的社会性质和社会地位不尽相同，决定了每一种职业在道德上往往都会有自己的特殊要求，各行各业都有与本行业性质一致的道德准则。可以说，职业道德是一种高度社会化的角色道德。

任何一种职业的职业人员都理当遵守该行业的职业道德，尤其是以公众为服务对象的现代服务业等。只有加强职业道德修养，提高思想意识，强化内心信念，调整好职业心态，才能调整好自己的工作状态，正确处理好各种关系，确保工作效率。

（二）培养健康的职业心态

心态是决定我们心理活动和思维的一种心理态度。心态左右着我们对人对事对环境的看法，而这样的看法又决定了我们对人对事的态度。

一般而言，有什么样的心态，就会有什么样的生活方式、人际关系和工作效果。狄更斯曾说："一个健全的心态，比一百种智慧都更有力量。"这句名言告诉我们一个真理：有怎样的心态，就会有怎样的人生。积极的职业心态，会滋养你去创造你的职业人生；消极的职业心态，会阻碍你职业人生的发展。

"好的心态决定一切。"职业人员应重点树立四种积极的职业心态：感恩、宽容、合作与换位。善待社会，善待他人，善待自己。

（三）调整个人职业心态

学会调整自己的职业心态，做快乐的职场精英。

1. 有健康的职业认知

成功学大师拿破仑·希尔有句励志名言："我的座右铭是：职业不分贵贱，唯才是用。"

人类文明越发达，社会分工就越细。快速的社会生活中，任何职业都是重要的，都是不可替代、不可或缺的。常言说，人人为我，我为人人。在社会生活中，大家互相服务，相互合作，谁都不可能超脱实际生活。职业没有高低贵贱，任何职业都是神圣的、崇高的，任何职业的从业人员都是平等的。因此，任何行业的职业人员都应具有高度的责任感、使命感和荣誉感。

2. 做出正确的选择

《孟子》有言："鱼，我所欲也，熊掌，亦我所欲也，二者不可得兼，舍鱼而取熊掌者也。"你是要努力工作，还是要任性休息。人要学会选择，首先就要学会放弃。舍得，不舍就不得，先有舍后有得。每个人都要学会放弃掉原以为是属于自己的东西。面对生存与发展，我们必须要做出正确的选择，以最好的姿态迎接人生的挑战。

3. 把控自己的情绪

面对不同层次、个性鲜明的服务对象，职业人员应学会控制好自己的职场情绪，努力把自己的情绪调整到最佳状态。只有在职场中管理好自己的情绪，不把消极情绪带到工作场所，才能赢得人们的尊敬。

拿破仑·希尔还说过，自制是人类最难得的美德，成功的最大敌人是缺乏对自己情绪的控制。愤怒时,不能遏制怒火,会使周围的合作者望而却步;消沉时,放纵自己的萎靡,会把稍纵即逝的机会白白浪费。

4. 学会缓解压力

俗话说,人生不如意事十之八九。《黄帝内经·素问》中说:"百病生于气。"有时,工作和生活的压力会让我们内心郁结,徒生闲气。此时我们应该学会自我减压,排解不悦。

从心理学上讲,每个人承受压力的能力是有限的。当你硬扛到承受不了时,你会崩溃,会垮掉。学会缓解压力,适度宣泄,放松紧张情绪,是非常必要的。这样,会更有利于调整心态,有利于积极地生活和工作。

知识链接:
缓解压力的
9个技巧

任务二　职 业 礼 仪

一、职业礼仪的内涵

职业礼仪,是职业人员在人际交往中,必须要掌握的自尊敬人的行为规范,是职业人员应遵守的人际交往的艺术。它包括言行举止的规范和美两个层次。

职业礼仪是职业人员从事社会工作的"通行证",是职业人员不可缺少的自我推销的工具。掌握职业礼仪的基本目的:一是塑造良好的职业形象,进而维护良好的组织形象;二是有效表达对他人的尊重,方便职业工作的交流与沟通。

所谓职业形象,就是社会公众对职业人员个人在工作过程中所展现的职业精神和职业素养的评价和反映。个人职业形象包括一个人的内在素质和外在特征两方面,既包括一个人的思想、道德、学识、性格、情趣等内在素养,又包括一个人的仪容、服饰、举止、语言等外在特征。每一位职业人员,只有加强自己的内在修养和强化个人的外在规范,力求内美外秀,才能树立和塑造良好的个人职业形象。

由于社会工作复杂多样,作为一位"一专多能"的即将跨入职场的预备职业人员,应该广泛了解未来自己将涉足的行业规则,了解涉及人际交往活动的各个主要方面的行为规范,以及涉及众多行业的行为规范。因此,我们将涉及人际交往活动的各个主要方面的行为规范和涉及众多行业的行为规范,作为职业礼仪的基本内容。

二、职业礼仪适用的范围

职业礼仪,是职业人员在人际交往中必须要掌握的自尊敬人的行为规范。它有"因为工作需要的人际交往"的界定,不完全是"放之四海而皆准"的通用法则。例如:在与家人、好朋友娱乐中,我们可放下正式工作场合中的郑重而规范的礼节,可以用轻松随意一些的礼节来问候,甚至是小范围的习惯来彼此问候,行为举止也可以放轻松一些。我们可以相互拍拍肩,拉拉手,可以呼唤乳名或爱称,可以斜靠入座,等等。否则,家人或好朋友会觉得不自在,觉得你矫揉造作,或者与他们生分了。而在职业工作当中,我们则应充分展示我们的职业礼仪修养,规范表达,以尊重上级领导、尊重同事朋友、尊重来宾、尊重客户、尊重自己。绝不能缺乏自尊和对他人的尊重,随随便便,言行夸张。尤其是在初次交往、公务交往和涉外交往中,更应讲究职业礼仪。

(一) 初次交往,应讲究职业礼仪

与对方第一次见面时,必须讲究职业礼仪。

第一次见面,双方互不了解。为了表现我们的礼貌,表现我们对对方的尊重与重视,展现所代表的组织的良好形象,营造友好的沟通氛围,以利于建立友好的合作关系,我们必须要讲究职业礼仪。若不这样,我们会自毁组织以及个人的形象,处处碰壁。

(二) 公务交往,应讲究职业礼仪

因为工作的关系,与对方进行合作与交流时,必须讲究职业礼仪。

在职业公务活动中,要排除一切个人意识。你代表的不再是个体的自然人,你代表的是组织或企业的形象。在因工作而进行的交往中,时时处处都应遵守职业礼仪,不论对方是陌生人还是熟人。只有双方都确认自己目前是某组织或某企业的职业工作人员的身份,才能保证双方的公务交往活动不发生偏差。

公务交往讲礼仪还有两个作用:一是和交往对象划清界限,保持适当的距离,以便分清利害关系;二是有利于维护组织形象。

(三) 涉外交往,应讲究职业礼仪

因为工作的关系,与国际友人进行合作与交流时,必须讲究职业礼仪。

国际交往的不断增加,使我们参与涉外活动的机会越来越多。外事无小事。在涉外活动中,我们应牢记我们是国家的代表,是民族的象征,必须严格执行国家的对外政策,与世界各国的朋友们相互尊重,平等相待,友好相处。

要尊重国际友人,就应了解他们国家常规的禁忌及喜好。所谓百里不同风,千里不同俗。只有了解差异,把握规则,我们所传递的信息才会是有效的,我们进行的沟通才会是成功的。

总结案例

经济信息管理专业大三学生小蒋,今天要和同学们一起去参加一家向往已久的公司招聘会。前一天,小蒋修剪了手指甲,还特意去美发店修剪了头发。今天,小蒋早早起了床,洗漱完毕,穿上准备好的职业套装,对着镜子,前看看后看看:调整表情、标准站、鞠躬礼,最后满意地笑了。叫上同学,大家一起出发去招聘会。

在场外等候时,有的同学特别紧张。小蒋虽也有些紧张,但他努力调整自己,默念着自己准备好的自我介绍。轮到小蒋面试,他深呼吸一下,向同学挥手,笑了笑就进场了。

一周以后,小蒋顺利接到了上岗通知书,同学们都来祝贺他……

面试当天,小蒋得体的装束和大方的仪态,展示了他职业意识清晰、角色定位准确、角色装扮恰当,这些都表明了小蒋具备了职业人的基本素养和入职的状态,因而使他成功脱颖而出,赢得了面试官们的认可。

模块一
职业礼仪认知

世界上最廉价,而且能得到最大收益的一项物质,就是礼节。

——拿破仑·希尔

知者行之始,行者知之成。

——王阳明《传习录》

项目三 职业礼仪养成

项目学习目标

情感态度目标

1. 认同"知行合一",方显职业素养。
2. 愿意主动学习,规范自己。
3. 积极接受职业礼仪的感知训练。

技能目标

1. 践行先知而后行,行必有所为。
2. 能举例分析学习职业礼仪的意义所在。
3. 能举例分析常见的职业礼仪学习误区。

知识目标

1. 认知学习职业礼仪的意义。
2. 了解职业礼仪养成的途径。
3. 掌握正确的学习职业礼仪的方法。

项目学习内容

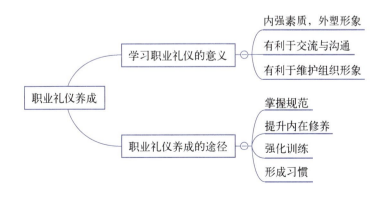

📎 **导入案例** ·

普京伸手"冒犯"女王
俄罗斯总统历史性访英第一天就两次犯错

俄罗斯总统普京 2003 年 6 月 24 日对英国进行历史性访问,他是一个多世纪以来首次访问英国的俄罗斯首脑,对此次历史性出访自然十分重视。虽然普京在出发之前曾"恶补"英国礼仪,但在第一天就免不了两次"犯规"。好在英国女王并不计较,"不知者不为错",普京还是赢得了英国王室和政府的好评。

抵达伦敦的第一天,普京就连犯两个错:第一,迟到。害得伊丽莎白女王顶着火辣辣的日头,站在白金汉宫大门口苦等一刻钟;第二,触碰女王。伊丽莎白二世步下马车时,颇为绅士的普京立刻上前轻扶女王手臂(图 1 - 2)。

图 1 - 2　普京扶女王

根据英国王室礼仪,来访的宾客不允许随便触碰女王。虽然女王年事已高,普京的举动是西方绅士风度的表现,但实际上却不符合王室礼仪。因为除了握手之外,其他人是不可以接触女王的。不过,对于普京的无心冒犯,女王似乎完全没有察觉,依然笑盈盈与普京一起步入白金汉宫。在场的英国人也都清楚,这位俄罗斯总统只是想对年长的女王表达尊敬之情。再说英国王室规矩繁杂,不是几天就能全部掌握的,大家也就一笑而过了。(摘自《中国日报》2003 年 06 月 24 日)

案例分析

讨论:具有非凡才能的普京虽然"在出发之前曾'恶补'英国礼仪,但在第一天就免不了两次'犯规'"。这说明什么?你有类似的经历或案例吗?

礼仪需要修炼。学习了,了解了,知道应该怎么做,这些只完成了第一步。因为每个人已经形成多年的习惯会深刻地影响到自身的言谈举止。要把新知识由内而外地转化为我们外在的行为、能力,还需要加强训练与积淀。从量的积累到质的提升,从学习模仿到自然展现,一定会有一个过程。在内化、养成的过程中,需要我们不断坚持努力。

项目实施

孔子说:"不学礼,无以立。"久习礼仪,能够将粗鄙无礼之人培养成文明文雅之人,会让人们在处理一些事务时产生一种庄重的态度,让大家共同拥有一个和谐共处的社会秩序。而当一个人的举手投足、一言一行都合于礼仪之后,他定然会是这个社会遵法守纪、文明礼貌、友善团结的好公民。

任务一　学习职业礼仪的意义

1

学习和掌握职业礼仪,对于个人来说,是进入职场的"身份证"和"通行证",是塑造职业形象的法宝,方便交流、沟通与协调内外各种人际关系,使个人得到更多的发展机会,获得愉快交流与合作幸福感。对于企业来说,员工的职业礼仪素养,是提升企业形象和提高企业竞争力的重要砝码,非常重要且必要。

一、内强素质,外塑形象

无数的事实和社会学家们的研究证明,在今天多元文化背景下的工作环境中,仅仅通晓自己的专业知识是远远不够的。著名的美国成人教育家卡耐基说过:"一个人事业的成功,15%基于专业技术,85%取决于人际关系和处事技巧。"

作为职业人员,不仅要具有扎实的专业知识和专业技能,具有强烈的竞争意识和创新意识,而且要具备良好的个人修养,善于塑造良好的职业形象,具有较强的交际能力,善于熟练运用交往艺术。

(一) 职业礼仪是职业人员内强素质的重要内容

要自尊,要自信,就要自强,就要不断地要求自己,锤炼自己,使自己修炼成高度文明、品德高尚且品貌端庄的人。不断地学习职业礼仪,讲究职业礼仪,才能不断地进步,让自己更自信、更自尊。

要与人合作愉快,就要懂得尊重对方。而懂得如何尊重他人,善于并且准确表达对他人的尊重,正是职业交往的基本条件,这需要职业人员认真学习,熟练掌握。

(二) 职业礼仪是塑造职业形象的重要手段

在职业活动中,职业礼仪是职业人员自我推销的工具。讲究职业礼仪,交谈可以变得愉悦;讲究职业礼仪,举止可以变得高雅;讲究职业礼仪,穿着可以变得有品位;讲究职业礼仪,行为可以变得美好。一个人讲究礼仪,有助于塑造良好的职业形象,就可以让自己变得彬彬有礼、落落大方、充满魅力。

礼貌的举止,有利于自己事业的发展,并提升自己的职业形象;而不礼貌的行为,可能会使升职从此与你无缘,甚至会让你失去工作的机会。

讲究职业礼仪,能够有效地提升个人素质,塑造良好的职业形象。通过不断的学习,有效地提升个人内在素质,由内而外地彰显良好的综合素质;通过不断的培养,有效地提升个人外在形象,自然地流露出我们职业的精神和素养。

二、有利于交流与沟通

讲究职业礼仪，有利于职场交流与沟通。有礼仪修养的职业人员，给人以有教养、有能力、有风度的印象，能获得更多的理解、帮助和支持。还会让人联想到：如此优秀的员工，他所在的企业或组织一定具有强大的实力和影响力。

（一）用职业礼仪疏通交往渠道

职业活动中，我们每时每刻都离不开与人交往。要使我们的人际交往有效、高效，我们必须善于建立良好沟通渠道。"礼之用，和为贵。"讲究职业礼仪，就是用尊重、真诚与谦和去打通人际交往的阻碍，把尊重、真诚和友好传达给交流的对方，疏通交往渠道，让对方接受、重视彼此之间的联系，从而建立起良好的双边关系，有利于双方的人际交流与沟通。

（二）用职业礼仪架起沟通桥梁

职业礼仪展示交往的艺术，是职场沟通的桥梁。

人们在职业交往中，只要自觉地遵守礼仪规范，就容易疏通交往渠道，建立感情，缓解和避免不必要的冲突与障碍；善用职业礼仪，就能准确地表达尊重与重视，架起沟通的"桥梁"，让交流如水上飞虹般安全、快捷、顺畅。

如果你的职业礼仪掌握得炉火纯青，你的言谈举止就会处处生花，处处给人美景，让人们享受与你的交流和沟通，让交往活动更艺术、更美好、更顺畅，从而有效、高效地进行人际交往与沟通。

三、有利于维护组织形象

市场经济社会中，各行各业竞争激烈，谁赢得了社会公众，谁就赢得了市场，亦即赢得了生存，赢得了发展。商界有句名言：形象就是宣传，形象就是效益，形象就是服务，形象就是生命。

职业人员在工作中，应首先明确自己所处的时间、地点、场合和当前的身份，调整好自己的心态，摆正自己的位置。在工作中、在公务交往时，职业人员代表的并不仅仅是个人，更多层面上代表的是组织整体。此时，个体是组织的典型形象，每一个体都是组织的形象代表。社会公众对该组织每一个体形象的评价，直接关系到社会公众对该组织的评价和取舍。因此，讲究职业礼仪，塑造良好的职业人员形象，有利于维护并正确展示所在组织的形象，传递出所在组织的文化、服务水平及管理水平。

由此可见，职业礼仪绝非仅是一个组织可有可无的点缀、装饰，它俨然成为组织文化和现代组织管理制度的重要组成部分。讲究职业礼仪，可以展示职业人员的个人素质、教养和能力，塑造良好的职业形象，也展示所在组织的文明程度、管理水平、服务质量，塑造良好的组织形象，同时直接为该组织带来经济效益和社会效益。

职业人员掌握和运用职业礼仪，能有效提升自身的职业形象，为顺利开展业务活动铺路架桥，为所代表的组织赢得市场和效益。当今社会里，职业礼仪不仅实用，而且与我们的生活息息相关、密不可分。

任务二　职业礼仪养成的途径

"知之真切笃实处即是行,行之明觉精察处即是知。"——王阳明《传习录》

要提高自己的职业礼仪素养,需要知行合一,循序渐进。

1

一、掌握规范

我们希望做到的是:自己所犯的每一个错误都是出于无意,而非存心为之。有些人在交际中失礼,并非他内心不想讲礼貌,而是因为他不懂得怎样来表现自己的礼貌,心有余而力不足,显得手足无措,无法让自己和他人满意。甚至有人已经失礼了,但自己却毫无察觉,这实在是遗憾而可悲的事情。

礼仪是一门专门研究人的交际行为规范的科学,是一门融理论性与实践性为一体的学科。《礼记·中庸》中说:"博学之,审问之,慎思之,明辨之,笃行之。"培养职业礼仪修养,必须掌握一定的职业礼仪理论知识,还要加强职业道德修养,接受专门的职业礼仪技能训练。

二、提升内在修养

从个人职业修养的角度来看,职业礼仪是一个人的内在修养和综合素质的外在表现,可以说是一种内在美的展现;从职业道德的角度来看,职业礼仪是为人处世的行为准则,可以说是一种心灵美的外化;从传播的角度来看,职业礼仪是一种在人际交往中进行信息交流、相互沟通的技巧,可以说是一种智慧美的体现。

如果缺乏礼仪修养,礼仪的外在形式就只是一种"花架子",只能用来掩盖内心的无知或虚伪,而不可能给人以尊重、真诚、友好之感。

(一) 有德才会有礼,无德必定无礼

孔子十分重视"礼"的教育,同时也非常强调道德的修养。他说:"居处恭,执事敬,与人忠。"一个人思想美、心灵美,才能成就外在美。

(二) 文化修养的提高推动礼仪修养的提高

文化知识水平与个人的素质息息相关。有教养的人,大多是有知识、懂科学、有文化的人。他们自信稳重、举止文雅、谈吐大方,而且思考问题周密,分析问题透彻,处理问题有方,在社会交往中具有吸引力。反之,文化层次较低的人,大多缺乏自信,或给人以木讷、呆滞之感,或给人以狂妄、粗俗、浅薄的印象。

(三) 加强艺术修养,培养高雅的气质

艺术作品包含着丰厚的民族文化内容,更凝聚着艺术家的思想、道德和人生态度。我们在欣赏艺术作品时,必然会受到民族文化的熏陶,获得审美的陶醉和感情的升华,学会

欣赏美、鉴赏美、创造美。思想得到启迪,高尚的情操和文明的习惯就会逐渐培养起来,高雅的气质会逐渐地形成。

简而言之,礼仪绝非仅仅是一种外在的表现形式,它体现了一个人的学识、修养、才能和价值观等,是一个人的内外在素质的综合反映和自然流露。

三、强化训练

伏尔泰说,外表的美只能取悦于人的眼睛,而内在的美却能感染人的灵魂。这里的"外表的美"指的是我们看得见的容貌美、服饰美、姿态美等。而"内在的美"又是如何感染他人的呢? 那一定得通过人们的约定俗成的规范行为表达,即言谈举止、一言一行,才能让他人观察到、感受到、感知到。

(一) 内在美不等于外在美

人们常说,内在美决定外在美,但并不等于说思想品德高尚、文化水平高,就自然具有了良好的仪表、大方的举止、礼貌的谈吐、优雅的风度。在人们的内在素质与外部表现之间,还受到某些中间介质和审美观的制约。因此,两者并不总是一致的,不是有了心灵美,就必然具有美丽的仪表、风度,这是不符合生活实际的。

(二) 外在美同样需要培养和提升

外在美的培养,有它自己的形成途径,是后天教育中必需的。要会做,做得美,就必须花大力气进行规范实践、训练。训练可以帮助纠正不文明、不得体的言语和举止,反复练习,重复体验,直到真正掌握。

(三) 做到内在美与外在美的统一

真正的美,是内在的心灵美、智慧美与外在的行为美、形式美的完美的统一。一个人只有内外兼修,才能内秀外美,方能让人刮目相看。要自带"彬彬有礼、端庄大方"的光环,就要具备礼仪修养,其形成有一个学习—内化—训练—外显—实践—反省—熟练的培养过程,而绝非一蹴而成或自然而成的。

从形式上看,礼仪规范只是些穿着打扮、举手投足、表情达意的"小问题",没有什么复杂高深的学问和技能。但要达到规范大气,能够应付自如、游刃有余,展示良好的内外在素质、交往形象优美和艺术的境界,就需要长期的知识积累、训练和不断的实践。

塑造美的形象,培养挺拔的气质,使动作更优雅、行为更规范、气质更迷人,更能彰显职业气质和精神。

知识链接:
"威武之师、文明之师、胜利之师"

四、形成习惯

职业人员的一举一动正是个人内在美与外在美的显性表现。"知是行之始,行是知之成。"知是行的开端,行是知的结果。知是行的宗旨,行是知的落实。知的方向越明晰,则行的力量越加笃实,则知之益明。

（一）实践检验真知

职业礼仪知识是用来指导实践的，若知识不能与实践相结合，这样的知识学习再多，于事又有何用呢？俗话说：知而不行，犹如不知。知识不是用来说给别人听的，是用来指引自己行为的。知道就要做到，就要内外兼修，外化自己内在美，准确表达自己的尊重、真诚、友好与合作，否则就不是真的具备了职业礼仪的知识。

（二）学以致用才是目的

学习职业礼仪，要做到学以致用，养成良好的行为习惯。

礼仪就像空气一样，生活中无所不在。职业礼仪修炼是一个自我学习、自我磨炼、自我培养的过程。我们每天都有许多交际的机会，我们应该有意识地把每一次交往都作为锻炼自己交际能力的机会，不断地学习，还要善于向他人学习，不断地实践，不断地总结，养成良好的行为习惯，才能不断提高自己的礼仪水平，最终成为一位优秀的职业人士。

《礼记·曲礼》有言："人有礼则安，无礼则危；故曰：礼者，不可不学也。"通过接受职业礼仪的教育和训练，人们会渐渐树立高尚的道德信念，人们的心灵会得到升华，从而获得一种内在的力量去维系礼仪的规范，自觉地通过自我要求，自我约束，使自己成为一个高尚的人、纯粹的人。

总结案例

在高职院校学习期间，小蒋是礼宾队队长，曾经获得学校礼仪大赛的"最佳礼仪先生"称号。入职参加工作后，小蒋大方得体的言谈举止，使得他和领导、同事们相处愉快，工作顺利。这次展销会，领导决定让小蒋负责一线营销工作，小蒋立即全身心投入到准备工作中。

展销会前，小蒋召集几位同事，再次检查了展区布展情况，又给大家讲述了一次营销的细节。展销会当天，小蒋细查了自己的西装，演练了一次话术，就早早达到了会场。

最终成果，公司领导相当满意。

小蒋的成功绝非偶然。他长期修炼自己，不断学习，不断实践，大胆展现。这些都让他先于同班同学的成长，塑造了他职业化的形象，养成了职业化的举止，练就了与人交流和沟通的良好技能。在公司、在展销会的舞台上，他有备而来，才会斩获胜利。

能力训练

学完本模块所有项目任务后，请扫描二维码完成模块一能力训练，并在教师带领下进行讨论。

模块一
能力训练

外貌是天生的，仪表却是后天的，它或者可以同时理解为魅力、风度。

—— 程乃珊

项目一　仪容规范

项目学习目标

情感态度目标

1. 认同职业妆容的重要性。
2. 认同职业发型的重要性。

技能目标

1. 具备职业人员面部基本保养的技能。
2. 具备职业人员面部化妆造型的技能。
3. 具备职业人员头发保养与造型的技能。

知识目标

1. 学习并掌握皮肤保养的常识。
2. 学习并掌握面部化妆造型的步骤与规范。
3. 学习并掌握头发保养与造型的常识与规范。

项目学习内容

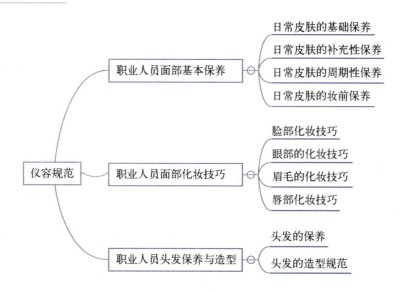

仪容规范
- 职业人员面部基本保养
  - 日常皮肤的基础保养
  - 日常皮肤的补充性保养
  - 日常皮肤的周期性保养
  - 日常皮肤的妆前保养
- 职业人员面部化妆技巧
  - 脸部化妆技巧
  - 眼部的化妆技巧
  - 眉毛的化妆技巧
  - 唇部化妆技巧
- 职业人员头发保养与造型
  - 头发的保养
  - 头发的造型规范

2

不良形象失去工作机会

一次林肯总统面试一位新员工,后来他没录取那位应征者。助理问他原因,他说:"我不喜欢他的长相!"助理不理解,又问:"难道一个人天生长得不好看,也是他的错吗?"林肯回答:"一个人40岁以前的脸是父母决定的,但40岁以后的脸应是自己决定的。一个人要为自己40岁以后的长相负责。"

讨论:林肯总统说"一个人40岁以前的脸是父母决定的,但40岁以后的脸应是自己决定的。一个人要为自己40岁以后的长相负责"这句话该怎么理解?

案例分析

40岁以前的长相主要是遗传父母的基因,40岁以后呈现的外表可以通过内在修行来改变,美好的形象永远走在能力的前面,没有人透过你毫不修饰的外表去发掘你优秀的内在,所以,要学习管理自己的形象,让自己的形象具备最佳竞争力与说服力。

职业人员的仪容形象塑造是内在与外在兼修的学科,要以个人特点为出发点,将个人的特质,通过色彩、线条、明暗、浓淡的巧妙运用,探索每个化妆细节,创造规范的职业化形象。

项目实施

任务一　职业人员面部基本保养

美丽的妆容源自良好的皮肤基底。好的皮肤就像是一块优良的玉石,无论怎样雕刻,都是一块美玉。一般来说,职业人员的完整皮肤保养主要分为日常基础保养、每周特殊护理、妆前保养三个部分,日常基础保养是职业人员每天都必须履行的护肤步骤,若皮肤出现问题,如干燥、斑点、黑眼圈、眼袋、肤色暗淡等,每日还需进行补充性保养,比如保湿、美白、眼部护理等。每周特殊护理是指皮肤每周进行去角质、按摩、敷面等护理步骤,去除皮肤的老化的细胞,预防角质层增厚,使养分更易吸收,增加肌肤的弹性与光泽。妆前保养是指职业人员在上妆之前着重调整皮肤水油平衡的状态,多使用提升皮肤保水度为主的保养品,使后续妆容更服帖持久。

一、职业人员日常皮肤的基础保养

(一) 清洁皮肤

彻底清洁肌肤是创造美丽肌肤的第一步。清洁肌肤分为表层清洁(洗脸和爽肤)与深层清洁(去角质),这两步是保证肌肤正常血液循环和新陈代谢的基础,也是确保肌肤健康活力的重要环节。清洁肌肤的目的在于彻底清除肌肤表层的尘垢、汗渍和脱落的角质、毛孔中的排泄物以及彩妆。

卸妆分为两大部分：眼唇卸妆和面部卸妆，眼唇卸妆可以使用眼唇卸妆液，面部卸妆可以使用卸妆油。正确的卸妆步骤是怎样的？

第一步，将化妆棉浸透眼唇卸妆液，轻轻按在眼皮上 5～8 秒，然后向外轻轻擦去眼妆。

第二部，用化妆棉边角轻拭睫毛根部细微之处的残留妆容，如果使用了防水型睫毛膏，则需要用棉签浸透眼唇卸妆液滚动擦拭。

第三步，用浸透眼唇卸妆液的化妆棉轻敷唇部 30 秒左右，溶解唇妆。

第四步，微笑以舒展唇纹，再用化妆棉轻拭，卸除唇纹内和嘴角的残留妆容。

第五步，脸部使用卸妆油卸妆，倒适量卸妆油于手心，将卸妆油均匀涂抹全脸，不断用指腹打圈式按摩，直至彩妆完全溶解浮出，再加温水继续按摩面部，使彩妆乳化完全，用温水冲洗干净。

第六步，使用洁面产品再次清洁脸部。

（二）补水与保湿

想拥有健康水嫩肌肤，最重要的两大关键就是补水和控油，无论你是什么类型的肌肤属性，一旦肌肤拥有足够的保水度，肤质表层就会形成一个水润、平滑的触感，让你的彩妆更加完美服帖。相反，若肌肤出现缺水的征兆，角质层排列就会呈现紊乱现象，皮肤会变得干巴巴，失去原有的饱满和弹性，甚至肤色也逐渐暗淡无光。

（三）防晒

防晒是一项持续的过程，不仅仅只是夏天的专利，最基本的原则就是不要让肌肤直接暴晒在艳阳下，并使用适合肤质、适合环境的防晒品，再加上适当的物理防晒措施，如戴帽子、使用遮阳伞、穿长袖外衣等，就能较有效地阻挡紫外线的伤害。

📧 **小知识**

紫外线，是令我们皮肤老化的元凶，紫外线可细分为长波长的 UVA 和中波长的 UVB。其中长波长的 UVA 是令皮肤提前衰老的最主要原因，而且 UVA 的强度不会受季节和天气变化的影响，所以一年四季都要防晒。而中波长的 UVB，它可直达皮肤的真皮层，直接导致皮肤晒伤，引起皮肤脱皮、红斑、晒黑等现象，但它可被建筑物、遮阳伞、衣服等阻隔。大家在防晒产品上看到的 SPF 值，只是用来衡量防晒产品抵御紫外线中 UVB 能力的标准，但是为了给予皮肤更全面的防护，我们在选购防晒产品的时候，还必须注重防晒产品是否具备抵御 UVA 的能力。那么，在各种防护 UVA 的标示法中，最常见的应该是 PA 了。PA 是 Protection UVA 的缩写，防护 UVA 的强弱以加号"＋"的多少辨别，防护能力最高为三个加号。"PA＋"代表低防护力，"PA＋＋"代表中防护力，"PA＋＋＋"代表高防护力。

2

二、职业人员日常皮肤的补充性保养

（一）眼部保养

眼部是最容易泄露年龄的部位。眼部周围肌肤特别柔嫩纤薄，且容易干燥缺水。缺水使眼部易老化并产生各种问题，因此眼部护理十分重要。护理眼睛时不能用日常的面霜，而要选择专门的眼霜。眼霜一般渗透力强，可以起到滋润和补水的作用。

 小提示 •┄┄┄┄┄┄┄┄┄┄┄┄┄┄┄┄┄┄┄┄┄┄┄┄┄┄┄┄┄┄┄

> 许多人认为使用眼霜是 25 岁之后的事情，或是等眼尾出现了第一条细纹，或者有明显的黑眼圈或眼袋等问题出现时才开始使用眼霜。但是对于眼部已经形成的细纹、黑眼圈和眼袋来说，使用眼霜只能减缓眼部老化，相当于"亡羊补牢"。因此，使用眼霜的最佳时机应该在皱纹、眼袋和黑眼圈还没有产生的时候，防患于未然。

（二）精华液

精华液又称修护露、精华乳、精华素等，是护肤品中浓缩的精品。它提取自高营养物质并被浓缩，通常含有较多的活性成分，分子小、浓度高、渗透力较强，所以功效强大、效果显著。精华液的使用视肌肤的状况而定，并没有严格的年龄限制，人人都可以使用。

 课堂互动 •┄┄┄┄┄┄┄┄┄┄┄┄┄┄┄┄┄┄┄┄┄┄┄┄┄┄┄┄┄

> **你知道哪些精华液的类型及其使用情况？**
>
> 提示：
>
> 精华液具有抗衰老、美白、抗皱、保湿、祛斑等多种类型，适用于各类肌肤问题。
>
> 比如，空中乘务员常年在干燥的机舱内工作，肌肤含水量明显降低，肌肤倍感缺水，使用保湿精华液可使肌肤缺水症状得到有效缓解。如果把我们平时的日常基础保养步骤——洁面、爽肤水、面霜比作我们日常的三餐，它们都是护肤程序必不可少的基础，那么精华液就好比补品，额外为身体补充营养与能量。因为基础护肤品只能到达我们的皮肤表皮层，而精华液却能深入到我们皮肤的真皮层，达到修护效果，从而彻底解决肌肤问题。

三、职业人员日常皮肤的周期性保养

周期性保养对肌肤而言就像是一次大型修整工作，不必天天进行，但是要有周期。尤其是当皮肤出现问题时，最需要的就是安内抚外，一方面尽量补充皮肤所需的养分、水分，强化皮肤的抵抗能力，让皮肤尽快恢复正常；另一方面，需要加速细胞的修护与更新。

周期性保养改善肤质是一个循序渐进的过程。通过一段时间对皮肤的不断强化、巩固，再强化再巩固而实现最终效果。若是没有按照周期持续进行，也不会呈现应有的效果。

（一）去角质

健康的肌肤应该是光滑、充满弹性和光泽的,但外在环境和自身生理的影响,常会导致肌肤干燥缺水,或粗糙的角质细胞无法正常脱落,厚厚堆积在皮肤表面,导致皮肤粗糙、暗沉。使用的保养品,往往也被这道过厚的屏障挡住,无法吸收,使得皮肤暗沉无光泽。

根据肌肤自身情况,油性肌肤或者在湿润的季节一周去两次角质即可,干性肌肤或者在干燥季节一周一次,混合肌肤可以着重在 T 区(指的是额头和鼻子组成的 T 型区域)去除角质。出现脱皮现象时,不能去角质。不要以为出现皮屑是因为角质层堆积,其实,肌肤严重缺水才会出现皮屑,这个时候去角质无疑火上浇油。给肌肤补水再锁水,恢复角质层的正常代谢,才能从根本上解决问题。

知识链接:
面膜的分类

（二）使用面膜

有"皮肤急救站"之称的面膜,属于加强型或急救型护理产品,而非每天使用的产品。它最突出的特点是可以在最短的时间内为肌肤补充营养与水分,有立竿见影的效果。

四、职业人员日常皮肤的妆前保养

妆前保养主要有三大步骤:清洁—保湿—防晒隔离,其中保湿的环节是让彩妆服帖、自然清透的有力保证。也就是说彩妆不服帖,通常是皮肤缺水、油脂分泌异常造成的。而防晒隔离是保养的最后一个步骤,不仅可以防御紫外线、脏空气,也可以隔离彩妆与肌肤的接触。

任务二　职业人员面部化妆技巧

化妆是对脸部轮廓比例的调整、完善甚至变革,只是在职业人员的化妆造型中,它很难脱离人本来面貌基础去走向变革的极端。所以,职业人员要画出适合自己的妆容,首先要多花一点时间观察自己,然后再学习化妆技巧。化妆技巧也不像数学公式,每个步骤都必须严格遵守,它只是提供一个大原则、大方向,在实际操作中,都是优先考虑个人的特点与需求,步骤则是可以灵活调整的。

"每一张脸,都是一块充满生命力的画布,只有拥有完美的肤质,才能让艺术家在这张称之为脸的画布上创作出美丽的作品。"这是日本彩妆大师植村秀先生著名的"肌肤画布"理论。意思就是说,让自己脸部的底妆轻、薄、透、亮、净是一切彩妆的基础。那么,我们可以把底妆的透明度、颜色、立体感、均匀程度作为评判完美底妆的四大标准,与四大标准紧密相连的还有底妆所使用的产品以及上妆技巧,也都非常重要,被视为成就完美底妆的幕后英雄。

一、职业人员脸部化妆技巧

（一）隔离霜

在基本保养后、上粉底之前,先以隔离霜打底,不仅可以增加肌肤的明亮度,减少底妆的厚重感,还具有矫正肤色和改变肌肤质感的作用。无论选择什么类型的隔离霜,都要少量而轻薄,用指腹取适量的隔离霜在额头、鼻尖、下巴各点一点,两颊处各点两点。然后用海绵以按压的方式由内向外、由上往下推开隔离霜,造就完美的服帖质感。

(二) 粉底液

对于职业人员来说,最好选用妆感轻透的粉底液,而且任何肤质都可以使用,一定要遵循"少量多次"的方式上粉底,与隔离霜的上妆方式完全相同,用海绵以按压的方式由内向外、由上往下推开粉底液。

粉底颜色的选择可以参考脖子的肤色,切勿只是将粉底液涂在手背上来选择颜色,应将不同颜色的粉底直接涂抹于脸颊,并观察与脸部肤色的融合度以及与脖子的衔接是否自然。除了挑选合适的颜色,还要注意到个人肤质的状况以及季节的变化,夏季容易出油,建议使用持久度较强的粉底液。秋冬比较干燥,建议选择比较保湿的粉底液来增强皮肤的滋润度。挑选粉底如图 2-1 所示。

图 2-1　挑选适合自己的粉底

(三) 遮瑕

遮瑕产品可视作粉底的一种,不同之处在于遮瑕产品比普通粉底液具有更强的遮盖力。如果使用粉底液后,脸部还有局部瑕疵,可以选择适当的遮瑕品以及利用遮瑕技巧,让妆容看起来无瑕光洁。职业人员最常用的遮瑕品不外乎遮瑕液和遮瑕膏。遮瑕液具备自然轻薄的特点,适合浅度瑕疵的修饰。遮瑕膏的遮瑕效果强,特别适合黑眼圈、斑点、痘疤的遮盖。但如果使用不当,会有厚重感。因此,要明确自己的遮瑕目的,再来选择遮瑕产品的质地。

在遮瑕技巧上也要特别注意,应该用遮瑕刷蘸取少量遮瑕膏,以轻点的方式轻轻涂抹于瑕疵处,再用刷子轻轻将边缘处与粉底过渡均匀,最后使用粉扑蘸取少量散粉轻压遮瑕处定妆。遮瑕如图 2-2 所示。

图 2-2　遮瑕

(四) 修容与润色

修容与润色是为了让脸部更加立体、更加明亮、更有朝气,增强立体感和健康感。修容是利用色彩的深色与浅色对比效果,创造立体有型的五官轮廓。而腮红不仅有修饰脸型的作用,还可以创造脸部的好气色。

最常用的修容产品就是双色修容盘,一个是深色修容,颜色是不带红感的咖啡色调,深色修容范围主要是面部凹陷或需要缩小的位置,比如脸部外侧、鼻山根等;另一个是浅色修容,颜色是米白色调,浅色修容范围主要是面部高耸或突出的结构,比如眉骨、鼻梁、下巴等。值得注意的是,明暗区域间的交界处需要让颜色微妙过渡,自然而不留痕迹。修容如图 2 - 3 所示。

以最常用的粉状腮红为例,适合职业人员的腮红画法是用腮红刷蘸取少量腮红以斜刷的方式由笑肌往斜后方晕染,即可达到收缩脸型的效果,又可以呈现优雅端庄的妆感。腮红的画法如图 2 - 4 所示。

图 2 - 3 暗面修容与亮面修容   图 2 - 4 腮红的画法

(五) 蜜粉或者粉饼

蜜粉或者粉饼都可以起到定妆作用,会使妆容持久。使用粉扑蘸取蜜粉或粉饼,以轻柔按压的方式上妆,并结合"少量多次"的原则,切勿涂抹。定妆后,若觉得底妆不够轻透自然,可使用保湿喷雾均匀地喷在脸上,再将面巾纸按压到面部,带走多余的水分与浮粉,这样的底妆就会更干净透亮。

二、职业人员眼部的化妆技巧

眼妆的塑造空间很大,有较多的流程及画法,只要在形式与色彩上稍作改变,就可以创造出不同的妆面效果。成功的眼妆不仅可以修饰眼形,眼神更是表现的重点。利用眼线、眼影、睫毛膏、假睫毛等造型手段可以加强眼睛的层次立体感及深邃度,最大限度增添眼部神韵。

(一) 眼影

一个完整的眼妆需要四种类型的眼影,它们分别是打底色、过渡色、阴影色、高光色。其中颜色最浅的是高光色,最深的是阴影色,在这四种类型的颜色里,过渡色是眼影的主色调。职业人员日常妆容中最常用的眼影颜色一般不超过这四种。这也是最简易四色原则。眼影如图 2 - 5 所示。

最常用的眼影画法。首先用眼影刷蘸取打底色,涂满整个眼窝,包括下眼睑,一般选择浅米色或者是浅

图 2 - 5 眼影四类色

粉色来打底,勾勒眼部轮廓。接着用过渡色进行二层渐变晕染,一般选择比打底更深的颜色,由根部平行向上做渐层的晕染,只要把晕染的范围,稍稍超过眼褶部分,就可以塑造目光深邃的效果。再用阴影色在已经涂好的二层渐变上进行眼尾边缘加深,也包括下眼睑的眼尾,最后用高光色提亮眼头、眼球中部和卧蚕的地方,是眼妆中的点睛之笔。眼影如图2-6所示。

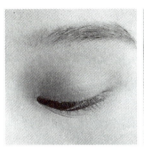 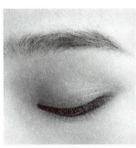 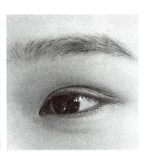

图2-6 眼影

(二)塑造眼睛的轮廓

1. 美目贴

美目贴除了可以造就双眼皮,还可以改善眼睛的形状。使用美目贴的顺序是先贴后画眼妆,如此画出来的妆容会更加隐形,而且不会影响单面美目贴的黏性。使用美目贴见图2-7。

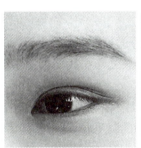 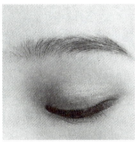 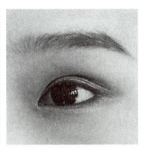

图2-7 使用美目贴

值得注意的是,不管使用哪种类型的美目贴,要想达到改善眼形的目的,都需要根据自己眼睛的特点不断探索各种材质、形状的美目贴以及找到贴的最佳位置,才会起到应有的作用。

2. 眼线

眼线分为内眼线与外眼线,内眼线也叫隐性眼线,就是贴着睫毛根部(即睫毛长出来的地方)画的眼线。外眼线不仅仅是画在睫毛的外边缘的一条线,它具有改善与调整眼形的效果。比如想让较圆的眼睛变长,可以拉长眼尾的线条;想让较长的眼睛变圆,可以在眼睛中段加粗;如果是下垂眼,可以在眼睛的中后段加粗线条。描画内眼线如图2-8所示,描画外眼线如图2-9所示。

图 2-8　描画内线眼

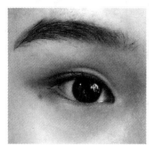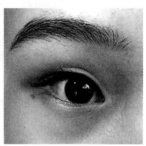

图 2-9　描画外线眼

　　画内眼线时,将眼睛向下望,一只手把眼皮翻起来,另一只手拿眼线笔,将笔深入到睫毛根部,学会将每根睫毛间的空隙扎实填满,然后从眼头的第一根睫毛,画到眼尾的最后一根睫毛,描绘出粗细相同、流畅顺滑的线条。新手建议将眼线分成三段(眼头、眼中、眼尾)来完成,等到熟练之后可以连贯完成。

　　3. 睫毛

　　美丽的眼睛如果缺少浓密卷翘的睫毛,会像没有窗帘的窗子,显得过于直白,成功的睫毛就像一把扇子,打开你的双眸,让平凡的眼睛瞬间绽放光彩。我们借助于睫毛膏、睫毛夹或者假睫毛等手段来塑造睫毛的魅力。

　　(1) 睫毛膏。学会使用睫毛夹造就自然卷翘的睫毛,接着再刷睫毛膏。挑选睫毛膏主要根据每个人睫毛的特点,睫毛稀少者可以使用浓密型的睫毛膏;睫毛较短者可以使用有纤长效果的睫毛膏。

　　掌握夹睫毛的正确方法——三段式夹法,可以让睫毛呈现完美的弧度。夹睫毛的技巧在于分段夹,把睫毛分成前、中、后三段式,首先将全部的睫毛都放进睫毛夹里,从睫毛根部轻轻夹 2～3 下,边夹边移至睫毛中段,再夹 2～3 下,边夹边移至睫毛尾段,再夹 2～3 下。分三段式夹睫毛方法值得注意的是,每一段夹睫毛的力度要把握均匀,否则睫毛便会形成生硬的弧度。如果是睫毛较短者,只夹睫毛的前、中段即可,或将睫毛根部轻轻夹翘,并且边夹边往上提拉。对于局部夹不到的睫毛,可以选用局部睫毛夹。夹睫毛如图 2-10 所示。

　　在刷睫毛膏的时候,要将视线向下,以"Z"字形从睫毛根部向尾部涂刷,涂刷下睫毛的时候,请用刷头尖端直立涂刷。如果想使睫毛看起来更浓密,可在第一次刷的睫毛膏干了之后再用同样方法刷第二次。最后用睫毛梳梳理睫毛,使睫毛根根分明。涂睫毛膏如图 2-11 所示。

2

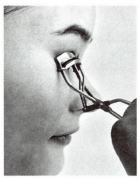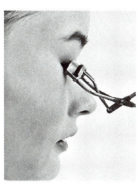

图 2 - 10　夹睫毛

图 2 - 11　涂睫毛膏

（2）假睫毛。如果职业人员自身的睫毛条件不够理想，或是想追求更完美的睫毛妆效，可以选择粘贴假睫毛，达到以假乱真的效果。

课堂互动

同学们都适合佩戴什么款式的假睫毛？

提示：

首先要学会根据自己的眼形和睫毛情况来选择合适的假睫毛，比如想拉长自己的眼形，就要选择眼头短、眼尾长的假睫毛；想要表现自然又浓密的妆感，可以选择单株式的假睫毛，种在睫毛间的空隙，真假混合，让人误以为你的睫毛天生就如此浓密。

不管选择什么类型的假睫毛，都要注意假睫毛根部的材质一定要柔软，这样能更好地贴合眼睛的弧度，避免头尾脱胶。

在粘贴假睫毛时，首先根据自己眼睛的长度进行修剪假睫毛，在假睫毛的根部涂上专业的粘假睫毛胶，但不要马上粘贴，等到白色的胶快变成透明时（这时的黏度最强），再将假睫毛根部尽量粘贴在自己睫毛根部，然后在真假睫毛上一起刷上睫毛膏，让真假睫毛更好地贴合在一起，还可以使用睫毛夹轻夹真假睫毛，避免真假睫毛分离。最后使用液体眼线笔在假睫毛上添加眼线。戴假睫毛见图 2 - 12。

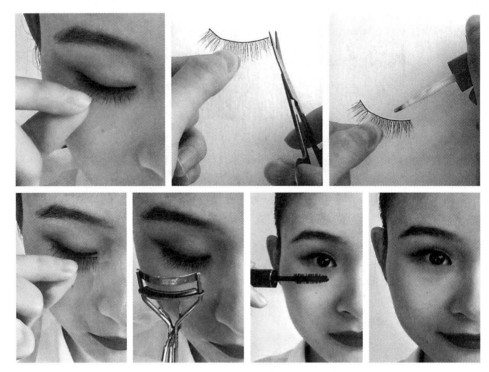

图 2 - 12　戴假睫毛

三、职业人员眉毛的化妆技巧

(一) 修整眉型

职业人员要打造最佳眉形,一定要找出最佳眉形的三个"重点",分别是眉头、眉峰、眉尾。首先确定眉头、眉峰、眉尾的位置以及审视两边的眉毛是否对称,将理想的眉形轮廓画好;接着把轮廓之外的杂毛剃除,边修边梳顺眉毛,同时将过于长的眉毛进行局部修剪。修整眉形如图 2 - 13 所示。

图 2 - 13　修整眉形

（二）画眉

画眉与画眼影一样讲究层次感与颜色的晕染技巧。职业人员一般选择棕色或者深灰的眉笔，颜色不能太强烈，否则会破坏职业人员的亲和力与自然感，需要遵循在眉头的地方颜色要浅淡，到眉峰处颜色逐渐变深，到眉尾颜色又逐渐变浅的渐层原则。画完整个眉毛之后，用螺旋刷顺着毛流轻扫眉毛，使眉毛呈现更自然的效果。画眉如图 2-14 所示。

图 2-14　画眉

四、职业人员唇部化妆技巧

健康滋润的嘴唇，是美丽唇妆的基础。因此，职业人员平时要做好唇部的保养工作，提高唇部的保湿度，可以在上妆前，先用护唇膏打底，再选择一支专业的唇刷描画唇妆。唇刷既可以勾勒唇形，又可以填补颜色。画唇妆时，先用唇刷蘸取少量口红，画出对称的唇峰，再画出唇峰对应的下唇部，最后勾画两侧的唇角边缘。如果想让嘴唇看起来更饱满，可以在唇中央点上亮色的唇蜜或唇彩创造视觉上的层次感。唇部化妆如图 2-15 所示。

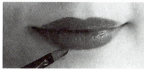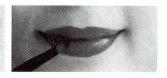

图 2-15　唇部化妆

任务三　职业人员头发保养与造型

头发对人来说，代表的不仅是美丽，更是一种生命的象征，一种生活品质的标识。秀发的健康与否不像肌肤那样表现明显，但一头干枯无生气的头发会使你的形象大打折扣，头发与皮肤一样需要持续不断的精心呵护与保养。头发保养的目的在于维护头发的健康，同时可以克服头皮屑或掉发等问题。职业人员对于头发的保养与护理也往往显露其生活品质与职业态度。

一、职业人员头发的保养

成功的头发保养主要有三个标准：头发清洁、发质健康、定期修剪。

（一）头发清洁

头发的清洁度是职业人员文明程度的基本表现。通常我们对一个国家文明程度的判断,基本标准之一就是看城市的卫生状况。头发犹如职业人员的一张名片,代表他们自身的文明形象。头发的清洁也是发质健康的基础,要清洁头发首先要根据不同的发质、受损程度、季节变化来选择与更换适合自己的洗发水,并采用正确的洗发技巧。温和的洗发水适合中性发质;强力滋润的洗发水适合干性发质;深层洁净的洗发水适合油性发质;修复型的洗发水适合受损发质。

 小技巧

职业人员可按照以下四个步骤清洁头发。

第一,洗头前,先用梳子将头发梳顺,再用温水对头发冲洗。保证头发的顺畅而避免打结。

第二,使用洗发水时,取大概一元硬币大小的量在手心,加水轻轻搓揉至起泡,切记千万不要直接将洗发水倒在头上搓揉,如此容易造成头皮局部的洗发水浓度过高,可能会有异常脱发的风险。正确的洗头方法应以指腹对头皮进行按摩,再用双手轻揉头发进行清洁,再用温水冲洗干净。

第三,冲洗好后,可以再用洗发水洗一遍头发,第一次是清洗灰尘,第二次则是以画圆圈的按摩为主。除了可以止痒,透过深层按摩,更能够帮助血液循环、消除疲劳。

第四,用大量的清水将洗发水冲洗干净。如果冲洗不干净,洗发水残留将会造成头皮过敏现象。

（二）发质健康

除了保证头发的清洁之外,头发的日常养护工作也是提升头发品质,塑造健康发质的重要环节。传统的护发一般是用了洗发水后再使用护发素,实际上,这样只完成了一半的护发程序,完整的护发程序包括:清洁、润发护理和定期发膜护理。护发素只能在头发表面形成一层滋润保护膜,对补充营养和进行深层的护理十分有限,而发膜能够滋润、加强及帮助重组头发的纤维组织,使头发具有活性和弹性,修护和改善发质,尤其是干枯与受损的头发。就像面膜为肌肤补充水分和营养一样,发膜是头发的"面膜",最好能定期使用发膜护理头发。

护发与发膜护理是改善和维持好发质的必要手段,但是任何护发产品都不会有"起死回生,一劳永逸"的效果,护理只是起到维持性作用,而且护发产品不一定要贵,但一定要适合自身头发与头皮。坚持做到"整洁、健康、有型",就能表现出头发的品质与魅力。

除了坚持外在保养的步骤外,还必须要搭配健康的饮食以及愉快舒畅的心情,只有内在健康和外在滋养的配合以及全效的保护,才能拥有百分百健康的美丽秀发。

（三）定期修剪

当毛发生长到一定的长度,发梢就会产生分叉、易断的现象,定期修剪则可避免这种现象的产生,使发丝保持健康亮泽的状态。同时,定期修剪还可刺激毛发细胞的新陈代谢,刺激毛发的生长。

二、职业人员头发的造型规范

(一)男性职业人员的头发造型规范

男性职业人员在选择发型时应该本着稳重、端庄的整体原则选择适合自己的发型,通常不适合选择过分前卫与时尚的发型。男士发型的双侧鬓角不得盖住双耳,前侧头发保持在眉毛上方,头发不得长于衬衣衣领上线。也不得剃光头。男士发型示例见图 2 – 16。

图 2 – 16　男士发型　　　　　图 2 – 17　女士发型

为了保持头发的轮廓分明,干净利落,男性职业人员应根据头发的生长规律,至少每两周左右修理一次头发。

(二)女性职业人员的头发造型规范

女性职业人员的发型应该简洁优雅,通常发型的线条流畅,颜色自然,切忌夸张、前卫、叛逆。女士发型示例见图 2 – 17。

 课堂互动

请同学们设计一款适合女性职业人员的头发造型

提示:

主要是根据每个人的脸型以及额头形状来决定,一般来说,长脸形的人以及额头较宽的人需要刘海的修饰,无论是选择什么样式的刘海,长度都不能超过眉毛。如果是短发造型,重点在于头发的蓬松与层次感,尤其在头顶的位置,这样还可以起到修饰脸形的效果。而且,短发造型比长发造型更注重头发的质感与光泽,因此,短发者更要加强头发打理与保养。

千万不要华丽而低俗,因为从衣服往往可以看出一个人。

—— 莎士比亚

项目二 服 饰 规 范

项目学习目标

情感态度目标

1. 重视服饰装扮的规范。

2. 关注服饰修饰形体的技巧。

技能目标

1. 提升职业人员对于服饰整体搭配的审美能力与品位。

2. 具备职业装的搭配技巧。

3. 具备丝巾、领带与服装的搭配技巧。

4. 具备服装色彩搭配的基本技巧。

知识目标

1. 了解职业装的基本要求。

2. 认识色彩的应用与搭配的规律。

3. 能够利用配件在整体形象中发挥作用。

项目学习内容

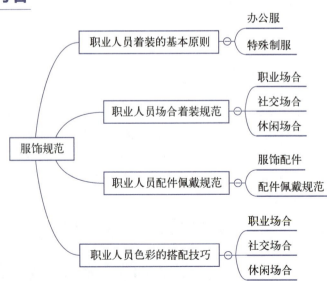

2

导入案例

你穿对了吗？

在炎热的夏季，国内优秀企业家代表团出国考察，参加在匈牙利首都布达佩斯举行的国际经贸论坛，其中一位知名女企业家身穿一身红色西服套裙出席本次论坛，但光腿光脚还穿了一双凉鞋。外方接待人员本对这位女企业家仰慕已久，但看到她如此形象之后，对她大失所望……

讨论：为什么外方接待人员会对这位女企业家大失所望，是什么地方出了问题？

案例分析

美国三位总统着装与礼仪顾问、万宝路第一位形象代言人威廉·索尔比在《风度何来》中说过，那些受到尊敬的人，都是那些看上去值得尊敬的人，他们的衣服很得体，很符合规范。在正式的职业场合，女士要穿职业套装，其中职业套裙最为正式，女企业家的穿着是否规范对个人形象、企业形象都有很大影响，并且在此案例中她更代表国家形象。

女士的职业套裙应当配长筒丝袜或连裤袜，颜色以肤色为佳，袜口要没入裙内，不可暴露于外。光腿光脚不仅显得不够正式，而且会使自己的某些瑕疵暴露在外。尤其在国际交往中，穿着套裙不穿袜子，往往还会被人视为有过分展示性别之嫌。所以，有时还应随身携带一双备用的丝袜，以防袜子破损。正式的场合不能穿凉鞋以及任何露脚趾、后跟的鞋，鞋子应为高跟或半高跟皮鞋，高度不能超过 5 厘米，最好是船型牛皮鞋，大小应相宜。颜色以黑色最为正统。

英国作家莎士比亚曾经说过，一个人的穿着打扮就是他教养、品位、地位的最真实的写照。职业人员的服饰穿着不在奇、新、贵上，而在于是否与自身的身份、年龄、体型、气质、场合等相协调。正如笛卡尔所说，最美的服装，应该是"一种恰到好处的协调和适中"。职业人员的职场着装应该适应各自职业的性质以及工作环境，必须考虑四个基本原则，即正式、角色、实用与规范。"正式"是指职业人员的穿着必须给人郑重其事之感；"角色"是指职业人员的穿着风格与其担任工作角色相得益彰；"实用"是指职业人员的穿着要适合他们开展实际工作；"规范"是指职业人员在服装的选择与搭配上都有一定的规矩。遵守上述四个基本原则，将有助于职业人员在工作岗位上完美地展现自己的职场形象与个人形象。

项目实施

任务一　职业人员着装的基本原则

职业人员的职场着装一般可分为办公服与特殊制服。

一、办公服

办公服一般适合机关、企业、学校等工作人员诸如行政人员、会计、律师、教师等工作时的穿着,男女的西服、风衣、衬衣、大衣、西裤都可以作为办公服。办公服示例见图 2-18。

图 2-18   办公服

课堂互动

如何在穿衣上弥补自己的不足?

提示:

不同的身材特点适合不同款式的衣服,才能展示最好的自己。

选择适合自己衣服的智慧就在于:是否了解衣服款式和身材之间的关系。衣服就覆盖在我们身材的外面,服装的设计、剪裁线条、色彩与细节正好可以隐藏、夸张、柔和、平衡原来的体型,从而构建我们理想的身材。比如肩膀宽阔的女生,要避免任何具有加宽肩膀作用的款式,如大垫肩、大荷叶领、一字形领、泡泡袖等上衣,而适合 V 领款上衣,可以削弱宽肩的存在感。腰线是调整身材比例的绝对关键,腿较短的人适合提高自己的腰线,男士可以选择高腰马甲,女士可以选择高腰裙或裤,或者穿套装,连体衣,以增强整体连贯性。

职业人员在选择办公服时,必须符合以下四个特点。

(一) 办公服必须符合身份

鉴于每一位职业人员的形象均代表其所在单位的形象及企业的规范化程度,同时也反映个人的修养和品位,因此职业人员的着装必须与其所在单位形象以及所从事的具体工作相称,做到男女有别、长幼有别、身份有别、职业有别、岗位有别。

(二) 办公服必须区分场合

职业人员在选择办公服时,必须优先考虑其适用场合的问题,比如上班办公的地方应选择正统、庄重风格的服装,但是因工作原因外出洽谈、应酬等活动,则可以身着轻松、休闲的便装。

(三) 办公服必须合理搭配

通常职业人员在穿着办公服之前,需要根据一定的目的、场所,将穿着的多件服装以一定的规律组合在一起,使其相互之间和谐、呼应,以达到最佳的着装效果。因此,办公服的合理搭配需要注意三个方面的问题:一是风格协调,二是色彩和谐,三是面料般配。

(四) 办公服必须学会扬长避短

职业人员学会利用服装的功能将自己形体的优势突显出来,将自己形体的缺憾隐藏起来。也就是说通过穿着打扮扬其所长,避其所短。比如胸部扁平的女性适合穿胸部有口袋或者褶皱处理的服装,如果穿简单造型的服装可以添加丝巾等配件。

二、特殊制服

特殊制服是因某种职业的需要而特殊定制的服装。这类服装一般成为某个职业的特殊标志,并体现团队风貌,极具识别性,比如警察、空乘人员、医生、税务官等,穿着这类服装有严格的规范,一般在执行工作时才穿,不得在公共场合随意穿着。特殊制服示例见图 2-19。

穿着特殊制服有以下要求。

图 2-19　特殊制服

(一) 外观整洁

特殊制服不是简单通过大、中、小号来定做的,而是给每个人量体裁衣,所以穿在身上十分合体,只有合身的制服,才能显露出良好的身型,在工作时也会显得干净利落。要保证制服的外观整洁,要避免以下状况。

1. 布满褶皱

职业人员在穿着制服前,要进行熨烫平整,暂时脱下时,应将其悬挂起来。

2. 出现残破

工作岗位穿制服有一个非常重要的作用就是便于工作,难免会脏会破损,例如开线了,扣子掉了等状况,出现不良情况应该及时更换或者弥补,否则会给人留下工作消极、慵懒等不良印象。

3. 衣冠不整

这指的是不认真穿制服。比如,该系的扣子不系,穿制服是不允许不系扣子的。再比如打领带时第一颗衬衣扣没有扣好等细节问题。

4. 制服有异味

制服充满异味,属于一种"隐形"的不洁状态。它表明,职业人员疏于换洗服装。尤其是职业人员在与人接触时,异味袭人,这是对人的极大不尊重。

(二) 讲究文明,雅观大方

制服穿着雅观,是对职业人员的一项基本要求。职业人员在身着制服上岗时一定要显示出文明高雅的气质,避免出现以下问题。

1. 过分裸露

穿着制服,不宜过多地展示性别特征、个人姿色等方面。胸部、腹部、腋下、大腿是身穿制服时不准外露的四大禁区。

2. 过分薄透

职业人员尤其需要高度重视着装过分薄透的问题,以免引起不必要的误会。

3. 过分短小与紧身

职业人员穿着制服不可以过于短小紧身,过分展示身型与线条,避免让人有不必要的遐想。

任务二　职业人员场合着装规范

职业人员在社会生活中的服饰装扮应遵循"TPO"着装原则,TPO 是英文 time、place、object 三个词开头字母的缩写。"T"代表时间、季节、时令等;"P"代表地点、场合、职位;"O"代表目的、对象。"TPO"原则要求着装要符合时令,着装符合场合环境,着装符合着装人的身份;同时应根据不同的交往目的与交往对象选择相应服饰。简而言之就是要求穿着得体而应景。一般应准确掌握三种场合的着装规范,即职业场合、社交场合和休闲场合。

一、职业场合

职业场合,是职业人员工作的区域,如前所述,着装应该给人以庄重、严谨的印象。职业套装应作为职业人员必备服装,男士深色西服套装打领带,而女士的西服套装可以搭配包裙也可以搭配西裤,无论是包裙还是西裤都要搭配船型牛皮鞋配肤色丝袜。

(一) 男士西服套装

西装的选择有三要素。

(1) 颜色。藏青色与深灰色西服适合正式的职业场合,黑色西服适合晚宴、聚会等社交场合。

(2) 面料。正装西装的面料一般是纯毛的,因为纯毛面料的西装挺括,有悬垂感,有线条感,春夏季可以穿含毛的混纺面料。

(3) 款式。男士西装分为上下两件套(一件上衣、一条裤子)和三件套(一件上衣、一条裤子、一件马甲),而休闲西装一般是只有单件上衣。三件套西装比两件套西装更正式。

如果按西装上衣的纽扣排列来划分,又分为单排扣西装上衣与双排扣西装上衣。单排扣西装上衣更适合亚洲人,选择两粒纽扣的单排扣西装上衣更正式。

西装是一种国际性服装,起源于欧洲,目前是世界上最流行的一种服装,也是职业人员在正式场合首选的服装。西装的韵味不是单靠西装本身穿出来的,而是用西装与其他配饰一道精心组合搭配出来的。由此可见,西装与其他衣饰的搭配,是成功穿着西装的基础。职业场合男士西装如图 2-20 所示。

根据西装穿着礼仪的基本要求,男士在穿西装时,需要注意以下几个方面的问题。

1. 拆除衣袖上的商标

在正式穿西装之前,一定要将左边袖子袖口处缝制的商标先行拆除。故意将商标露在外面显示其西装的品牌和档次,不但不符合西装穿着规范,还会贻笑大方。

2. 西装必须合体

合体的西装是保证西装挺拔的基本条件。合体的西

图 2-20　职业场合男士西装

装要求上衣盖过臀部,衬衣的领子应露出西装上衣领子约 1.5 厘米,衬衣的袖口应比西装的袖口长出约 1.5 厘米,以显示衣着的层次。合适的西裤长度应该是裤子穿上后,裤脚下沿正好触及脚面,并保证裤线笔直。

3. 西装的纽扣

通常,单排两粒扣式的西装上衣,讲究"扣上不扣下",即只系上边那粒纽扣,下边那粒纽扣不系。单排三粒扣式的西装上衣,可以系上面两粒纽扣或只系中间那粒纽扣。双排扣的西装上衣则必须系上所有的纽扣。穿西装马甲,不论单穿,还是与西装上衣搭配穿,都要认真地系上纽扣。

4. 西装的口袋

西装上衣口袋只做装饰,不放东西,在重要的场合可以在上衣口袋放男士口袋巾作为装饰,尤其不应当放钢笔。在西装外侧下方的两个口袋,不放任何东西。裤兜与上衣口袋一样,不能装物,以求裤形美观。

5. 西装搭配的衬衣

白色长袖衬衣搭配西服最为普遍,衬衣要大小合身,熨烫挺括,领口整洁。衬衫下摆要塞进西裤里,袖口须扣上,不得翻起。系领带时,衬衣的第一个纽扣要扣好。领子不能翻在西装外。

6. 西装搭配的领带

领带是西装的灵魂。在欧美各国,领带与手表、装饰性袖扣并称为"成年男子的三大饰品"。职业人员在挑选领带时,主要是以单色领带为主,有时也可选择条纹、圆点、方格等几何图案领带。领带的长度要适当,以达到皮带扣处为宜。

7. 西装搭配的鞋袜

穿西装必须穿皮鞋,黑色的皮鞋为首选,男士在穿皮鞋时应做到鞋内无味、鞋面无尘、

鞋底无泥。男士在穿西装、皮鞋时所搭配的袜子,也是以黑色为宜,绝对不能穿白色袜子和色彩鲜艳的花袜子。最好选择黑色高腿袜,在任何动作中都不会露出腿以及袜口。

8. 西装搭配的公文包

公文包被称为"男士移动的办公桌",首选黑色。在质地的选择上以牛皮、羊皮制品为最佳。在款式上,手提式的长方形公文包,是职业人士最佳的选择。

(二) 女士西服套装

在职业场合,女性职业人员最为普遍、正式的服装是西装套裙。职业装套裙如图2-21所示。

图2-21 职业装套裙

图2-22 职业装与衬衣搭配

西装套裙的选择有三要素。

(1) 颜色。与男士西装不同,女子套裙不一定要是深色,也可以是黑色、藏青色、灰色、白色、米色以及深红色等;较少使用图案、花边点缀,且不受单一色限制,可上浅下深、下浅上深。但需要注意的是,全身颜色不应超过三种。

(2) 面料。西装套裙,应该由高档面料缝制,面料挺括、光洁、平整、悬垂。

(3) 款式。西装套裙一般可以分为两种基本类型。一种是由女式西装上衣和一条裙子(半截式包裙或者修身连衣裙)自由搭配组合成的"随意型";一种是女式西装上衣和裙子成套设计、制作而成的"标准型"。裙子要以包裙为主,并且裙长大约在膝盖以上两厘米的位置。一般认为裙短不雅,裙长无神。

女性职业人员在穿着西装套裙时应注意以下几个问题。

1. 认真穿好

西装套裙的衣扣一律全部系上。不允许部分或全部解开,衣袖不得卷起,任何公众场合都不能随便脱下上衣。

2. 协调妆饰

女性职业人员穿着西装套裙时,讲究着装、化妆和佩饰风格的统一。不能不化妆,也不能化浓妆。西装套裙选择配饰要少而精,合乎职业身份。在工作岗位上,不佩戴任何首饰也是可以的。

3. 套裙搭配的衬衣

衬衣的颜色可以是多种多样的,只要与套裙相匹配即可。衬衣样式不宜复杂或者夸张,修身简约的款式风格较为合适。职业装与衬衣搭配如图2-22所示。

2

4. 套裙搭配的内衣

确保内衣要合身,任何情况下内衣不得外露,内衣颜色不外透。

5. 套裙搭配的鞋袜

鞋子:黑色牛皮船型鞋为首选,或选择与套裙颜色一致的皮鞋,但鲜红、明黄、艳绿、浅紫等不宜。袜子应为肉色长筒丝袜或者连裤袜,健美裤、九分裤不可以当袜子穿在套裙里,鞋袜必须完好无损,女士不能在公众场合整理自己的长筒袜,更不可当众脱下鞋袜,而且袜口不能露在裙摆外边。

6. 套裙搭配的包

穿着西装套裙时应搭配皮革制成的手提包,其颜色有多种选择,比如黑色、棕色、米色、暗红色等。

课堂互动

女公务员应该怎样穿才规范?

某公司代表团到外地开会,当地某政府机构的一位女公务员负责接待他们。当代表团成员们见到这位三十多岁的女公务员不禁面面相觑,暗想:"她怎么穿了一身童装啊!"原来这位女公务员为了使自己显得年轻些,穿了一件带卡通图案的上衣和一条破洞牛仔裤,特别是上衣的领口的花边装饰酷似童装的样式,让人大跌眼镜。

提示:

在日常工作与生活中,职业人员应当因场合不同选择不同的服装,以此来体现自己的身份、教养与品味。以上涉及场合是职业人员外出执行公务,也属于职业场合,职业场合着装的基本要求为端庄保守,宜穿职业套装,还可以考虑选择长裤、包裙和长袖衬衫。不宜穿时装、便装。

课堂互动

护士服应该怎样穿才规范?

提示:

专业的护士服穿着要求:尺寸合身,以衣长刚好过膝,袖长刚好至腕为宜;腰部用腰带调整,宽松适度;下身一般配白色长工作裤或白裙。

护士服的领扣要求扣齐,衣服内领、袖口不外露,高领护士服的衣领过紧时可扣到第二个。男护士服穿着时尽量不着高领及深色内衣。

衣兜不能塞得鼓鼓囊囊。

职业场合中,女性职业人员着裙装最易出现的贻笑大方的错误,需要注意以下几点:① 黑色皮裙不能穿;② 正式的场合不光腿、不光脚;③ 袜子不能出现破损;④ 不准鞋袜不配套;⑤ 不能出现"三截腿"。所谓三截腿是指,穿裙子时候,穿半截袜子,袜子和裙子中间露一段腿肚子,结果导致裙子一截,袜子一截,腿肚子一截。这种穿法不仅不美观,还会被视为缺乏素养。

二、社交场合

所谓社交场合是指一切人际交往活动的场合。从狭义上讲,社交场合指的是职业人员在工作之余和朋友、商务伙伴友好地进行交往应酬的场合。比如参加舞会、宴会、音乐会等,都属于极其典型的社交场合,着装应当重点突出"高贵时尚"的风格,宜穿着礼服、时装、民族服装。既不能过于保守严谨,也不宜过分随意邋遢。在重要的社交场合应穿着正式的社交服,比如礼服类、出访服等。穿着礼服时,需与华丽的饰品以及相应的鞋、包、化妆、发型等造就高贵典雅的气质。

(一)男士社交服

男士社交服也叫礼服,是参加聚会、晚宴等社会交往活动或隆重典礼仪式时所穿服饰。职业人员可以选择西式常礼服或者中式民族服装,西式常礼服和西装比较接近,区别主要是领子的造型与面料,领子的造型为枪驳领,领子的面料一般采用缎面,扣子都是缎面包扣。职业人员还可以选择中式民族服装比如中山装作为社交服。

(二)女士社交服

女士社交服也叫礼服,闪亮、华丽是女士礼服永恒的风采,礼服是凸显女性魅力的代表着装,职业人员可以选择西式礼服或者中式旗袍参加社交活动,西式礼服多为开放型,更强调性感、妩媚、光彩夺目;中式旗袍则表现女性的秀美、婉约、古典之美。

> **课堂互动**
>
> 张小姐是某公司的高层管理人员,要去参加一个国际性的会议,建议她穿什么出席?会议之后,晚上有个答谢客户的鸡尾酒会,建议她穿什么出席?
>
> 提示:
>
> 国际性的会议场合氛围是严肃、庄重的,适合穿职业套装出席该场合,给人正统的服饰印象为佳;会议之后的鸡尾酒会属于典型的社交场合,不再适合穿着给人古板印象的正统的职业套装,应该选择经典的小礼服出席鸡尾酒会。

知识链接:
社交服穿着
要点

三、休闲场合

休闲场合指的是职业人员在工作之余个人自由活动的一切场合,比如外出度假、逛街购物、运动健身等都属于休闲场合,讲究的是舒适、自然、随意,整体形象应给人以自由、轻松的感觉。在休闲场合,如果身穿正式套装,往往会让人贻笑大方的。人们所适合选择的服装有运动装、牛仔装、沙滩装以及各种非正式的便装,比如T恤、牛仔裤、凉鞋、球鞋。适合选择明亮、愉悦的色彩,这样能表达出明快的休闲气氛。

✎ **课堂互动** •

如果你是某公司一名销售人员,你们公司组织全体员工赴泰国旅游度假,你会穿什么出行呢?

提示:休闲度假是以休闲娱乐为主要目的和内容、进行令精神和身体放松的休闲方式。因此出行服装应该追求舒适、方便、自然,男士可以选择沙滩裤、牛仔裤、T恤衫等,女士可以选择沙滩裙、吊带背心、牛仔短裤、T恤衫等。色彩可以选择明快轻松的颜色。

2

任务三　职业人员配件佩戴规范

服装配件是职业人员在着装的同时所选择、佩戴的装饰性物品。服装配件主要分为两类:一类是服装配饰,如围巾、领带,鞋、包、腰带;另一类是首饰配件,如戒指、项链、胸针等。

一、职业人员服饰配件

(一)职业人员服装配饰

1. 围巾

围巾除了保暖,还可以完善整体造型,尤其是放在单调的同色系或者沉闷的深色系服装中,还可以起到营造层次感的效果。

2. 包与鞋

男性职业人员在职业场合首选方形的手提式公文包与黑色牛皮鞋,女性职业人员在职业场合首选同色系的鞋与包,比如棕色的包配棕色的鞋。设计简单、精致的鞋与包适合女性职业人员。

3. 腰带

腰带不仅有束腰的实用功能,还能让你的身材更出众。男士的腰带从某种意义上也体现了男士的身份和品位。男士腰带在选择上,要注意和鞋在质料和颜色方面保持一致。

"三一定律"是男士穿西服套装重要的规则。指的是男士穿西装套装时,鞋、腰带、公文包应为同一颜色,首选黑色。

4. 领带

领带代表男士的风格,是男士最能表达自我的配饰。男性职业人员适合图案简约,色彩保守的领带。至少要有一条深红色和蓝色的领带。

5. 丝巾

丝巾有化腐朽为神奇的魔力,可以拯救一些平庸或单调的服装。比如空姐制服搭配美丽的丝巾,就可以给狭窄的机舱和沉闷的旅途,带去一些活泼生动的色调。越是简单的衣服越需要丝巾的衬托。即便是大众款或者基础款,一条丝巾也能让你瞬间出众。搭配丝巾示例见图 2-23。

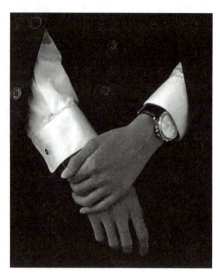

图2-23　搭配丝巾　　　　　　　　图2-24　手表佩戴

(二) 职业人员首饰配件

1. 手表

手表是职业人士非常重要的首饰。手表不仅仅是个计时工具,它还是品味和身份的象征。著名钟表收藏家钟咏麟曾经说过,"男士一定要戴三块表,休闲场合,要戴休闲款手表,办公的时候要戴正装款手表,运动的时候要戴运动款手表"。很明显,手表和珠宝一样,体积虽小,却蕴含着很多意义和价值,手表的特殊性让其承载了更丰富的内容。手表佩戴示例见图2-24。

 课堂互动

你会如何挑选正装手表?

提示:

正装手表求的不是有多个性,而是传达给人一种严肃沉稳的感觉,所以应选择简约大方的圆形表壳。穿正装一般是深色西装为主,所以搭配手表的话,也最好以黑色表盘或者白色表盘为主,这种场合不需要让人眼前一亮的装饰品,也不需要各种天花乱坠的各项功能来做辅助,只需要有正常的看时间、日历功能。正装表的表带一般都是皮带,并且以黑色、灰色和深棕色为主,不可挑选彩色和白色的表带。

2. 戒指

戒指一般戴在左手,最好只戴一枚,最多两枚。戴两枚戒指时,可戴在左手两个相连的手指上,也可以戴在两只手对应的手指上,但切勿同时戴两枚风格款式迥异的戒指。

3. 项链

男性职业人员不能佩戴任何款式的项链与挂饰,女性职业人员应选择质地较轻、精致小巧的项链,同时选择项链要结合自己的脸型与脖子的长度。一般来说,脖子与脸型偏长的女士适合戴短项链,脖子与脸型偏短的女士适合戴长项链。

4. 耳饰

耳饰可分为耳环、耳钉、耳坠等。对于职业人员来说,它仅为女性所用,并且讲究成对使用,即每只耳朵均佩戴一只。不宜在一只耳朵上同时戴多只耳环。女性职业人员在选择耳环时,不宜选择款式夸张、太过复杂的样式。

二、职业人员配件佩戴规范

服装配件的作用是要对整体服装起到点缀和装饰的效果,因此,服装配件的选择不在于昂贵和数量,关键在于能与整体的形象和谐搭配。当穿职业装时最适合佩戴珍珠或精致的黄金白金首饰,穿礼服时可以佩戴夸张的宝石或钻石首饰,穿休闲装时比较适合佩戴个性、时尚风格的首饰。职业人员饰品的佩戴规范主要体现在:符合身份,以少为佳,协调一致。

配件像服装一样,也有它自己的季节走向和场合规律性。春夏季可戴轻巧精致些的,以配合衣裙和缤纷的季节,秋冬季可戴厚重和温暖风格的,不宜一条项链戴过一年四季,否则会显得单调和缺乏韵律。

(一) 符合身份

职业人员佩戴饰品时应符合身份。第一,妨碍自己本职工作的配饰不戴。比如戴戒指,某些职业不适合戴镶嵌宝石类型的戒指,否则会有碍开展工作,此时,选择简约大方的类型更为合适。第二,不适合选择极为个性与潮流的配件,比如男士职业人员选择金属材质的腰带。在社交场合中适当展示一下自己的品位和个性并不为过,但在工作场合选择端庄典雅的饰品更为合适妥当。

(二) 以少为佳

如果以上所讲的符合身份是进行定性分析,这里所讲的以少为佳则是定量分析。尤其是女性职业人员佩戴首饰要以少为佳,最少可以为零,最多则为两件。比如耳钉不超过一对,戒指不超过 2 枚。若无特殊要求,不要同时戴耳环、项链与胸针,若同时出现,容易显得过分张扬,且繁杂凌乱。服装的配件在精不在多,让它们衬托你的品位而不是让它们取代你的风格,这就是服装配件的意义。

(三) 协调一致

如果同时佩戴两种或者两种以上的配件时,一定要彼此和谐,不宜彼此失调。风格统一主要体现为色彩与款式的相互协调。比如男士职业人员穿着正式的西服套装,选择传统黑色皮鞋,应该搭配黑色正装腰带。

任务四　职业人员色彩的搭配技巧

在掌握了不同场合服饰搭配规律之后,还要学会根据不同场合来选择不同颜色进行色彩搭配。

一、职业场合

职业场合的一般氛围是严肃的、理性的,如报告、演讲、会议等都是正式而严肃的场合。因此,职业人员需穿着严谨的西服套装,适合选择大面积偏深沉、稳重的颜色,不适合很活泼的颜色。这种场合,男士适合穿着藏青色或深灰色的西服套装,皮鞋、袜子、腰带、包首选黑色,再搭配白色或者蓝色的衬衫,领带的颜色最好与西服保持一致,全身的颜色最好不要超过三种。女士可以选择黑色、蓝色、深红色的西服套裙,搭配白色的衬衫,还可以点缀一条亮色的丝巾,图案最好是简洁的几何图形,忌讳选择可爱的卡通、漫画造型。职业场合色彩搭配示例见图 2-25。

图 2-25　职业场合色彩搭配

"三色原则"是指男士在正式场合穿着西装时,全身颜色必须在三种之内,否则就会显得杂乱无章、有失庄重。

二、社交场合

较正式的社交场合需要突出高贵华丽的特点,男士首选黑色、深蓝色作为经典的礼服用色。女士首选黑色、白色、红色等作为礼服用色。这种光鲜隆重的场合一般有其特定的款式和颜色,所以应避免活泼跳跃的颜色。社交场合色彩搭配示例见图 2-26。

图 2 - 26　社交场合色彩搭配

三、休闲场合

休闲娱乐等场合,是表现自我个性的最佳时刻,可用最流行的色彩进行任意搭配,才会显得更加时尚而出众。在用色上要体现轻松动感、明快活泼、朝气蓬勃等特点。

模块二
职业形象塑造

美丽是一种天赋，自信却像树苗一样，可以播种可以培植可以蔚然成林可以直到地老天荒。

——毕淑敏

项目三　职业形象设计

项目学习目标

情感态度目标

1. 重视自身职业形象设计的意义。
2. 理解自身的职业形象在今后的生活与工作中重要的地位。

技能目标

1. 对自身的职业形象具备基础设计能力，并延伸到今后的生活与工作中，学以致用。
2. 针对自身特点设计适合自己与职业场合的完美形象。

知识目标

1. 掌握根据自身特点设计适合自己职业妆容的流程与方法。
2. 学习根据自身特点选择适合自己的职业服饰。

项目学习内容

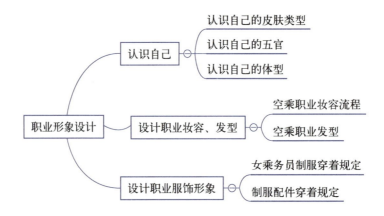

导入案例

你具备职业化的形象吗？

　　一次某公司招聘文秘人员，由于待遇优厚，应聘者很多。中文系毕业的小张同学前往面试，她的背景材料可能是最棒的：有多次工作经历，拥有英语六级证书，在众多比赛中荣获奖项。而且小张五官清秀，身材高挑、匀称。面试时，招聘者拿着她的材料等她进来。小张穿着迷你裙，露出洁白的大腿，上身是露脐装，涂着鲜红的口红，摇曳地走到一位考官面前，不请自坐，随后跷起了二郎腿，笑眯眯地等着问话。孰料，三位招聘者互相交换了一下眼色，主考官说："张小姐，感谢你的参与，请回去等通知吧。"张同学愉快回应道："好！"挎起小包飞跑出门。

　　讨论：小张的应聘能成功吗？

案例分析

　　小张的应聘没有成功。第一，她的服饰形象很不符合严肃面试场合，面试的时候应该穿职业性质的服装或套装。第二，她的妆容过于浓艳。面试的时候太艳丽的妆容易给人媚俗之感。第三，她的不请自坐以及二郎腿坐姿给人留下轻浮的印象。

　　形象塑造并不是千人一面的公式或行为模式，在每个人身上，运用形象塑造的科学与智慧都会折射出不一样的光彩。本项目将以某高校空乘专业大四学生小程为例，学习塑造完美形象的第一步——认识自我，接纳自己。

项目实施

任务一　认识自己

　　即将毕业的小程已经通过某航空公司的面试，她要以最好的职业形象参加该公司的岗前培训。塑造完美形象的第一步，首先要学会认识自己，并接受自己的一切。

一、认识自己的皮肤类型

（一）了解自己的皮肤类型

　　一般可以按照以下步骤了解自己的皮肤类型。第一步，认真洗脸，擦干。第二步，在不涂抹任何护肤品或化妆品的情况下，将皮肤单独放置几个小时。第三步，检查皮肤的毛孔大小，皮肤表面和皮脂产生。

　　皮肤类型取决于皮肤分泌的油量，每种皮肤类型表现不同特征。干性肌肤：干性肌肤会出现紧绷的现象，毛孔几乎看不见，干性皮肤容易出现细纹。油性肌肤：鼻子、额头、脸颊、下巴等都会有不同程度的出油，肌肤不会出现紧绷现象，但是毛孔明显。混合性肌肤：T区（额头和鼻子两翼）部位出油，U区（两个脸颊和下巴组成的U型区域）部位较干燥,并且会出现紧绷的现象。中性肌肤:不干燥不出油不紧绷。

通过测试,小程发现自己的皮肤属于混合性肌肤。

(二) 制订属于自己的护肤程序

了解自己的皮肤类型才能选择合适的护肤产品,从而制订护肤流程。

以小程同学为例,混合性皮肤是指在同一人的面部,共存着两种不同的皮肤质量。T区部位油脂分泌旺盛,导致毛孔粗大,容易长痘,表现为油性皮肤的特征;两颊部位油脂分泌较少,皮肤缺水,容易干燥,表现为干性皮肤的特征。针对混合性皮肤"一面两质"的特性,要科学地进行肌肤的分区护理。

第一步,选用中性洗面奶以及36℃左右的水清洁面部,洗面奶先搓出泡沫,在脸上涂抹泡沫后,要轻轻打圈按摩,重点按摩T区等容易出油部位;

第二步,分区使用化妆水。T区选择清爽型的化妆水,脸颊选择保湿滋润型的化妆水。把爽肤水倒在化妆棉上按照由下向上的方式擦拭脸部;

第三步,分区使用乳液与面霜。T区选择清爽型的乳液,脸颊选择保湿滋润型的面霜。

第四步,每天日间的保养——使用隔离霜或者防晒霜,帮助肌肤抵御紫外线的伤害。这是早上护肤的最后一步,晚上则不用。

对于T字区油腻而面颊干燥的混合性肌肤,可以采取分区去角质的方法。针对T区部位每周去一次角质,其余地方可以使用深层清洁面膜。保湿面膜可以一周两到三次,特别需要时,也可以连敷几天,用来改善皮肤状态。

二、认识自己的五官

了解自己的五官特点,塑造最美的职业妆容。

(一) 了解自己的面部结构

成功的妆容首先要了解标准的面部五官的比例、轮廓与线条,再通过化妆手法来适度修饰和美化人物面部线条。脸部结构的标准比例即脸部的黄金比例是"三庭五眼",人的五官比例越贴近这个比例关系,就越能够给人视觉的美感。三庭五眼示例见图2-27。

图2-27　三庭五眼

所谓"三庭",指脸的长度比例,把脸的长度分为三个等分,即从人的发际线到眉骨,从眉骨到鼻尖,从鼻尖到下巴的三个距离正好相等,各为三分之一;"五眼"指脸的宽度比例,以一只眼睛长度为单位,把脸的宽度分成五个等分,从左侧发际至右侧发际,为五只眼睛的长度。两只眼睛之间的距离正好是一只眼睛的宽度。

(二) 了解自己的脸型

认识比较典型的几种脸型:鹅蛋脸、圆脸、长脸、菱形脸、方形脸。脸型的分类只是为了方便我们更好地认识自己的脸部轮廓,从而找到最佳修饰方法。常见脸型如图 2-28 所示。

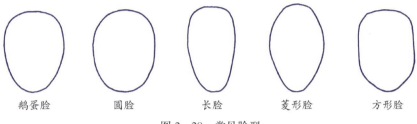

图 2-28　常见脸型

1. 鹅蛋脸

鹅蛋脸是非常标准的脸型,可以驾驭任何发型与妆容,脸部线条圆润而自然,是百搭脸型。

2. 圆脸

圆脸面部轮廓圆润柔和,颧骨结构不明显,外轮廓从整体上看似圆形,看上去比较可爱温柔。

3. 长脸

长脸脸部纵向比例较长,也就是"三庭五眼"中的"三庭"偏长,可能是额头或下巴偏长。

4. 菱形脸

菱形脸面部较有立体感,颧骨宽、上额头窄、下巴尖。

5. 方形脸

方形脸也就是国字形脸,脸部较宽阔,下颌骨较宽,线条不柔和。

课堂互动

小程属于哪种脸型,应该如何修饰?

提示:

脸型虽然分成很多种类型,但一般人的脸型通常是两种或者两种以上脸型的混合型,因此想要将一个人的脸型硬归类于某一种类型并不太容易。经过探索发现,小程同学是鹅蛋脸与长脸的混合类型,属于比较理想的脸型。她的面颊线条较直,棱角分明,可以通过小范围的修容来柔和脸部线条,适合横扫腮红;眉毛适合一字眉;尤其不适合中分直发。

三、认识自己的体型

要想提升穿衣效果，首先得认识与了解自己的体型，才能找到适合自己身材的衣服，这样才能将自己的优势凸显出来。女性体型根据肩围、腰围、臀围的比例可以分为四种：正三角形体型、倒三角形体型、长方形体型和沙漏体型。小程需要对照镜子感受一下自己属于哪种身型。常见体型如图 2-29 所示。

图 2-29　常见体型

如何确定自己属于什么体型呢？第一，站在距自己差不多 1 米的全身镜前，仔细观察。第二，看看自己的整体身型，肩宽、腰宽与胯宽的比例，腰臀曲线是否明显，上半身与下半身的比例，等等，确定自己的大致体型。第三，每个人并不一定是标准的正三角形体型或倒三角形体型，重要的是找出自己的体型特征，比如肩宽、胯宽，发现自己的优势和弱势。

（一）正三角形体型

一般肩部比较窄，胯宽，大腿粗，整体显得上轻下重。对于这种身材的人搭配重点是保持上下比例的均衡，通过设计"加宽"上半身的宽度。

（二）倒三角形体型

上半身宽下半身窄 通常背宽、肩宽、腰与胯部不突出，腿细。这种身材的人容易显得上半身体积大、下半身体积小。一般通过加宽下半身使之平衡。

（三）长方形体型

这种身材的人缺少曲线美，在搭配上可以利用衣服打造出曲线感。

（四）沙漏形体型

这种身型是完美型身型，肩、背、臀宽度相当，但腰较细，整体身材匀称，曲线优美。

任务二　设计职业妆容、发型

空乘职业妆容适用于空乘的工作制服、工作特点与工作环境。从俏皮可爱的学生转型到干练成熟的职场先锋,合适的妆容,不仅能让你赢得别人的好感与尊重,也为你的人生转折做好准备,甚至可以帮助你得到"专业""能干"的认可。

一、空乘职业妆容流程

(一)调整肤色

在基本保养后、上粉底之前,小程脸部偏暗黄,先以紫色修正乳修饰打底,不仅可以增加肌肤的明亮度,还具有矫正肤色和改善肌肤质感的作用。

(二)选择适合自己肤色的粉底液

调整均衡肤色,利用深浅色差以及明暗阴影调整面部轮廓结构,呈现出脸部的立体感。

(三)遮瑕

小程的眼睛下方有明显黑眼圈,脸颊处有明显痘印,先使用遮瑕刷蘸取偏深的深橘色遮瑕膏遮盖瑕疵,接着蘸取浅色遮瑕膏再次覆盖瑕疵处,最后用遮瑕刷过渡遮瑕边缘处。

(四)蜜粉定妆

用粉扑蘸取少量蜜粉轻轻拍打在 T 区容易出油部位,并结合"少量多次"的原则,由下往上轻柔按压,让蜜粉变得扎实。

(五)修容与腮红

修容与腮红是底妆的最后一个步骤,小程的脸型略微偏长,需要沿着发际线稍加暗面修饰,之后再修饰颌骨,将原本的脸型修饰成椭圆形脸,腮红横向打,增加脸部的圆润感。

(六)眼妆

利用眼线、眼影、睫毛膏等方法加强小程眼睛的层次感、立体感及深邃度,最大限度增添眼部特有的神采。

(七)眉毛

小程的脸型适合平直略粗的眉毛,增强脸部的柔和感。要先修剪眉毛,再确定平眉的基本轮廓,定好眉头、眉峰和眉尾的位置。用眉笔从眉头向眉尾方向描画,填充颜色需要注意技巧,眉头的地方颜色要浅色,而且要顺着眉毛的生长方向上色,眉毛少的地方多描画,眉毛浓密的地方轻轻带过就可以了。

2

（八）唇妆

在描画口红之前，可厚敷一层有滋润效果的护唇保养品，让其在嘴唇上停留一段时间后清除，或者先上一层具有保湿效果的护唇膏，可以帮你最大程度修复唇部干燥状况。在描画口红时，先用唇刷描画出精致的上下唇形，再填补口红颜色。

二、空乘职业发型

（一）女乘务员发型规范

女乘务员的发型应该体现优雅的女性气质和干练的职业感，因此，不能留披肩长发，长发要使用黑色发网盘起，不允许有丝毫的碎发散落下来，必要时可以借助发胶等造型品固定头发，力求发型的干净、利落、线条流畅。从正面看，头上不能有任何发卡，头发侧面也不能多于 4 支发夹。

在打造空乘职业发型时，需要注意发型要适合自己的脸型特点。小程脸型偏长，额头发际线偏高，适合将头发进行四六侧分，用长刘海掩盖部分额头，也可以隐藏较高的发际线问题。

（二）盘发前的准备

工具：有尖尾梳、"U"型夹、一字夹、皮筋、发胶、隐形发网、喷水壶。第一步，用喷水壶边喷头发边梳顺头发，扎马尾固定，其高度与耳朵保持一致。第二步，用隐形发网将马尾全部头发包裹起来。第三步，把套有隐形发网的马尾卷成"小笼包"式发髻，边卷边使用"U"型夹固定。第四步，用发胶整理、固定碎发，使头发干净、顺滑、光洁。

任务三　设计职业服饰形象

服饰本身不具备职业属性，但当空乘穿着制服形成一种习惯与规范时，便赋予了服饰的社会属性与职业属性。空乘制服在职业装中也越来越受到人们的关注，不仅成为企业或者行业标志，甚至代表国家形象。当小程穿上空乘制服，心中产生的职业幸福感与优越感油然而生。以下是小程穿着空乘制服遵守的服饰规定。空乘制服示例见图 2 - 30。

一、女乘务员制服穿着规定

（1）制服必须系好所有纽扣，不能随意脱下上衣。

（2）制服要符合"四长"的要求，即袖至手腕、衣至虎口、裤至脚面、裙至膝盖。

（3）制服要符合"四围"的要求，即领围以插入一指大小为宜，上衣的胸围、腰围及裤裙的臀围以穿一套羊毛裤的松紧为宜。

（4）制服完好，不能出现破损、开线、纽扣丢失等

图 2 - 30　空乘制服

状况。

（5）制服的洁净，要求无异物、无异色、无异味等，尤其是领口与袖口要保持洁净。

（6）制服挺括、平整，裤线笔挺，洗后需要熨烫、悬垂存放。

二、女乘务员制服配件穿着规定

（1）丝巾是整套制服的亮点之一，无论哪个季节都必须佩戴。

（2）衬衣要系好所有纽扣，衬衣下摆要系入裤中或者裙中。

（3）皮鞋的鞋跟不宜过高或者过细。

（4）女乘务员穿着套裙时，必须穿着连裤袜，袜子的颜色与肤色一致，不能有任何破损与勾丝，更不能露出袜口或者不穿袜子，如果女空乘人员穿着裤装时，应该穿中筒肤色丝袜。

（5）女乘务员在执行航班任务时必须佩戴手表，款式应是传统、正式的皮表带或者金属表带手表。

（6）女乘务员允许佩戴一枚戒指，但是只能戴在无名指或者中指上，禁止戴在其他手指上。

（7）女乘务员允许佩戴一对耳饰，可以是黄豆大小的耳钉或者是直径不能超过一厘米的耳环，禁止在一只耳朵上戴两个或者两个以上的耳饰，也禁止只在一侧耳朵上戴耳饰。

（8）女乘务员禁止戴手链、手镯、脚链等饰品，可以佩戴项链，但是只能戴一条造型简单的项链，并且需戴在衬衣里面。

能力训练

　　学完本模块所有项目任务后，请扫描二维码完成模块二能力训练，并在教师带领下进行讨论。

模块二
能力训练

如今你的气质里，藏着你走过的路，读过的书和爱过的人。

——《卡萨布兰卡》

项目一　表 情 礼 仪

项目学习目标

情感态度目标

1. 理解个人表情管理对人际交往的重要意义。
2. 提升对他人表情的洞察力和反馈能力。

技能目标

1. 熟知表情管理的基本原则。
2. 能在不同的场合选择适当的表情。

知识目标

1. 了解表情的内涵和意义。
2. 了解微笑的三个维度与应用。
3. 掌握目光的三个场合与原则。

项目学习内容

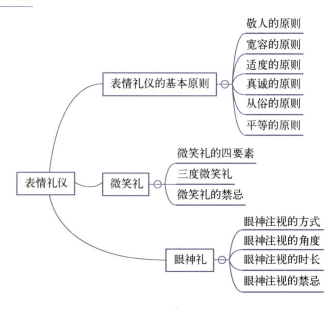

**导入案例**

"你今天对客人微笑了吗?"

康拉德·希尔顿(Conrad Hilton)是世界酒店业大王,生于1887年,曾服过兵役,参加过第一次世界大战。战后退伍,他用父亲留下的2 000美元和自己身上的3 000美元在得克萨斯州买下了一家旅馆。凭借着自己的聪明才智和良好的管理,以及独到的眼光,希尔顿很快就赚到100万美元。他高兴地把这份收获告诉母亲,让母亲和自己一起享受这共同的喜悦。可是,母亲不以为然,意味深长地对他说:"照我看,你和以前没什么不一样,不一样的只是你的领带有些脏。"这话像一盆冷水浇得希尔顿透心凉。母亲接着说:"你要想把旅馆长期经营下去,就要想一个办法,让住过希尔顿旅馆的人住了第一次还想住第二次、第三次,这个办法必须是简单、容易、不花钱且持久的,只有想出这么个办法,希尔顿旅馆才有前途,这比挣到100万有用得多。"母亲的这番话让希尔顿幡然醒悟。沾沾自喜,满足于现状,没有大格局,这正是自己现在面临的问题。"什么是钱买不来的?什么能让客人住了还想住?"希尔顿苦思冥想一直没有结果,于是就自己扮作顾客去一些商店或旅馆消费,以顾客的身份参观,感受这一切。后来,他终于找到了,满足母亲四点要求的方法就是——微笑。

在这之后,希尔顿经营旅馆业的座右铭就是:"你今天对客人微笑了吗?"这也是他所著的《宾至如归》一书的核心内容。希尔顿到每一家旅馆召集全体员工开会时都要问:"现在我们的旅馆已新添了第一流的设备,你觉得还必须配合什么第一流的东西能使客人更喜欢呢?"员工回答之后,希尔顿笑着摇头说:"请你们想一想,如果旅馆里只有第一流的设备而没有第一流服务员的微笑,那些旅客会认为我们供应了全部他们喜欢的东西吗? 如果缺少服务员的美好微笑,正好比花园里失去了春天的太阳和春风。假如我是旅客,我宁愿住进虽然只有残旧地毯却处处见到微笑的旅馆,也不愿走进只有一流设备而不见微笑的地方……"

讨论:为什么希尔顿说一流的微笑比一流的设备重要?

案例分析

希尔顿酒店能在酒店行业里做到霸主的地位,就在于其创始人希尔顿的大格局,成功的秘诀就在于"微笑的影响力"。微笑,是一个人内心真诚的外露,它能够感染人,且富有穿透力,这也就是希尔顿酒店让人来了一次就忘不了,想来第二次、第三次的秘诀。

在经济学家眼里,微笑是一笔巨大的无形财富;在心理学家眼里,微笑是最能说服人的心理武器;在服务行业,微笑成了一张张响当当的名片。一个人可以没有财产、没有学历,但只要有信心、有一张微笑的脸,就有了成功的希望。正如卡耐基所说,微笑,它不花费什么,却创造了许多成果,它丰富了那些接受的人,而又不使给予的人变得贫瘠,它在一刹那间产生,却给人留下永恒的记忆!

表情是内心感情在脸上的表现,是人际交往中相互交流的重要形式之一。在《生命是如何沟通的》一书中,艾伯特·梅拉比安指出:

人际沟通＝7％语言(有具体信息含义的有声语言)＋38％语音(语调、音频、语速、语气等)＋55％表情(面部各器官的动作和身体姿态等)。

在这一公式中,首先语言是指导性的,它给出明确的话题方向,起着主导作用,而表情或者说是微表情则起着辅助的作用。例如,在路人向你问路的过程中,你用语言给人描述还会加上手指指点方向,因为两者结合会使指引更加形象具体,容易达到信息的有效沟通;当你在台上演讲时,虽然嘴上滔滔不绝,但往往还会加上表情手势等,因为你需要这些辅助性的手段帮助更好地向对方传达你的意思。其次,当别人的话语明显表达出某一含义时,它能够真实反映对方所想并且醒目地显示出来,我们往往可据此来判断对方的意思。假如对方说话比较尖酸刻薄,并且嘴角明显地表现出轻蔑的动作,那么你就可以确定自己是不受欢迎的;你向许久未见的朋友问好,他虽然回答很好,但是眼睑下垂,两眼无光,嘴唇放松,那么你就可以推断事实并不像他说的那样。再者,微表情在一些语言不通或者不方便说话的场合有着重要作用。例如,你可以在和聋哑人或者外国人交流过程中使用表情语言,全世界的语言虽然不能通用,但是人类的表情却是没有什么大的差异的,所以我们在看卓别林的默片时依旧能发笑,并没有被异国文化差异所阻拦;如果罗密欧与朱丽叶相聚,他们或许不用发出任何言语,感情就可通过眼神的交汇以及一颦一笑传达。

由于生活的压力和社会交往中的各种潜规则,人们越来越善于隐藏自己的真实情感。因而,我们需要借助一双"慧眼",在反复观察的基础上审慎判断,这样才能拨开迷雾,了解最真实的部分,最大限度地发挥它在人际沟通中的作用。

同时,塑造自己良好的表情,可以缩短人与人之间的距离,化解尴尬的僵局,增进彼此心灵的沟通,使人产生一种安全感、亲切感、愉快感。

项目实施

任务一　表情礼仪的基本原则

运用表情礼仪的时候,用得比较多的是眼神礼和微笑礼,同时我们要遵循以下几个基本原则:

一、敬人的原则

人们在社会交往中,敬人之心要常存,处处不可失敬于人,不可伤害他人的个人尊严,更不能侮辱对方的人格。

二、宽容的原则

人们在交际活动中运用表情礼仪时,既要严于律己,更要宽以待人,秉持宽容的原则。

三、适度的原则

应用表情礼仪时要注意把握分寸,区分场合与情景才能做到得体。

四、真诚的原则

运用表情礼仪时,务必内心真诚,言行一致,表里如一。这样的表情才是发自内心的自然流露。

五、从俗的原则

由于国情、民族、文化背景的不同,必须坚持入乡随俗,与绝大多数人的习惯做法保持一致,切勿目中无人、自以为是。

六、平等的原则

这是运用表情礼仪的核心,即尊重交往对象、以礼相待,对任何交往对象都必须一视同仁,给予同等的礼遇。

3

任务二　微　笑　礼

微笑是人类最动人的一种表情,是社会交往中美好而无声的语言,而且微笑源自内心的善良、宽容和无私,表现出一种坦荡和大度。另外微笑是成功者自信的表现,是失败者坚强的表现,所以微笑是人际关系的黏合剂,也是化敌为友的一剂良方。

一、微笑礼的四要素

(1)嘴角微微上翘,微露牙齿。
(2)提升颧肌、眼中含笑、亲切自然。
(3)心含笑意、表里如一。
(4)避免僵笑,伴随后续的动作和语言。

知识链接:
微笑的"四
个要"和"四
不要"

二、三度微笑礼

(一)一度微笑
一度微笑时嘴角微微向上。一般用于两人相距较远,比如五米以外的情况。

(二)二度微笑
二度微笑时嘴角上扬,嘴巴微张。一般用于两人慢慢走近的过程中,即五米以内、三米以上的距离之间。

(三)三度微笑
三度微笑时眉开眼笑,根据每个人口齿状况的不同露出6～8颗牙齿。一般用于两人三米以内的近距离交往,准备开始交流的情况。

三、微笑礼的禁忌

（1）忌嬉皮笑脸或皮笑肉不笑（假笑）。

（2）忌夸张性大笑。

（3）忌不分场合的笑。正常情况下，当笑则笑；但在别人焦急、悲伤痛苦时或是庄重场合或是别人有生理缺陷等情况下，则不适合发笑。

（4）忌公众场合放声大笑。公共场合放声大笑，容易破坏气氛，显得缺乏教养。

（5）忌长时间发笑。

 课堂互动

微表情：区别真笑与假笑（图3‒1）

图3‒1　假笑与真笑

提示：

我们脸部有两块肌肉控制着笑容：

（1）第一部分肌肉负责上拉嘴角的肌肉，把眼角往下拉，这是一块可以靠意识人为控制的肌肉。

（2）第二部分肌肉叫眼轮匝肌，指眼眶周围的肌肉，我们没有办法靠意识来控制（只有10%的人可以做到），所以这是区别假笑与真笑的重要依据。轮匝肌的收缩会让人的眼睛有放光的感觉，见图3‒2的上下对比。

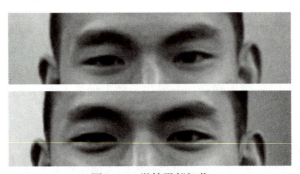

图3‒2　微笑眼部细节

任务三　眼　神　礼

《孟子·离娄》中说:"存乎人者,莫良于眸子。眸子不能掩其恶。胸中正,则眸子瞭焉;胸中不正,则眸子眊焉。"眼睛是心灵的窗口。人心中所思,都会通过眼睛传达出来。眼睛是掩盖不了其内心的真实想法的。如果心正,则眼睛清澈明亮;如果心不正,则眼睛浑浊灰暗。

一、眼神注视的方式

与人交谈时,眼神应该注视着对方。但应使目光局限于上至对方额头,下至对方衬衣的第二粒纽扣以上,左右以两肩为准的方框中。在这个方框中,一般有三种注视方式,如图3-3所示:

(一)商务关系:观额头至双眼

一般用于洽谈、磋商等场合,注视的位置在对方的双眼与额头之间的三角区域。

(二)社交关系:观双眼至下巴

一般在社交场合,如聚会、酒会上使用。位置在对方的双眼与下巴之间的三角区域。

(三)亲密关系:观双眼至胸部

一般在亲人之间、恋人之间、家庭成

图一　　　　图二　　　　图三

图3-3　三种注视方式位置

员等亲近人员之间使用,注视的位置在对方的双眼和胸部之间。

另外,根据两人距离的远近,眼神注视也分为远观全身,中观轮廓,近观三角。

当与人说话时,目光要集中注视对方;听人说话时,要看着对方眼睛,这是一种既讲礼貌又不易疲劳的方法。如果表示对谈话感兴趣,就要用柔和友善的目光正视对方的眼区;如果想要中断与对方的谈话,可以有意识地将目光稍稍转向他处。尽量不要将两眼视线直射对方眼睛,因为对方除了会以为你在窥视他心中的隐秘,还会认为这是在向他表示不信任、审视和抗议。但在谈判和辩论时,就不要轻易移开目光,直到逼对方目光转移为止。一些场合下,当对方说了错误的话正在拘谨害羞时,不要马上转移自己的视线,而要用亲切、柔和、理解的目光继续看着对方,否则对方会误认为你高傲,在讽刺和嘲笑他。谈兴正浓时,切勿东张西望或看表,否则对方会以为你听得不耐烦,这是一种失礼的表现。

二、眼神注视的角度

(一)平视

平视,即视线呈水平状态,它也叫正视。一般适用于在普通场合与身份、地位平等之人进行交往。

(二) 侧视

它是一种平视的特殊情况,即当自身位于交往对角一侧,面向对方,平视着对方。它的关键在于面向对方,否则即为斜视对方,那是很失礼的。

(三) 仰视

仰视,即主动居于低处,抬眼向上注视他人。它表示着尊重,敬畏之意,适用于面对尊长之时。

(四) 俯视

俯视,即抬眼向下注视他人,一般用于身居高处之时。它可对晚辈表示宽容、怜爱,也可对他人表示轻慢、歧视。四种注视角度示例见图 3 - 4。

图 3 - 4　四种注视角度

三、眼神注视的时长

通常情况下,在整个交谈过程中,与对方目光接触应该累计达到全部交谈过程的 50%～70%,其余 30%～50% 时间,可注视对方脸部以外 5～10 米处,这样比较自然、有礼貌。每次看对方的眼睛 3～5 秒,让对方感觉更自然。

如果一个人在交往中很少关注你,而且注视你的时间不超过整个相处时间的 30%,

说明这个人不在乎你。

如果一个领导或者长辈与下属或者晚辈见面时,多一些目光接触,这对他鼓励会很大。

四、眼神注视的禁忌

(1) 忌羞怯飘忽。

(2) 忌无表情眼神。

(3) 忌注视过短或过长(一般 3 秒左右)。

(4) 忌上下打量。

(5) 多人交流,忌只看一人。

在掌握并正确运用自己眼神礼的同时,还应当学会"阅读"对方眼神的方法。从对方的目光变化中,分析他的内心活动和意向。

随着交谈内容的变化,眼神和表情和谐地统一,表示很感兴趣,思想专注,谈兴正浓。对方的眼神长时间地中止接触,或游移不定,表示对交谈不感兴趣,交谈应当很快结束。交谈中,眼神乜斜,表示鄙夷;眼神紧盯,表示疑虑;偷眼相觑,表示窘迫;瞪大眼睛,表示吃惊,等等。眼神是千变万化的,但都是内心情感的流露。学会阅读分析眼神,对于正确处理社交活动有着重要意义。

3

其形也，翩若惊鸿，婉若游龙，荣曜秋菊，华茂青松。

——《洛神赋》

项目二　姿　态　礼　仪

项目学习目标

情感态度目标

1. 领悟个人姿态管理对个人社会角色表达的重要性。
2. 能够选择恰当的姿态展现个人素养。

技能目标

1. 运用基本姿态规范，展现得体的个人仪态。
2. 理解姿态的禁忌及其深层缘由。
3. 能在不同场合选择恰当的姿态，展现自身角色。

知识目标

1. 了解姿态的构成要素。
2. 掌握站姿、坐姿、行姿、蹲姿等的分类与应用。
3. 掌握鞠躬的分类与应用。
4. 掌握点头的分类与应用。

项目学习内容

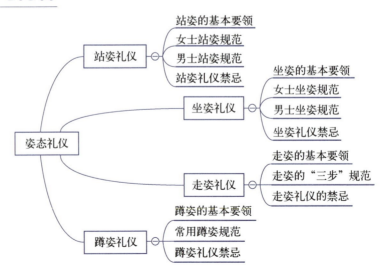

**导入案例**

孟子欲休妻

孟子提倡尊"礼",讲究礼节,有一次因为妻子的坐姿不端,竟要与之离婚。

据记载,孟子的妻子田氏独自一人在内室,随意坐着休息。突然进屋的孟子看见妻子岔开两腿的坐相,就退了出来。

然后,孝顺的孟子对母亲说:"这个妇人不懂礼仪,请准许我把她休了。"

孟母说:"为什么呢?"

孟子说:"她岔开两腿坐着。"

孟母问:"你怎么知道的?"

孟子说:"我一进房间就看见了。"

孟母说:"那是你不懂礼仪,不是你媳妇不懂礼仪。《礼经》不是说,进门时,应该先问问谁在房间;进客厅时,应该先高声招呼,让里面的人知道;进了房间,眼睛应该往下看,避免看见别人的隐私。《礼经》讲的这些,都是为让人有准备,以免尴尬。现在你趁人不备去你媳妇休息的房间,进屋也不打招呼。她因为不知道你进去,没有准备,才你被看到了不合礼仪的坐相。你要求别人守礼,但你首先要尊重别人啊。是你失礼无礼在先,怎么反而责怪别人呢?"

母亲的一番言语,使孟子心服口服,深感惭愧,打消了休妻的念头。

孟子的妻子在自己的房间随意的坐相叫"箕踞",即臀部坐地,两腿岔开,双膝屈起,像个簸箕,这在周代是不尊重人的姿势。尊"礼"的孟子知行合一,所以对妻子的行为不能容忍。所幸孟母不愧是教子有方的贤母,通情达理,指出不合礼法的是孟子自己,避免了儿子的一场婚姻危机。

讨论:为什么孟子仅仅因为妻子的坐姿就要休妻?

案例分析

中国古代讲究坐有坐相,站有站相,不同的场合,人都应该具备不同的姿势和表情。即使夫妻之间,在日常生活中也都以礼相待,相敬如宾。在公开场合,古代最标准的坐姿,称为"跽坐"(也叫正坐),即先席地而跪,而后臀部落下放于脚,上身挺直,双手规矩放于膝上,目不斜视。商周以来,直至唐代,中国人在正式场合都是这样正坐的,气质非常端庄,精气神十足。现在这种坐姿,只有在日本韩国等地才有留存了。

"姿态是映照人自身形象的镜子。"生活中良好的个人姿态是人际交往不可或缺的部分,也是重要的加分项。

一般而言,男士应该表现出刚劲、威武的姿态,给人以成熟、稳重的感觉,而不要忸怩作态。但要注意,阳刚并非等于粗野、脏话连篇、衣冠不整、口无遮拦,这些都是缺少教养的表现,而并非男士应有的表现。良好的男士姿态,是在交际中自然大方、从容不迫、谈笑自如,说话和气、文雅谦逊,尊重别人。良好的仪态往往是社交成功的关键。尤其是社交场合的男士,见面时不仅要热情地与来宾握手问候,分别时也要礼貌道别。女士则要举止优雅,表现出女性的温柔、娴静、典雅之美。每一个动作,尽量做到轻柔自如,同时要保持面带微笑,使人感到亲切友善,同时要避免忸怩、轻佻、挤眉弄眼的姿态或过分地装出一副笑脸,会引起别人的反感。

项目实施

任务一　站姿礼仪

标准的站姿,从正面观看,全身笔直,精神饱满,两眼正视,两肩平齐,两臂自然下垂,两脚跟并拢,两脚尖微微张开,身体重心落于两腿正中;从侧面看,两眼平视,下颌微收,挺胸收腹,腰背挺直,手中指贴裤缝,整个身体庄重挺拔。好的站姿,不是只为了美观,对健康也非常重要。站姿是人的一种常态,是一个人站立的姿势,它是人们平时所采用的一种静态的身体造型,同时又是其他动态身体造型的基础和起点,最易表现人的姿势特征。在交际中,站立姿势是每个人全部仪态的核心。

一、站姿的基本要领

得体的站姿基本要点是:

(1)头正:双目平视,颈部挺直,下颚微收,面容平和自然。

(2)肩展:双肩舒展、放平,自然放松,稍向后下方下沉。

(3)臂垂:双臂放松,自然垂于身体两侧,手指并拢、自然弯曲。

(4)挺胸:后背挺直,胸部舒展、自然上挺。

(5)收腹:腰部挺直,腹部微微紧收,保持自然呼吸。

(6)提臀:臀部肌肉向内、向上收紧。

(7)腿直:双腿挺直,双膝紧贴,腿部肌肉向内收紧,身体重心置于双腿之间。

二、女士站姿规范

(一)正立式站姿

两腿并拢立直,脚跟靠拢。双臂放松,自然下垂于体侧,虎口向前,手指自然弯曲。这种站姿庄重,适用于政务场合或者庄严场合。

(二)丁字步站姿

双手交叉轻握于腰际,手指自然弯曲,双腿并拢,膝盖紧贴,双脚站成小丁字步,即一脚的脚跟紧靠于另一脚的脚弓,脚尖分开约 60°,并保持两脚的脚跟在同一直线上。双手虎口相交叠放于肚脐下三指处,手指直但不要外翘,微收下颌,面带微笑。这种站姿常适用于礼节性展示场合,比如迎宾、接待等礼节性场合。

(三) V字步站姿

双手交叉置于体侧或握于腹前,双腿和脚跟并拢,脚尖分开约60°,站成小 V 字步。这种站姿较为自由,可适用于非正式的社交场合。

三、男士站姿规范

(一) 原立式站姿

原立式站姿也称为基本式站姿,这种站姿庄重,适用于政务场合或者庄严场合。

(二) 前腹式分腿式站姿

双手交叉握于腹前,右手握住左手,两腿自然分开,两脚距离约半步(20厘米左右),身体重心落于两脚之间,脚部疲惫时可让重心在两脚上轮换。这种站姿显得郑重而略显自由,常适用于一般社交场合。

(三) 后背式分腿式站姿

双手交叉置于背后,右手自然贴于背部并握住左手腕,两腿自然分开,两脚距离不超过肩宽,两脚尖呈60°。这种站姿略带威严,常适用于保卫、安全等职业场合。

四、站姿礼仪禁忌

(1)站立时,切忌东倒西歪,无精打采,懒散地倚靠在墙上、桌子上。

(2)不要低着头、歪着脖子、含胸、端肩驼背。

(3)不要将身体的重心明显地移到一侧,只用一条腿支撑着身体。

(4)不要下意识地做小动作,如腿不由自主地抖动,用手摆弄头发、手帕、打火机、笔等。

(5)在正式场合,不要将手插在裤袋里面,切忌双手交叉抱在胸前,或是双手叉腰。

(6)男子双脚左右开立时,注意双脚之间距离不可过大,双脚之间分开不超过肩宽。

✏️ **课堂互动** ⋯⋯⋯⋯⋯⋯⋯⋯⋯⋯⋯⋯⋯⋯⋯⋯⋯⋯⋯⋯⋯⋯⋯⋯⋯⋯⋯⋯⋯⋯⋯⋯⋯

如何从站姿判断一个人?

提示:

站姿是人的一种本能,每个人都有自己习惯的站姿,不同的站姿往往能体现出一个人的性格。

请同学们感受这几种站姿背后个人的性格特征和心理活动。

1. 双手插袋

很多的男性站立或走路的时候,习惯性地双手插口袋,这是一个很随意的,看起来又很酷的动作。从心理学角度分析,双手插裤袋是一种隐藏手掌的行为。把自己的手掌对着别人代表着友好和服从,而隐藏自己的手掌则表明这个人不会轻易在人前表露自己内心的情绪,性格趋于保守,警觉性高。当然单凭这一点是不能看出人的性格的,你还要结合他的言谈等各方面综合分析。

2. 双臂交叉抱于胸前

站立时,双臂交叉抱于胸前,就好像是无形中筑了一道屏障,把不喜欢的人或物通通挡在外边。这一姿势传递出的信息有防御、消极或者否定。在餐厅等一些公众场所,我们经常能看到这样一幕,双手不知道往哪儿放,下意识地双臂交叉抱于胸前。第一次和喜欢的人约会,由于对彼此的关系不确定,也会摆出这样的姿势。这种动作在男性中比较多见,它给人的印象非常不友好,很容易影响到约会的气氛。

另一种情况是,当你与人交谈时,发现对方摆出了双臂交叉的姿势。你应该立即思考自己刚刚所说的话,是否冒犯到了他。语言总是苍白无力,而肢体语言往往能暴露一个人内心的真实想法。

3. 双手背在身后

双手背在后面,多见于领导人物、老年人中。这一动作反映的性格特征是尊重权威,富有责任感,但也有可能是为了掩饰自己内心的紧张情绪。在重要的社交场合,一些领导层的人,为了能在气势上震慑别人,或者让自己显得有权威,通常会做出双手背后的动作。如果一个人双手背后,一边踱步,则表示人在沉思。这一类人做事以及决策都比较慎重稳妥。老年人喜欢把手背在身后,这表明在他们看待问题时坚持自己的想法。

任务二　坐姿礼仪

中国人讲"坐如钟",稳重、适度坐姿不仅给人以沉着、稳重、冷静的感觉,而且也是展现自己文雅、端庄气质与修养的重要形式。

一、坐姿的基本要领

(1) 平缓入座:步至座前,转身缓坐,切忌沉重落座。

(2) 椅面不满:入座时,宜坐椅面的1/2或2/3,不宜将椅面坐满。

(3) 头部端正:双目平视,下颚向内微收,颈部挺直,保持端正。

(4) 躯干平直:双肩放平、下沉,腰背挺直,胸部上挺,腹部微收,臀部略向后翘,上身略向前倾。

(5) 四肢摆好:双臂自然弯曲,双手放于腿上,女士应双膝并拢,男士可双膝微开,双腿自然弯曲,双脚平落地面。

(6) 平稳离座:右脚后收半步,找支撑点,平稳起立,离开座位,切忌猛起、哈腰或左右摇摆。

二、女士坐姿规范

（一）标准式坐姿

上身与大腿、大腿与小腿、小腿与地面均成直角，双腿并拢，双膝紧贴，双脚并排靠拢，双手虎口相交置于左腿上。

（二）侧点式坐姿

上身端正，双膝紧贴，两小腿并拢平移至身体一侧，与地面约呈 45°，双脚平放或点地，双手互握于腹前一侧。

（三）交叉式坐姿

上身端正，双膝紧贴，双脚在踝关节处交叉后略向身体一侧斜放，一脚着地，另一脚点地，双手互握置于腹前一侧。采用这种坐姿时，也可将双脚交叉略向后屈。

（四）重叠式坐姿

上身端正，两小腿平移至身体右侧，与地面约呈 45°，左腿重叠于右腿之上，左脚挂于右脚踝关节处，脚尖向下，右脚掌着地；也可以交换两腿的上下位置，将右腿重叠于左腿之上，将两小腿移至身体左侧。

（五）前后式坐姿

上身端正，双膝紧贴，左小腿与地面垂直，右小腿屈回，左脚掌着地，右脚尖点地，两脚前后位于同一直线上。采用这种坐姿时，可双腿互换。

女士规范坐姿示例见图 3 - 5。

图 3 - 5　女士规范坐姿示例

三、男士坐姿规范

（一）标准式坐姿

上身端正，与大腿垂直，双膝、双脚完全并拢，双手掌心向下分别放在两大腿上。

（二）开膝式坐姿

上身与大腿、大腿与小腿、小腿与地面均成直角，双膝、双脚自然分开（不超过肩宽），脚尖朝前，双手互握置于任意一条腿上。

（三）重叠式坐姿

上身保持端正，双腿上下交叠，左小腿垂直于地面，右腿叠于左腿上，右小腿向里收，右脚尖向下倾，双手互握置于右腿上。采用这种坐姿时，交叠的双腿可以互换位置，如图3-6所示。

图3-6　男士规范坐姿示例

四、坐姿礼仪禁忌

（1）不可将头依靠在椅背上。

（2）不可双臂交叉抱胸，或双手做出多余的动作，切忌将双手夹放在双腿之间。

（3）女士应始终靠紧膝盖，不可分开大腿。

（4）男士不可将双腿叉得过开，或将双腿过分伸张，或一腿弯曲、一腿伸直呈现"4"字形，或将小腿搁在大腿上，用脚打拍子，甚至不停地抖腿。

（5）跷腿时，切忌将悬空的脚尖朝上或指向他人。

（6）与邻座交谈时，可以侧坐，并将上身和腿同时转向交谈对象。

任务三　走姿礼仪

走姿是人体所呈现出的一种动态，是站姿的延续。文雅、端庄的走姿，不仅给人以沉着、稳重、冷静的感觉，而且也是展示自己气质与修养的重要形式。同时走姿可以防止身体的变形走样，甚至可以预防颈椎疾病。

一、走姿的基本要领

（一）步态端正

昂首挺胸,收腹提臀,双肩放平、下沉,双目平视,重心稍向前倾,双臂自然地前后摆动,摆幅为 30～40 cm,前摆幅大于后摆幅。掌心朝内,手指自然弯曲,脚尖伸向正前方,脚跟先于脚掌着地,脚尖推动不断前行。

（二）步位平直

男士的步位路线应为两条平行线,女士的步位路线应尽可能为一条直线。

（三）步幅适中

即步行时双脚中心间的距离应适中,男士的步幅一般约为 40 厘米,女士的步幅一般约为 30 厘米。

（四）风格有别

男士应步伐矫健、稳重,展现阳刚之美,女士应步伐轻盈娴雅,展现阴柔之美。

二、走姿的"三步"规范

"三步"指步态、步位、步幅。

（一）步态

正常的行走应该是脚掌、脚尖朝前,膝盖正对着前方,避免"内八字"步或"外八字"步。

（二）步位

即脚落在地面时的位置。女士双脚内侧成一条直线,男士双脚内侧成一条直线至脚内一脚距离调整。

（三）步幅

步幅就是跨步时两脚间的距离。标准步幅是前脚跟与后脚尖间的距离为一脚长。因此对不同的人来说,标准步幅的大小是不同的,这是随身材高矮而定的。在正常情况下,成年人每分钟走 60～100 步。使用标准步幅可以使步态更美。

三、走姿礼仪的禁忌

（1）行走时不可低头、仰头、弯腰驼背、摇头晃肩、左顾右盼或扭腰摆臀。
（2）双手不可置于背后,否则会给人以傲慢之感。
（3）双脚不可呈内八字或外八字。
（4）不可拖沓前行,使脚和地面摩擦或碰撞而发出噪声。

知识链接:
体态语言

(5) 切忌与他人抢道、排成横队或勾肩搭背。

任务四 蹲姿礼仪

蹲姿是由站立的姿势转变为两腿弯曲和身体下降的姿势,是在比较特殊的情况行下所采取的一种暂时性体态,如对工作岗位进行清理、收拾时,提供必要服务时,捡拾地面物品时。

一、蹲姿的基本要领

(一) 直腰下蹲

上身端正,一只脚后撤半步,身体重心落在位于后侧的腿上,平缓屈腿,臀部下移,双膝一高一低。

(二) 直腰起立

下蹲取物或工作完毕后,挺直腰部,平稳起立、收步。

二、常用蹲姿规范

(一) 高低式蹲姿

下蹲时,左脚在前,脚掌完全着地,右脚在后,脚掌着地、脚跟提起;屈腿下蹲后,左小腿基本垂直于地面或与地面呈 60°,右腿居后,右膝低于左膝,形成左高右低的姿态。采用这种蹲姿时,左、右脚可以互换。男士采用这种蹲姿时,可将两腿适当分开;女士采用这种蹲姿时,应将两腿靠紧,并可略微侧转。

(二) 交叉式蹲姿

下蹲时,左脚在前,脚掌完全着地,右脚在后,脚掌着地、脚跟提起;屈腿下蹲后,左小腿基本垂直于地面,右腿从左腿下方伸向左侧,两腿交叉重叠,合理支撑身体,腰背挺直、略向前倾。这种蹲姿的造型优美典雅,适用于女性。采用这种蹲姿时,可左、右腿互换姿势。

常见蹲姿演示见图 3-7。

三、蹲姿礼仪禁忌

(1) 下蹲时,应与他人保持一定距离,且不可过快、过猛。

(2) 下蹲时,应尽量侧身相向,切勿正面面对他人或背对他人。

(3) 下蹲时,一定要避免"走光",特别是女士。

(4) 下蹲的姿势应当优雅,切忌弯腰撅臀,或者两脚平行、两腿分开、弯腰半蹲(即"蹲厕式蹲姿"),否则极其不雅。

(5) 不可蹲在椅子上,也不可在公共场合蹲着休息。

蹲姿三要点:迅速、美观、大方。若用右手捡东西,可以先走到东西的左边,右脚向后

图 3-7　常见蹲姿

退半步后再蹲下来。脊背保持挺直,臀部一定要蹲下来,避免弯腰翘臀的姿势。男士两腿间可留有适当的缝隙,女士则要两腿并紧,穿旗袍或短裙时要更加留意,以免尴尬。

3

凡饮食,举匙必置箸,举箸必置匙。食已,则置匙箸于案。

——朱熹《童蒙须知》

项目三 手 势 礼 仪

项目学习目标

情感态度目标

1. 领悟得体手势在人际交往中的作用。

2. 用恰当的手势提升个人表达自信。

技能目标

1. 正确运用基本的手势规范。

2. 能正确选择适合的手势进行物品接送和引导帮助。

知识目标

1. 了解手势的基本标准及意义。

2. 掌握交递物品手势规范。

3. 掌握引导手势规范。

4. 掌握帮助手势要领。

项目学习内容

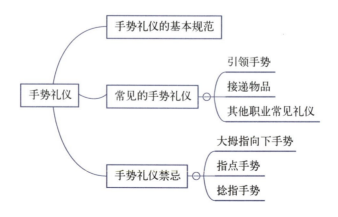

✈ **导入案例** •

握手礼的由来

握手礼是欧洲中世纪的骑士们发明的。在战争期间,骑士们都穿盔甲,除两只眼睛外,全身都包裹在铁甲里,随时准备冲向敌人。如果表示友好,互相走近时就脱去右手的甲胄,伸出右手,表示没有武器,互相握手言好。后来这种友好的表示方式流传到民间,就成了握手礼。

另一种说法是握手礼源于刀耕火种的原始时代。当时,人们在狩猎或战争中,手上都拿着石块或棍棒等防卫武器,倘若途中遇到陌生人,如大家都无恶意,就放下手中的武器,并伸出手掌,让对方抚摸手心,表示手中没有武器。后来这种礼俗就演变成今天的握手礼。

讨论:从这个案例中能否看出礼仪礼节是如何形成的?

案例分析

"礼出于俗,俗化为礼"。礼仪指在社会交往中受历史传统、风俗习惯、宗教信仰、时代潮流等因素的影响,以建立和谐关系为目的的各种符合礼的精神及要求的行为准则或规范的总和。

各地的风俗决定着不同地区的礼仪表达方式。破坏这种方式,就会被认为没有文化、没有教养。有些时候我们要适应这种地区式的礼仪,去了解和使用这种方式,以便更好地沟通。入乡随俗是一种良好的沟通基础。现代握手礼通常是先打招呼,然后相互握手,同时寒暄致意。握手礼流行于许多国家,是交往时最常见的一种表达见面、离别、祝贺或致谢含义的礼节。

人在紧张、兴奋、焦急时,手都会有意无意地有所表现。作为仪态的重要组成部分,手势应该正确使用。手势也是人们交往时不可缺少的动作,是最有表现力的一种"体态语言"。心有所思,手有所指。手的表现力并不亚于眼睛,甚至可以说手就是人的第二双眼睛。

手势礼仪表现的含义非常丰富,表达的感情也非常微妙复杂,如招手致意、挥手告别、拍手称赞、拱手致谢、举手赞同、摆手拒绝;手抚是爱、手指是怒、手搂是亲、手捧是敬、手遮是羞等。手势的含义,或是发出信息,或是表达感情。恰当地运用手势礼仪表情达意,能提升人际交流的效果。

项目实施

任务一　手势礼仪的基本规范

一般认为,掌心向上的手势有一种诚恳、尊重他人的含义;掌心向下的手势意味着不够坦率、缺乏诚意等；伸出手指来指点是要引起他人的注意，含有教训人的意味。因此，在引路、指示方向等时，应注意手指自然并拢，掌心向上，以肘关节为支点，指示目标，切忌伸出食指来指点，这是极不礼貌的。

使用手势时的动作规律是：欲扬先抑，欲左先右，欲上先下，运用手势的曲线宜软不宜硬，速度不要太快，要注意手势与面部表情和身体其他部位动作的协调，才能真正体现出尊重和礼貌。同时注意手势使用不宜过多，动作不宜过大，严禁手舞足蹈。

任务二　常见的手势礼仪

一、引领手势

在社交场合，为他人指示方向、请他人进门、请他人坐下等情况下都需要用到引领手势。

（一）横摆式

左手置于体侧，右手五指伸直、并拢，右前臂以肘部为轴从体侧向腹前抬起，手心翻转向上，然后右前臂向身体右侧摆动，至稍前方停住，手掌与前臂在同一直线上，上身略向前倾，目视对方，面带微笑。

采用此手势时，可互换左、右手姿势，也可双手同时摆向一侧。

（二）曲臂式

左手置于体侧，右手五指伸直、并拢，右前臂以肘部为轴向前抬起至腰部高度，手心翻转与地面呈45°，然后右前臂向左前方摆动，至手与身体相距20 cm处停止，手掌与前臂在同一直线上，腕低于肘，上身略向前倾，目视对方，面带微笑。采用此手势时，可互换左、右手姿势。

（三）斜下式

左手置于体侧，右手五指伸直、并拢，右臂向前抬起至腹前，然后以肘部为轴向右下方摆动，手心翻转向前，与地面呈45°，手部、腕部、腰部在同一直线上时停止，上身略向前倾，目视对方，面带微笑。采用此手势时，也可左、右手互换姿势。此手势常适用于请宾入座。

几种常见的引领手势如图3-8。

二、接递物品

递接物品时，应起身站立，用双手递送或接取物品，同时，上身略向前倾。若不方便双手并用，则可用右手递接，切忌单用左手进行；若递接双方距离过远，则应主动走近对方，双手递接。接递物品需要注意以下几点：

（1）双手递接，轻拿轻放，如图3-9所示。

（2）递接物品时上身略向前倾。

3

图 3-8　常见引领手势

（3）眼睛注视对方手部。

（4）递送资料时,文字正向对方,双手握于资料后端 1/3 处,前 2/3 留给对方。

（5）如需向对方递送笔时,应把笔套打开,笔尖朝向自己,左手握住笔后端 1/3 部分,右手轻扶笔后端,将笔前端 2/3 部分留给客户,双手递给对方。

需要注意的是,递送带尖、带刃或其他易伤人的物品时,应将尖、刃指向自己,而"授人以柄",如图 3-10 所示。

图 3-9　双手递接

三、其他职业常见礼仪

（一）举手示意

抬起右手手臂,手腕与小臂成平直,五指并拢,掌心向外 45°,右手举起,后臂与躯干成 120°,前臂略向前倾,前臂与后臂成 90°,保持这个动作,如图 3-11 所示。

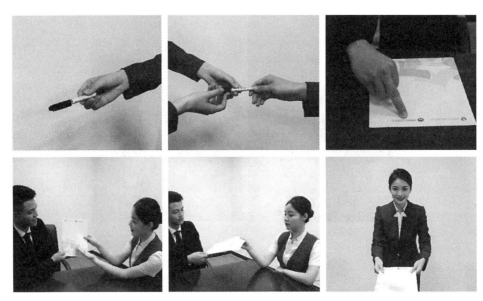

图 3 - 10　接递物品

图 3 - 11　举手示意

(二) 阅读指示

（1）五指并拢，指向阅读内容，面带微笑，同对方有目光交流。

（2）五指并拢，掌心斜 45°指引，忌单指指引。

（3）明确小范围内容时，可在该范围下方画横线或在周围画圈。

（4）单据文字方向正向客户。

（5）指引过程中保持微笑。

（6）适时与客户进行目光交流。

阅读指示动作如图 3 - 12 所示。

图 3 - 12　阅读指示

3

任务三　手势礼仪禁忌

一、大拇指向下手势

这个姿势如果是对着别人的,比如你做这个动作向着你对面的人,那就表示你对他是藐视的态度,你想表达的是:"你不行!""没有什么了不起!""你敌不过我!"等意思。这个手势也可表示以"勒令"或命令的口气对他(她)说:"你下去!"。但是在某些行业中,比如起重机操作时,担任指挥的人做这个手势,是表示设备需要的运动方向,而这个方向是表示需要向下方动作。

二、指点手势

在交谈中,伸出食指向对方指指点点是很不礼貌的举动。这个手势,表示出对对方的轻蔑与指责。更不可将手举高,用食指指向别人的脸。西方人比东方人要更忌讳别人的这种指点。因此,切忌用大拇指指自己的鼻尖,用一根手指指人、指路。

三、捻指手势

捻指就是用手的拇指与食指弹出"叭叭"的声响。它所表示的意义比较复杂:有时是表示高兴;有时表示对所说的话或举动感兴趣或完全赞同;有时则视为某种轻浮的动作,比如对某人或异性"叭叭"地打响指。

在陌生的场合或不熟悉的人面前,轻易地捻指,会使人觉得没有教养,碰到熟人打招呼时来上一声捻指,也会使人觉得不舒服。总之,这是一种很随便的举止,应慎重使用或少用。

能力训练

学完本模块所有项目任务后,请扫描二维码完成模块三能力训练,并在教师带领下进行讨论。

模块三
能力训练

模块四
职业交往礼仪

> 人天生是一种政治动物,在本性上而非偶然地脱离城邦的人,他要么是一位超人,要么是一个鄙夫。
>
> ——亚里士多德

项目一　会　面　礼　仪

项目学习目标

情感态度目标

1. 重视职业交往礼仪的形式与内涵,增进交往双方的情感交流,增强交流信心。
2. 重视塑造良好的职场第一印象。

技能目标

1. 在职业交往中,能正确得体地称呼对方。
2. 能够灵活运用自我介绍技巧并在适当的时机为他人做介绍。
3. 在职业交往中能正确灵活地运用致意、鞠躬和握手礼仪。

知识目标

1. 掌握职场中称呼的标准与原则。
2. 掌握自我介绍的技巧、为他人介绍的原则和顺序。
3. 掌握正确的致意、鞠躬与握手姿势及原则。
4. 掌握名片索要与递接的礼仪规范。

项目学习内容

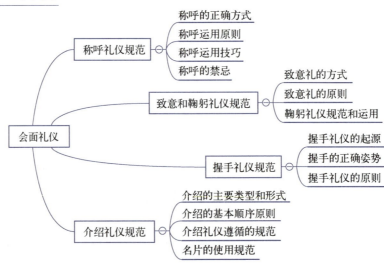

导入案例

职场新人第一课"如何称呼人"

职场新人第一课要学会如何"称呼人"。职场称呼看似小事,实际上却是一门学问,但是九成职场新人都曾遇到过"开口难题",到底应该怎样称呼同事才最合适呢?

小唐大学毕业进入一家金融体系内的公司,随后他发现公司里很多同事和领导都是毕业于同一所大学,有些甚至是他的院系学长、学姐。有了这层关系,小唐开始主动上前与同事、领导套近乎。"学长,没想到我们是一个导师教出来的";"师姐当年在学校就久仰大名,现在终于一睹庐山真面目了。"甚至对部门直属领导,小唐也直接以"学长"相称。结果不久小唐就发现部门主管跟其他人常常有说有笑,但一跟自己说话,态度就一本正经,除了工作上的事,其他话题很少交流。

讨论:你如何看待小唐的称呼方式,为什么会出现关系疏远的情况?

案例分析

案例中小唐的问题就在于没分清私人关系与工作关系。很多公司历来就有派系之争,私下越是有关系的,在工作中就越是要避嫌。主管疏远小唐的原因就是他不合适的对上级的称呼,进而造成领导与小唐的关系越来越疏远。同事称呼,不仅是办公室文化的组成部分,也是人际交往沟通的第一步。新人入职之初要快速地适应企业文化氛围,正确称呼同事不仅是情商高的表现,也能提升职场的融入感。

受现代信息技术高速发展的影响,职业人员在社会生活中与他人的交往日趋频繁,互动联系也日趋紧密。在参加宴请、论坛、峰会和谈判等形式各异的活动过程中,称呼、介绍、致意、握手和位次安排等礼仪规范已经变得不可或缺。因此掌握职业交往中恰当的会面礼仪规范,不仅仅反映一个人的自身修养,也有利于交往双方感情融洽,缩短彼此间的距离。

4

项目实施

任务一　称呼礼仪规范

唐朝崔令钦在《教坊记》有云:"有儿郎聘之者,辄被以妇人称呼,即所聘者,兄见呼为新妇,弟见呼为嫂也。"宋代刘克庄《浪淘沙·丁未生日》云:"骨相太清羸,谪堕须臾,今年黄敕换称呼。"称呼是指人与人交往中常用的称谓语,同学们将来在职场上奋斗,与同事或领导打招呼时,如果能将称呼礼仪规范运用得恰如其分,可以很快拉近与上下级同事之间的关系,有利于达成良好的职场交往。

一、称呼的正确方式

（一）职务性称呼

在职业交往过程中根据交往对象的职务来称呼，以示职务有别，敬意有加。一般是在职务前加上姓氏（适用于正式场合），比如"张总监""王总经理""李助理"或者"王处长""孟局长"等。

又如："张院长""赵秘书"等。而时下非常流行的简称方式，如"张局""李处""余总"等则不适用于正式场合。但在非正式场合，这种简称在彰显尊敬之意的同时，反而显得轻松熟稔。

（二）职业性称呼

在职业交往过程中若没有或者不特别强调职务或职衔时，通常可以其从事的行业、职业相称，如"李老师""张律师""赵会计""王护士"和"司机师傅"等。这里需要引起注意的是，有些姓氏与职业连在一起时，容易引起歧义，容易引起误会和尴尬，如称胡编辑为"胡编"，栾导演为"栾导"，应尽力避免这种情况。

（三）姓名式称呼

职业交往中还可以直称对方姓名，或只称姓，一般需要在姓前加小、大、老，如"小陈""大陈""老陈"，以显亲切而熟稔。另外有些时候上级对下级，或同级之间的关系比较熟悉时，也可只称名，而舍去姓，显得更亲密，比如"小芳""小明"；而对有名望的老者，为显敬重之意，可在姓后加"老"或者"公"，如"王老"或"廖公"。

（四）泛指性称呼

先生、夫人是国际范畴各国对年纪较长和地位较高的人士使用的尊称。使用时可不带姓名。此称呼现在我国职业场合也广为使用。另外我国一些正式场合还可称呼对方同志，同志前可冠上姓、名或连姓带名称呼。

（五）特殊性称呼

"阁下"是国际范畴对地位较高的官方人士使用的尊称。如主席、总统、总理、部长、大使等均可尊称"阁下"，在称呼时没有性别区分，女性也是如此。陛下、殿下是西方国家对王室及贵族的尊称。国王、王后称陛下；王子、公主和亲王称殿下。

📧 **小知识** •--

中国古人的"姓""名""字""号"的内涵。姓表示自己出生的部族。上古时期的姓多有女字旁，如"姓"字本身，再如姜、姬和姒等姓是母系氏族社会"从母之姓"被留下的证明。古代男子有名有字，合称名字。名一般是出生后由长辈所命，字是冠礼后所取。一般名和字意义相同或相近，如岳飞，字鹏举，名和字的意思相关联，"鹏举"是大鹏展翅高飞的意思。也有名与字相反，如曾点，字皙。所谓"点"，小黑也，然而"皙"，人色白也。此外古人往往喜欢取号。古人取号，以表个人的志向、情趣和爱好。如欧阳修自号"醉翁"，因"家藏书一万卷，集录三代以来金石遗文一千卷，有琴一张，有棋一局，常置酒一壶，以吾一翁"，遂更号"六一居士"。

二、称呼运用原则

（一）得体原则

根据职业交往对象实际情况不同灵活变换称呼。在正式场合，我们会称呼对方正式一些，采用职务性称呼方式。而在社交场合，如与对方相对熟悉，在一些场合则可使用一些随和、亲切的称呼。除此之外我们应依据具体场合性质，如在学校或在参加学术方面会议时称呼对方教授等职称，而在商务场合则称呼对方经理等职务。

（二）尊重原则

在职场交往过程中要以尊重对方为先，把握好分寸。在称呼时要遵循先上后下、先尊后卑、先长后幼、先女后男以及先疏后亲等顺序。

（三）规避禁忌

注意中西方文化差异，中国人称"老"是对对方的尊重，而西方人比较忌讳这个。另外不要随便给其他人起绰号，如"罗锅""肥肥""傻大个""北极熊""秃子"等不礼貌叫法。

这里要注意在称呼他人的时候，我们还应该遵循职务上称"高"不称"低"，年龄上谓"小"不谓"大"的原则，以避免出现对被称呼者年龄或身份错误判断的尴尬场景。

三、称呼运用技巧

（一）记住对方的名字

在职业交往过程中，能够最简单且最直接得到对方好感的方法是能够清楚记住对方的名字。记住然后正确称呼对方的全名，这既会让对方感觉熟悉且亲切，又会让对方觉得被尊重，可以很快缩短双方的心理距离，提升好感度。

（二）入乡随俗

在交往时，可根据所处场合的文化风俗，顾及对方的习惯。如一些机关、事业单位以及某些文化类性质的公司，称呼依旧沿用以前的传统；新员工入职，为以示尊敬和谦虚，会对同事以"老师"相称；而在某些欧美背景的外企或合资企业中，一般情况都是以对方的英文名字称呼对方，即使是对上级甚至老板也是如此。

（三）称呼对方要谨慎

在交往过程中，不论是初次见面还是双方关系已经到了熟悉的程度，都要谨慎地称呼对方。如有副职和比对方职务低的同事,称呼时一定要省去"副"字,比如李副局长直接称为李局长,显示对对方的尊重。把某位副职领导介绍给他人时,如果正职不在场,既要明确表示职位,又要显示尊敬,不妨称谓"国资委副主任罗主任"。要注意在有正职在场情况下,所有副职必须要加上"副"字,否则会让场面非常尴尬。

拓展阅读 •

记住对方的名字

推销员李维曾经遇到一个名字非常难读的顾客,其姓名全称是尼古玛斯·帕帕都拉斯,别人因为记不住他的名字通常都只称呼他"尼古"。而李维在拜访他之前特别用心,反复练习了他的名字。当李维与这位先生见面后,面带微笑地说:"早安,尼古玛斯·帕帕都拉斯先生。"尼古非常吃惊,很长时间没反应过来,最后他激动地说:"李维先生,我在这个小镇生活了三十多年了,从来没有一个人用我的全名来称呼我。"当然,从此以后,尼古玛斯·帕帕都拉斯成了李维的常客。

点评: 每个人对自己的名字都是钟爱的,因此在与不太熟悉的人交往时,如果能够记住对方的名字并轻松地称呼出来,就非常巧妙地给予了对方尊重。

四、称呼的禁忌

(一) 使用错误的称呼

造成错误称呼的主要原因是多音字姓氏或者生僻字的误读,进而误读被称呼的对象。如尉迟敬德,尉不读(wèi)。查有两个读音(chá 和 zhā),在作为姓氏时,读为查(zhā)居多,如著名武侠小说作家金庸本名查良镛。燕作为姓氏时应读作(yān),而不读作(yàn),比如梁山好汉浪子燕青。还有区姓,这个姓氏不读"区别"的"区"(qū),应读作(ōu),如前国足门将区楚良。除此之外名字中类似焱(yàn)、頔(dí)、甯(nìng)和旻(mín)这些生僻字,在称呼时都需要引起注意。

(二) 使用不通行或者庸俗的称呼

有些称呼具有一定的地域性,如师傅、伙计、爱人和小鬼这样的称呼在某些地方使用会引起误会,要谨慎使用。此外对不熟悉的人不要使用过于随意的称呼,如兄弟、哥们、肥婆、四眼或者大金牙等。

任务二 致意和鞠躬礼仪规范

致意礼是在不宜多谈或彼此相距较远时,利用无声的肢体语言来表达友好和尊重的一种问候礼节。

一、致意礼的方式

（一）起身致意

在集体会见时，坐着的一方应向后到现场的上级、长辈或女性来宾，以站起身的方式向对方表示敬意。还要特别注意要等待对方落座后，自己才能坐下。

（二）举手致意

在公共场合，遇到朋友或熟悉的同事，但碍于双方距离较远，可用右手臂向前上方伸直并举高过头，掌心朝向对方，左右轻摆4～5次向对方打招呼。注意幅度要适中，当对方注意到后应立刻放下。

（三）点头致意

在商务场合多次遇到对方，或者职场中同事之间经常见面，可以用点头致意互相打招呼。要面带微笑平视对方，眼神与对方交汇时，头部向下轻点一下，幅度要适中。

（四）欠身致意

当你距离被介绍人距离较远又不方便过去时，可以身体稍微向前倾，不低头，但是眼睛要平视对方，面带微笑，向对方表示致意和问候。

（五）脱帽致意

在职业交往过程中，当你戴着帽子时，需要右手摘下帽子置于肩膀位置并微微欠身，面带微笑平视对方。注意女士不用行脱帽礼。

脱帽礼来源于中世纪的欧洲。冷兵器时代的将士们作战要戴头盔，以防止敌人袭击头部。来者为了表示自己不是敌人，就要把头盔掀开，露出自己的面孔。这样脱帽就意味着没有敌意，如到友人家，为表示友好，也以脱盔示意，这种习惯就这样流传下来，形成今天的脱帽礼。

二、致意礼的原则

行致意礼时，应注意顺序原则。位低者要先向位尊者致意；男士先向女士行致意礼；年轻人先向年长者行致意礼；下级先向上级致意。

三、鞠躬礼仪规范和运用

（一）鞠躬礼仪规范

在职业交往过程中，通过弯腰行礼来表示对他人恭敬，是普遍使用的一种礼节方式。行礼之前要立正站好，保持身体端正，双手自然垂放在身体两侧面带微笑面向受礼者。行礼时，要以腰部为轴，上身向前倾，头、颈和背保持一条直线，不可将臀部向外突出，如图4-1所示。注意在鞠躬过程中眼神要有移动，从注视对方到地面再到注视对方。此外在行鞠躬礼时要注意配合"您好""早上好""欢迎光临"等问候语。

图 4-1 鞠躬礼仪规范

课堂互动

鞠躬礼仪训练

提示：分别按照行礼姿态（头、颈、背）、表情视线和礼貌用语三个方面的动作要领，来进行鞠躬训练。

组员两两结组练习，互相纠正对方的问题，老师监督并给予指导。在练习结束后从每组内选出一名代表进行展示。

（二）鞠躬礼仪的运用

鞠躬礼上半身倾斜幅度分别为 15°、30°、45°和 90°，随着对受礼者的尊重程度越重，倾斜幅度越大。

1. 15°鞠躬礼

在与对方初次相识或者擦肩而过时，可以行 15°鞠躬礼仪。

2. 30°鞠躬礼

在接待客人过程中，迎送客人时，为表示对客人的尊重和重视，往往会行 30°鞠躬礼。

3. 45°鞠躬礼

在表示感谢或者领受奖品时，行 45°鞠躬礼。

4. 90°鞠躬礼

90°是最恭敬的鞠躬礼仪，在表示自己谦卑态度或者悔过谢罪时，深深弯腰，双手手指垂到膝部位置。

📋 **课堂互动** •••••••••••••••••••••••

鞠躬礼情景练习

1. 小李在公司的门口碰到了财务处小赵时,应该如何做?

提示:小李应停下脚步,向对方行15°鞠躬礼。

2. 公司负责接待的小王,在大厅迎接来公司洽谈合作的公司代表。

提示:小王为表示欢迎,向对方行30°鞠躬礼。

3. 公司负责会议服务的小王,在进行茶水服务时,不小心将茶水洒到对方身上。

提示:小王为表示歉意,向对方行45°鞠躬礼。

任务三　握手礼仪规范

一、握手礼仪的起源

握手礼起源于原始社会。早在远古时代,人们以狩猎为生,如果遇到素不相识的人,为了表示友好,就赶紧扔掉手里的打猎工具,并且摊开手掌让对方看,示意手里没有藏东西。后来这个动作被士兵们学到了,在战争时期如果遇到,他们为了表示友谊,不再互相争斗,就互相摸一下对方的手掌,表示手中没有武器。随着时代的变迁,这个动作就逐渐演变成了现在的握手礼。

二、握手的正确姿势

(一) 握手的场合

(1) 见面或告别。

(2) 欢迎或问候。

(3) 祝贺或庆贺。

(4) 表示慰问。

(5) 表示感谢。

(二) 握手的站姿和手姿

(1) 身体以标准站姿站立,两人相距1米左右,上身略前倾。

(2) 右手手臂前伸,肘关节微屈,距身体约50厘米(高度抬至胯骨位置)。

(3) 手掌垂直于地面,拇指张开,四指并拢微向下倾,双方虎口相交,同时其余四指弯曲相互握住对方的手掌,微笑注视对方并配合相应问候语,如图4-2所示。

(三) 握姿

(1) 握手的时间,一般情况下上下晃动2~3下,最长不超过10秒钟。时间过短,有敷衍了事的嫌疑;时间过长,会让对方感到尴尬。

4

图 4 - 2　正确握姿展示

（2）握手的力度要适中,稍许用力以示热情,男士之间握手,用力稍重一些;女士之间握手,用力稍轻一些;男士与女士握手,不可用力较重。

（四）握手时要寒暄

握手时,随意说一些问候语,如"您好""见到你很高兴""祝贺你""再见""非常感谢"。

（五）握手的禁忌

（1）忌心不在焉。与人握手时一定要有眼神交流,眼神专注且表情自然大方。

（2）忌伸左手。握手时一定要伸右手。

（3）戴着手套、帽子和墨镜时,与其他人握手,一定要将手套、墨镜等物品摘掉,以示对对方的尊重。

（4）忌坐着握手。当与他人握手时,应立即起身。

（5）不能拒绝与人握手、交叉握手或者在手湿手脏的情况下握手。

📧 **小知识**

　　小伙伴们如果去印度当地人家做客时,会发现他们家里的卫生间里是不会放置卫生纸的。这是因为印度人在上厕所时有一项传统习俗,一般都是用左手来清洗,他们认为左手是污秽的,所以不会伸左手来与你握手。

✒ **课堂互动**

一次难忘的握手经历

　　美国美妆品牌 Mary Kay 的创始人玫琳凯会为每一位新入职员工发一块刻着"你希望别人如何对你,你就要怎么样对别人"的工艺摆件。这个企业文化的故事源于她年轻时作为推销员的一次握手经历。

　　早年作为一名推销员的她在参加完一次展销会后,非常想要和对方公司的总经理握手。因为当时参会的人员非常多,她在等候两个小时后,终于走到经理面前,但这位经理连看都没有看她一眼,只是不耐烦地瞄了一眼她身后很长的队形。这件事让她的自尊心非常受伤。后来她事业有所成就,成功创建了自己的美妆品牌。而当年握手的冷遇事件依旧提醒她,无论自己多疲惫,当别人想要与自己握手时,应该尽量关注对方,并亲切地说上一句"您的发型真好看""您的衣服非常配您"……都会让对方觉得自己是非常重要的人。

1. 请从职业交往之握手礼仪规范的角度点评玫琳凯与那位总经理的握手经历。
2. 请分析一下玫琳凯女士握手魅力与公司成功有没有直接关系。

三、握手礼仪的原则

一般情况下遵循"尊者优先"的原则,即由尊者优先伸出手,位低者只能在后给予反应,而不可贸然抢先伸手,以确定交往双方身份有别,尊重对方。

在常规情况下:男士与女士,女士先伸手。上级与下级,上级先伸手。长辈与晚辈,长辈先伸手。已婚女士与未婚女士,已婚女士先伸手。

家里或单位来了客人:客人到达时,主人先伸手,表示欢迎。客人告辞时,客人先伸手,表示感谢。

正式场合,没有年龄和性别的区分,只有职务、地位和身份高低之分。男上司和女下属,男上司应先伸手。年轻的上司和年长的下属,年轻的上司先伸手。

4

✎ 课堂互动 •┄┄┄┄┄

一次商务酒会上,你碰到几位平常有业务往来的经理以及他们的夫人,这时如果需要握手的话,你怎样做才是得体规范的呢?请三位男生和两位女生一起上台配合完成训练。

1. 先由教师扮演一个角色,按照握手礼仪规范与学生做握手练习;
2. 然后学生以 5 人为一组,轮流扮演不同角色,按照礼仪规范做握手练习。

提示:注意社交场合握手时,男士如果戴帽子,一定要先脱帽再握手;而女士握手时需要摘掉手套握手;此外,多人握手时,要先与女士握手。

任务四　介绍礼仪规范

未来同学们不论从事什么类型的职业,一定都有着自己的社交圈和朋友圈。在与他人打交道的过程中,就避免不了认识新朋友或者为他人介绍新朋友。那么,当我们需要自我介绍或者为他人介绍新朋友互相认识的时候,我们应该如何做?

在社交沟通过程中,介绍是一个非常重要的环节。它也是职业交往中与他人进行沟通、增进了解、建立联系的桥梁。学会自我推销、掌握为他人做介绍的要领,对拉近人与人之间的距离、帮助扩大社交的圈子以及创造良好的沟通机会都非常重要。

一、介绍的主要类型和形式

(一) 介绍的主要类型

依照介绍人不同和被介绍的人数不同,主要分为自我介绍、为他人介绍和集体介绍三种主要介绍类型。

(二) 自我介绍的形式

(1) 应酬式:最简单的形式,内容少而精,通常告知姓名和在哪里就职即可。

(2) 工作式:又称公务介绍,介绍信息包括单位、部门、职务和信息等内容。

(3) 交流式:也称为沟通式介绍,包括籍贯、学历和兴趣爱好。

(4) 仪式式:用于讲座、报告、演出和庆典等场合,除了姓名、单位和职务还应该加入一些适宜的谦辞敬语。

(三) 为他人介绍的形式

(1) 一般式:也称标准式,介绍对方的姓名、单位和职务信息。

(2) 引见式:在社交场合中,将被介绍双方引到一起。

(3) 推荐式:介绍者经过精心准备再将某人推荐给对方,希望得到对方的关注。

(四) 集体介绍的形式

(1) 单人对多人:一般在会议或者演讲报告时,将主要参与者介绍给其他人。

(2) 多人对多人:双方均有多数人组成时,需要互相介绍。

二、介绍的基本顺序原则

(一) 将男士先介绍给女士

在社交场合为双方做介绍的时候,介绍人要把男士领到女士的面前,将男性一方优先介绍给女性一方。如"张女士,我来给您介绍一下,这位是王先生"。

(二) 将年轻者先介绍给年长者

介绍人在介绍的时候,应该先将年龄比较轻的一方优先介绍给年长的一方。如"陈伯伯,让我来介绍一下,这位是我的朋友王五"。

(三) 将职位低者优先介绍给职位高者

在正式场合,如有一位职位或社会地位比其他人要高,在介绍时一定是将其他人优先介绍给职位或地位较高的那位。

(四) 将未婚优先介绍给已婚一方

在社交场合中,一般是将已婚者介绍给未婚者,但是当未婚者年龄相对较大时,则将未婚者介绍给已婚者以示尊重。

（五）将主人优先介绍给客人

在双方身份相当的情况下，将主人的信息告知客人，然后再介绍客人，以示对客人的尊重。

（六）将晚到者优先介绍给先到者

当被介绍人有先后到之分时，第三方介绍人应该将晚到的一方介绍给先到的一方以示尊重。

《孟子·公孙丑下》曰："朝廷莫如爵，乡党莫如齿。"意思是在朝廷里地位的高低按官爵的大小排序，在乡里民间则按年龄来排序。因此在工作场合，我们应以职务和社会地位的高低来论尊者和次尊者，没有年龄和性别的区分。而在日常生活中我们要以年龄的长幼来论尊者和次尊者，一般情况下是先将年幼者介绍给年长者。

三、介绍礼仪遵循的规范

（一）自我介绍

自我介绍是指在交往过程中，由自己担任介绍者的角色，将自己的个人信息、基本情况介绍给其他人，使对方能够快速且清楚地认识自己的方式。

1．自我介绍的时机

（1）在正式场合，与不相识的人见面相处，想要认识对方。

（2）在社交场合，打算融入新的社交圈。

（3）初次前往他人的办公室或家中拜访。

（4）前往不熟悉的公司进行业务合作和洽谈。

（5）利用微信、邮件或者信函等媒介与不认识的对象进行初次沟通。

（6）对方记不清自己的个人信息。

2．自我介绍的方法

（1）巧解名字。名字是一个人的有声名片，在向他人介绍自己时，将自己的名字介绍得有个性和特色，会加深对方对你的印象。

（2）讲究时间和效率。介绍的时间尽量不要超过 1 分钟，半分钟最佳，一定要简洁明了，逻辑清晰。

（3）态度亲切自然。要落落大方，笑容可掬，保持自然、友善、亲切的表情。

（4）展现个人亮点。一定要把自己最大的亮点以简洁有力的方式展现出来，做到"人无我有，人有我优"。

3．自我介绍的禁忌

（1）自我介绍非常忌讳平淡无奇，不能够把个人的优势展现出来。

（2）自我介绍忌讳将介绍背成书面简历，呆板枯燥，不能引起对方兴趣。

（3）自我介绍还忌讳千篇一律，这样不能给对方留下深刻印象。

小知识

　　大学生在做自我介绍时，切忌只是重复陈述自己简历上面的信息，要学会讲故事。在介绍时要结合企业的需求来展现个人特色。比如学生在进行企业面试时，应提前分析公司的具体岗位需求，并在面试中运用 STAR 法则来阐述你具备匹配该职位的能力。STAR 法则包括四个方面，即：situation——了解背景，当时是什么情况；task——明确任务，你需要完成什么事情；action——你的行动，你当时干了什么；result——关注结果，得到的结果是什么，你从中学到什么，后期如何提高完善。

（二）为他人介绍

他人介绍又称为第三方介绍，是由第三方介入为彼此不熟悉的双方进行引见、介绍的方式。也有单方面介绍方式，即将被介绍者中的一方介绍给另一方。

1. 介绍者角色确定

（1）作为活动东道主的一方。

（2）活动中地位或者身份较高者。

（3）熟悉双方信息的人。

2. 介绍的手势

作为中间介绍者在为他人作介绍时，动作要适中规范，通常用右手，掌心朝上，四指并拢，拇指张开，手臂与身体夹角呈 60°左右，指向被介绍的一方，并转头向另一方点头微笑。

3. 为他人介绍的时机

（1）在办公室或家中接待来访而又不相识的客人。

（2）陪同上司、长者、来宾、家人时，遇见不相识的对象。

（3）推荐某人加入某一陌生的交际圈。

4. 为他人介绍的原则

在为他人做介绍时，要始终遵循"尊者有优先知晓权"的原则。如主客双方会面时，应首先介绍主人一方，将主方的相关信息先告知给客方；在正式场合中，介绍人应该先将职位或职务较低的一方先介绍给职务较高的一方，没有性别之分，只有上下级；在社交场合，先将男士一方介绍给女方，如图 4-3 所示。

（三）集体介绍

1. 集体介绍的时机

（1）大型公务活动或者规模较大的社交聚会，参加者不止一人。

（2）会见、会谈，参加者不止一人。

（3）接待参观、访问者，来宾不止一人。

2. 集体介绍的注意事项

（1）双方地位和职务相当时，应先介绍人数较少的一方。

图 4 - 3　为他人做介绍

（2）介绍时注意不要使用易产生歧义的简称，要用全称。

（3）介绍时可以以座次顺序或者距离介绍者的远近作为标准，如图 4 - 4 所示。

图 4 - 4　为集体做介绍

课堂互动

正确为他人做介绍

　　鸿远公司王总经理与公司一部门的陈经理在一次商务会议上遇见了四方公司的罗总经理，鸿远公司陈经理为两人作介绍。

　　以 3 人为一组，学生们轮流扮演介绍者和被介绍者角色，按照介绍顺序和礼仪规范要求进行练习，然后分组进行展示，先互相点评，然后教师点评。

　　提示：在介绍时，为示谦逊和尊敬，陈经理应先将己方公司的王总经理的情况介绍给四方公司的罗总经理，然后再将罗总经理介绍给王总经理。

四、名片的使用规范

（一）名片交换的时机

（1）第一次见面时，在第三方中间人介绍之后，递送名片给对方以表示想要结交对方，并愿意与对方继续保持联络。

（2）业务往来洽谈时，为帮助公司进行业务或产品宣传，扩大交接面，争取潜在合作伙伴。如展销会上，研发公司与销售经理之间互换名片。

（3）作为礼单，在向他人赠送礼品时将名片放入礼品包装中。

（4）在双方无法见面的场合且本人不能亲自到场，可以在送交商业函件资料时附上一张名片。

（二）名片交换的礼仪规范

（1）名片要放在自己触手可及的地方，以便需要时能够随时取出，如放在上衣口袋，或公文包内兜处。

（2）递送名片时，应起身站立，上身前倾，面带微笑目视对方，以双手食指和拇指执名片的两个上角，保证文字的正面朝向对方，并以语言表达"非常高兴认识您，这是我的名片，请多关照"，如图4-5所示。

图4-5 正确递送名片

（3）接过对方的名片后，一定要认真看名片上面对方的信息，最好能轻声读出名片上的基本信息，在遇生僻字或者多音字时，可以请教一下对方，以免出现尴尬场面。最后郑重地将名片收放到名片夹、上衣口袋等地方，切忌随便塞入某个地方或者出门随手丢掉。

（三）索要名片的方法

（1）可以主动向对方提议交换名片，一般对方会互换名片。

（2）当你给对方名片，而对方未给你名片时，可以询问对方"今后有问题如何向您请教"或者"今后如何与你联系"等委婉的方式，以防双方尴尬。

📧 **小知识**

　　名片的设计规范：在我国通用的名片规格为9厘米×5.5厘米的长方形；而西方国家统一的规格为10厘米×6厘米。在材质上，尽量选择质地较高级的白板纸和布纹纸，颜色以庄重、大方为主。文字使用简体汉字，除公司logo之外尽量不要添加其他的没有实际效果的图案。此外为方便对方保存信息，可以将个人信息（手机号、邮箱和公司地址）等信息二维码印在名片上。

课堂互动

如此尴尬的接待

　　星河公司的王晓敏和罗军负责接待此次来公司洽谈合作项目的瑞德公司的刘洪斌总经理。两人在公司门口迎接对方,当刘洪斌总经理从车上下来时,王晓敏立刻走上前,自我介绍:"您好,刘总,我叫王晓敏,是星河公司行政部经理,专程来迎接您。"并随即呈上自己的名片。正在这时,罗军也快步挤上前来,道:"刘总好!您认识我吧?"刘总微笑点头。罗军很快又问:"那我是谁?"刘总顿时愣住,无言以对,场面一度非常尴尬。

　　请大家分析一下两位接待人员做法是否正确?如果错了错在哪?他们应该怎么做?

4

一个人事业的成功,只有15%是专业技术,而85%是靠人际关系和为人处世的能力。

——卡耐基

项目二　拜　访　礼　仪

项目学习目标

情感态度目标

1. 重视职场交往中拜访活动的满意度,为客有方。
2. 重视塑造良好的职场形象。

技能目标

1. 能完成预约拜访时间确认和拜访前资料的准备工作。
2. 熟知礼品选择的禁忌。

知识目标

1. 熟悉拜访前的准备工作。
2. 掌握拜访时的着装礼仪规范。
3. 熟悉礼品内涵,掌握馈赠礼仪规范。
4. 掌握结束拜访的时机。

项目学习内容

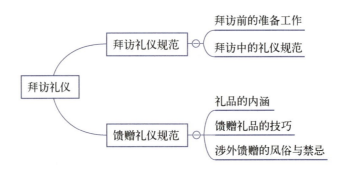

导入案例

　　张勇是利华公司一位大学刚毕业的新业务员,他今天准备去拜访某公司的王经理。由于没有王经理公司的电话,所以张勇事前没有进行预约就直接去了对方公司。张勇因刚入职还没有公司制服,所以他当天选择了一身休闲运动的衣服。到达王经理办公室时,刚好王经理正在接电话,张勇被示意在沙发上稍事等候。他便不客气地往沙发上一靠,跷起二郎腿,一边吸烟一边悠闲地环视着王经理的办公室环境,在等待的时间里不时地看表,不时地从沙发上站起来在办公室里走来走去,还随手翻了翻放在茶几上的资料……

　　讨论:请问张勇这次拜访的成功率高吗? 如果不高,请你指出他失礼的地方。

　　案例分析

　　案例中的张勇首次拜访业务公司,穿着太随便。服饰往往能修饰人的品格,因公拜访他人最好穿着正式的服装。另外张勇在拜访前并没有提前进行预约,直接就上门,而且在拜访客人的过程中行为散漫、举止粗鲁,容易让对方觉得被冒犯。

4

项目实施

　　在职场交往过程中,拜访是一种面对面进行沟通的方式,相较于电话、邮件或者信函来说,它更能拉近双方之间的距离。特别是准时守约且有礼有节的拜访之道,能快速增进与客户的情感,不仅有利于拓展业务,还能达到建立良好人际关系的目的。

任务一　拜访礼仪规范

一、拜访前的准备工作

(一)预约准备

1. 注意拜访时间的选择

　　应选择对方的工作时间拜访,但是要尽量避开刚上班、快下班、会议期间、用餐和休假期间等去拜访对方。上午9点至10点、下午3点至4点和晚上7点至8点为最佳的拜访时间。

2. 选择合适的拜访地点

　　商务拜访一般应选择在办公室、家或者公共娱乐场所,私人拜访首选在家里,其次是公共娱乐场所。

3. 明确拜访的目的

　　只有明确拜访的目的,才能比较有针对性地安排拜访的内容,搜集被拜访者的相关信息,如姓名、职务、兴趣爱好等,这样有利于给对方留下良好的印象,才能达到事半功倍的效果。

4. 选择适合的预约方式

预约方式主要有三种:当面提出拜访诉求;用电话的方式预约对方;用书信预约对方。需要注意的是,预约过程中尽量用委婉的语气征询对方意见,不可勉强或强迫对方,特别要注意不做"不速之客"。

(二)赴约准备

1. 重视职业形象

要确保服饰仪表要大方得体,整洁干净符合规范,此外还要修饰面容和发型。以洽谈业务、达成合作为目的的拜访,一定要穿正装;而如果仅仅是朋友之间的私人拜访,就不用穿正装,只要干净整洁即可。女士应该选择干净自然的淡妆,发型依据自己的脸型进行搭配;男士去之前可以收拾自己发型、胡须和鼻毛。除此之外,在拜访之前如果时间充裕,可以做一做手部护理、修剪指甲等。

2. 制订拜访大纲

材料准备要充分。在拜访之前一定要根据拜访的目的,设计拜访大纲,整体按照大纲基本内容安排活动,对拟定好的问题有针对性地进行咨询,也可以对临时产生的疑问进行提问。这样既能达到自己拜访的目的,又能节约时间提高效率,不会有跑题偏题现象。

3. 规划好交通路线

在拜访的前一天一定要提前查好路线,规划好第二天的交通路线,准时赴约,避免路上耽误时间。

4. 名片和礼品要准备妥当

在拜访对方之前一定要准备好自己的名片并放在易取的地方,必要时还可准备一些小礼品,这对促进彼此情感交流、增强了解有非常好的作用。

(三)突发事件处理

拜访客人一定要遵守时间约定,如遇到因客观或特殊原因临时不能赴约的情况,一定要提前以电话的方式告知对方,诚恳地解释不能按时赴约的原因,并表达自己的歉意;如果确实没有办法提前告知,一定要在事后向对方说明原因,表达自己的歉意,并委婉提出重新安排下次拜访的请求,确定时间和地点,并当面向对方解释并请求谅解。

 想一想 •

请大家思考一下职业交往过程中是不是拜访客户的次数越多,达到的效果就越好,为什么?

二、拜访中的礼仪规范

(一) 按时到达，守时守约

如约而至，守时守约是基本的礼节。一般情况下，拜访者应该比约定的时间提前 5 至 10 分钟到达。这样一方面避免早到而主人还未做好迎客准备的尴尬情况，另一方面也不会因为晚到而让被拜访者觉得不被重视、尊重。按时到达能给对方留下好的印象，能为双方进行下一步的交流合作打下良好的基础。千万不能无约就直接拜访对方，这将被认为是对对方的极不尊重。

(二) 礼貌登门，不可冒失

在进门前先整理自己的仪容仪表，然后按门铃或者敲门，在得到被访者允许之后方可进入。如果无人应答，可稍等片刻再按门铃或者敲门。敲门时应注意食指弯曲，指关节敲门，力度适中，间隔有序敲三下，等待回应，切忌长时间不断按铃或敲门。另外，如遇雨雪天气，请将自己穿的大衣、雨具、手套、围巾和鞋子等物品脱下放在指定的位置上。进入拜访地点后应主动问候打招呼，以示对主人的尊重。

(三) 为客有方，举止优雅

拜访者应做到客随主便，听从安排。适当寒暄之后，应尽快进入拜访主题，切忌过多谈论主人隐私。在交谈过程中不要信口开河，也不能过于谦卑，要控制自己的肢体语言。此外，上门拜访最好不要抽烟，如要抽烟请提前征询对方意见。在拜访期间，不要随便在其他地方走动，不要触动对方室内的物品和摆设，更不能随意翻看桌上的个人文件资料等。

(四) 礼貌告辞，告退有方

拜访要有始有终，告退有方。拜访时间一般控制在半个小时左右，并主动告退。此外不要选择在对方与他人交谈时提出告辞。提出告辞的态度要坚决而得体，不仅礼貌地向拜访者告辞，还应向在场的其他人提出告辞，并与被拜访者握手说"请留步"，出门后应转身再次礼貌道别。

 小提示

> 不做冒失之客，遵循客随主便；不做邋遢之客，要仪表端庄，衣着整洁；不做粗俗之客，不随便乱翻乱看，不随意闲逛；不做难辞之客，拜访时间以 30 分钟至 1 小时为最佳；不做失礼之客，注意拜访时携带表示自己诚意的小礼品并记得感谢对方的招待。

任务二　馈赠礼仪规范

在职业交往过程中，馈赠礼品是为了向对方表达诚意和联络感情，从而达到增进彼此交流合作的目的。每一份礼品在赠送出时,都代表了送礼人或安慰、或酬谢、或是真诚的祝福及美好的期许。然而馈赠礼品不仅受到时间、场合以及风俗习惯的制约,还会因对象和目的不同而受到影响。因此在馈赠礼品时一定要挑选适合受礼者的礼品,并以合适的缘由,在恰当的时机,送给对方。使对方能感受到你送礼心意的同时,真心喜欢你所送的礼物。

一、礼品的内涵

《礼记·曲礼上》:"圣人作礼尚往来,往而不来,非礼也;来而不往,亦非礼也。"礼品是由"礼""品"两字组成,两者缺一不可。要将礼品的内涵当作表达品位、素质和心意的文化名片,如果缺失礼仪的内涵,那么它就仅仅是物品,没有任何意义。

(一)传递真情

传递真情是礼品最本质的体现。馈赠礼物不是为了炫耀或是虚荣,而是以物寄情,为了表达祝贺、慰问、感谢和友善等情感。

(二)纪念意义

礼品真正的价值还在于能唤起对方美好的记忆。独具特色的民族手工制品或者有历史意义的纪念品,在让人耳目一新的同时,还能体会到馈赠一方独特新颖的心意。

 想一想

你最希望收到的礼品是什么? 你收到过最特别的礼品是什么? 你送出过什么样别出心裁的礼品?

二、馈赠礼品的技巧

(一)礼品的选择

1. 投其所好

在职业交往过程中,不论是正式场合还是私人场合馈赠都需要考虑到对方的国家、宗教、年龄、性别、职业和兴趣偏好。这样不仅有利于增进彼此情感,还有利于双方的进一步交流与合作,真正达到送礼的目的。如某人大婚时,好友送其一副祝福的贺联"汉瓦当文,延年益寿;周铜盘铭,富贵吉祥";又如某人在办五十大寿时,朋友送来一桶清水,以此来形容"君子之交淡如水"。

2. 突出礼品的特色

在选择礼品时可以尽量新颖别致,小巧轻便。最好能在传达自身真诚情感的同时,还能激发对方的兴趣。每个民族和地域都有自己独有的文化传统和风俗特色。在职业交往过程中可以选择体现自己的公司或者所在地区地域特色的礼品,如绘有自己企业 logo 或者企业文化的定制竹简、绢扇或瓷器等。

3. 注重礼品包装

经过精心包装的礼品,既可以表现出馈赠者的尊敬之情,让对方觉得自己备受重视,还能给礼品增加一份惊喜和神秘感。需要注意的是,在选择包装时要注重包装的材质、图案和颜色。为避免挤压,尽量将礼物装入盒子或者瓶子内。而在包装纸的颜色和图案上,要考虑到和礼品统一协调,同时还要考虑对方的风俗禁忌。最后,在赠送礼品时,附上一份卡片制信笺,写上一些祝福的话语,如"祝新店开业大吉,财源顺畅"或是"祝您鸿业远图,欣欣向荣"。

(二)馈赠的时机

在合适的时间赠送恰当的礼品,可以更好地体现馈赠者的心意,一般可选择在节庆日如春节、元旦或者儿童节等,或者喜庆嫁娶、开业典礼、乔迁之喜、周年纪念、他人的升职加薪或者探视病人等。

(三)馈赠的方式

1. 当面馈赠

当面馈赠礼物是最常见的一种方式,在商务往来中最好由公司的领导亲自赠送。如遇特殊客观的情况,可以由职务相当的人亲自出面赠送对方,并解释原因。

2. 委托馈赠

在委托他人馈赠时,一定要在礼物中附上一张留言卡片,除了写上祝福语之外,还应该解释不能当面馈赠的原因,并希望对方谅解。

3. 邮寄馈赠

如果双方不在同一区域,需要通过赠送礼物的方式保持良好的交往时,可以用邮件方式并在礼物包装内附上一个卡片。

(四)接收礼物的礼仪规范

1. 以正式真诚的态度接受

一般在接受他人诚心赠送的礼物时,不要再三推辞,心口不一反而让对方不高兴,觉得你不真诚。应大方接受对方的馈赠,郑重且真诚地表达你的谢意,如"非常感谢你送我的礼物,我很喜欢"。回去后应妥善将馈赠的礼品摆放或存放好。

2. 双手捧接

当馈赠者赠送礼品时,如果你是坐着应立即起身站立,面带微笑,神态自然,伸出双手接受对方的礼品。

3. 当面拆开并欣赏

接受礼品后在对方的允许下,可以拆开礼物欣赏礼品,这是表示尊重对方也非常重视对方赠送的礼物的意思。

如何选择礼品?

陈莹在某单位的实习马上要结束了。在实习期间,陈莹得到了科室罗主任的帮助与教导,在临别时陈莹想购买一份礼物赠送给罗主任以示感谢。罗主任平常非常爱运动,还是一名集邮爱好者。

请小组组内进行讨论并给陈莹合适的建议,陈莹应该为罗主任准备一份什么样的礼物最适合? 应该在什么场合把这份礼物送给罗主任?

提示:请大家结合礼品馈赠的礼仪规范和技巧(可以结合罗主任的个人兴趣爱好、年龄或者职业特色)选择礼品。此外应该尽量避免在公共场合赠送礼品。

三、涉外馈赠的风俗与禁忌

(一) 亚洲地区国家

中国人比较忌讳黄色或白色的花束,不喜单数比较偏好偶数,而日本却把奇数作为吉利的象征,但"9"这个奇数除外,因为它的发音与日语的"苦"相近。然而中国人却非常喜欢9,他们认为9是最大、最贵的数字,天地之至数,源始于一,终于九焉。中国和日本两个国家的人都比较忌讳数字"4",他们认为"4"是与死联系在一起的,因此在送礼物时要谨慎使用这两个数字的物品。此外,中国、印度、泰国和孟加拉国等大部分国家都将荷花视为吉祥之花,但日本却视之为祭奠之物。菊花是日本皇室专用的花卉,人们对它极为尊重,民间一般不能互相赠送。此外,日本人比较喜欢樱花。

案例:"樱花"的馈赠

(二) 欧美地区国家

美国人较注重礼物的包装,但是他们不喜欢用珍贵动物的头部作商标图案,而且不喜欢在商标图案中出现一般人不熟悉的古代神话人物。在向加拿大人赠送鲜花时,要忌讳白色的百合花,因为他们只有在开追悼会的时候或者探望病人时才会用。另外加拿大人非常喜欢枫叶图案的包装。英国人忌用大象或名人肖像作商标图案,特别是山羊,这在英国是不正经男人的象征。瑞士人忌讳猫头鹰的图案,认为那是"死人"的象征。公鸡图案的商标很受法国人的青睐,因其有勇敢、顽强的象征,但他们讨厌孔雀、仙鹤,认为孔雀是祸鸟,并把仙鹤当作蠢汉和笨蛋的象征。浪漫的法国人非常喜欢蕴含丰富文化内涵的礼品,如艺术画册或者手工艺品,比较讨厌那些带有公司 logo 的广告式礼品。

(三) 非洲地区国家

在埃及只有婚礼和看望病人时才会选择送花,他们喜欢绿色和白色,认为那是快乐的寓意,讨厌黑色和蓝色,认为那是不幸以及厄运的象征。此外带有星星图案和猪、狗、猫、熊图案的包装纸也不受欢迎。另外非洲国家注重礼品的实用性。

（四）南美洲地区国家

在南美洲地区，大部分国家都将菊花当成死亡之花，只有人死后才会在其灵前放菊花，用于寄托哀思。巴西人视紫色菊花是死亡以及不详的象征。他们还非常忌讳棕色和黄色，认为棕色是凶色，而深咖啡色或暗茶色会招致不幸，紫色和黄色更会带来厄运。哥伦比亚人喜爱红、蓝、黄色，忌浅色。委内瑞拉人分别以"红、绿、茶、黑、白"五种颜色代表五大政党，因此这五种颜色不宜用于礼品包装，此外他们还将孔雀视为不吉的象征，所以要忌讳孔雀图案。

知识链接：
常见花卉花语与适合赠与的国家

一份给英国客人的礼物

英国某公司是我国某公司欧洲市场重要的合作客户。近日英方代表来中国参观考察，我方公司准备赠送对方一些小礼品，以示尊重和欢迎。在挑选礼品时我方选择定制了一些代表中国特色的瓷器、茶叶和绣有百合和菊花图案的团扇。茶叶用墨绿色的竹盒包装好，准备在英方人员回国之前将礼品送给对方。

请大家分析一下我方公司给英国客人的礼品是否合适？如果不合适，请说明理由。

4

模块四
职业交往礼仪

你要打开人家的心,你先得打开你自己的,你要在你的心里容纳人家的心,你先得把你的心推放到人家的心里去。

——徐志摩《海滩上种花》

项目三 接待礼仪

项目学习目标

情感态度目标
1. 增强主人翁精神,做到待客有方,礼数周到。
2. 重视塑造良好的职场形象。

技能目标
1. 确定接待规格。
2. 做好接待准备工作。
3. 熟悉进出电梯及电梯内位置礼仪。
4. 礼貌接待客人。

知识目标
1. 掌握接待客人安排原则。
2. 明确接待礼仪规范。
3. 掌握电梯礼仪规范。
4. 掌握上下楼礼仪规范。
5. 掌握并熟悉不同场合的引导手势和原则。

项目学习内容

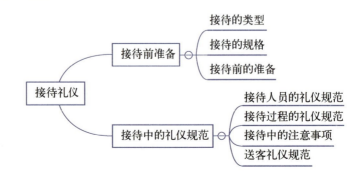

导入案例

中国古代八种待客礼仪

"拂席""扫榻""倒屣""拥慧""虚左""却行""侧行"和"避行"是中国古代传统待客之礼。拂席，擦去席上的灰尘，请客人就座，以示敬意；"扫榻"拂去榻上的尘垢，表示对客人的欢迎；"倒屣"由于急于要迎接客人，以至于把鞋子都穿反了；"拥慧"古人迎接尊贵的客人，常拿着扫帚表示敬意；"虚左"空出左边的位子，迎接客人；"却行"向后退着走，以表示对客人的尊敬；"侧行"侧着身子前行，以表示对客人的谦让；"避行"离开座位站起来，以表示对客人的敬意。

案例分析

子曰："有朋自远方来，不亦说乎？"这充分表达了中国人的好客心理。中国是礼仪之邦，深受儒家"礼"的影响，认为礼尚往来，有来有往，人与人之间的关系才会变得越来越亲密。礼数周到的待客礼仪在表达主人情谊、体现良好修养的同时，能让客人有宾至如归的感觉。

项目实施

在职业交往活动中，接待工作是企业活动中必不可少的一环。要做好接待工作，要求接待人员必须了解并熟练掌握职业接待礼仪并加以灵活应用，展现企业良好的经营思想、管理水平和员工无可挑剔的职业素养，从而树立起良好的企业社会形象并赢得公众的信任和支持。良好的企业形象是企业的核心竞争力之一，只有塑造好企业形象才能使企业在残酷的市场竞争中占据有利位置。

任务一 接待前准备

接待是指向前来洽谈合作、参观交流、巡视检查或进行访问的个人或团队表示欢迎，在安排活动等方面给予对方应有的礼遇。

一、接待的类型

（一）按照宾客来往目的划分

宾客来公司目标主要有参观学习、上级巡视检查、商务合作洽谈、业务日常往来、培训交流或者访问等。

（二）按照宾客所属地域划分

宾客可以有境内和境外之分，或本地和外省市之分，等等。

(三) 按照宾客的人数划分

按照人数可以分为个人接待和团队接待。

二、接待的规格

接待规格一般分为三种,分别为高规格接待、对等(同等)规格接待和低规格接待。

(一) 高规格接待

高规格接待指场面比较宏大,主要陪同人员要比来访人员的职务高,有时还需要接待单位的重要领导出面负责接待的类型。接待的宾客对象一般为:上级领导派相关工作人员检查、传达命令或布置要求;业务交流企业或单位来洽谈重要合作;重要的专家、技术人员和客户来访。以上这些情况需要采用高规格的接待方式。

(二) 对等(同等)规格接待

对等(同等)规格接待是指主要接待人员与宾客的职务相当,对等接待是日常接待最常用的方式。

(三) 低规格接待

低规格接待是指接待人员中主要陪同人员的职务比宾客要低。一般在上级单位或者总部领导来访、视察或者普通宾客来参观学习时,会采用低规格接待对方。低规格接待比较适用经常性业务往来活动。

三、接待前的准备

(一) 环境准备

接待环境主要包括公司前台、会议室、办公室、楼梯、电梯和走廊等地方。接待环境必须要时刻保持整洁、干净、明亮和美观。

1. 光线柔和明亮

接待宾客时,位于南面的室内为了避免阳光直射,可以设置百叶窗或窗帘调节。此外在灯具的选择上既要搭配整体装修风格,还要有舒适的照明效果。

2. 温度适宜

会议室要配备空调设备,室内温度在 20～25℃ 为最佳。另外还要保证室内的通风换气,在保证空气清新流通的基础上,室内湿度保持在 50% 左右。

3. 安静清洁

为了避免会议开始后受到打扰,一般会议室尽量安排在僻静且靠里的房间。此外会议室可以适当摆放花卉和绿植,还可以在墙上悬挂一些雅致的绘画,使来宾有清静静雅、身心愉悦之感。接待现场一般以色彩素雅、庄重大方为原则。由于色彩对人的心理有一定的影响,所以在布置接待环境现场时,应该首选米白、浅黄、米黄、淡蓝和浅绿等能给宾客带来温暖、温馨和柔和的颜色。另外色彩搭配不宜太杂,应尽量控制在三种色彩以内。

（二）物品准备

1. 前厅准备

应安排客人等候的接待区。接待区域与前台之间要留出恰当的位置，便于双方保持隐私，特别是接打电话时，注意避免发生尴尬。另外还应该在接待区域准备一些报纸、杂志和公司宣传手册，方便来访者阅读。

2. 前台准备

应备有预约来访者的详细清单，包括宾客的姓名、单位、职务、来访时间和事由等，以免客人来访时慌乱出错，给对方留下不好的印象。

3. 会议室准备

会议室的桌椅和沙发要摆放整齐，茶水和饮料也要准备齐全，同时准备好印有公司 logo 的一次性纸杯和配套茶具。会议桌上可以放一些公司和单位宣传资料，并在桌子上事先统一准备好笔记本、便签和笔，方便来宾做记录。

任务二　接待中的礼仪规范

一、接待人员的礼仪规范

（一）穿着得体，举止大方

接待相关人员应该穿着得体、大方，服饰简洁庄重，女士应化淡妆，男士注意修饰自己仪表。此外接待人员在接待过程中应该注意行为举止，做到表情自然又不失热情。

（二）热情细致，耐心沟通

待客有方，应主动、周到且善解人意。有客人来访时，应该细致入微地为客人提供优质的服务。要一视同仁，对待不速之客，不能拒之门外，也要以礼相待，并尽快了解对方来意，然后尽快妥善处理。

（三）专注工作，礼貌待人

在接待宾客时一定要集中精力，对客人的谈话表示浓厚的兴趣，不要心不在焉，在客人面前处理公文、上网或者打电话等都是非常不礼貌的行为。

二、接待过程的礼仪规范

（一）迎宾礼仪

接待人员应该在客人到达前 10～15 分钟到达指定的接待地点准备迎候。在迎接客人时要灵活运用"3S"原则。"1S"（standing），起身迎接客人，不管客人的年龄、辈分和职务，当对方到达时，都需要立即起身来欢迎对方；"2S"（see），眼里有人，集中注意力，正视客人，让客人有自己受到重视和尊重的感觉；"3S"（smile），面带微笑，一个自然且发自内心的真挚微笑会让对方倍感亲切，彼此间的距离一下子就会近很多。

(二) 电梯礼仪

电梯有人控制时,陪同人员应该后进后出;而无人控制电梯时,陪同人员应该先进后出并控制好电梯按钮。

电梯里,最里侧是最尊贵的位置,而离电梯门口最近的位置为最次,如图4-6所示。

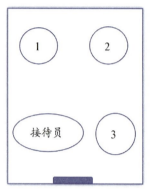

在接待宾客的时候,应该把里面靠右侧的位置留给职务最高的宾客,离电梯门口稍近的位置留给身份次之的宾客。接待人员应站在靠近操作按钮的地方,以便及时为宾客们服务。

当进入电梯时,首先询问客人的目标楼层,然后按下客人要去的楼层。若电梯行进间有其他人员进入,可主动询问其目标楼层,帮忙按下;电梯内可视状况决定是否寒暄,如没有其他人员时可略作寒暄,有外人或其他同事在时,可斟酌是否有必要寒暄;陪同人员在电梯内站在靠近电梯门并尽量侧身面对客人。

图4-6　电梯位置示意

到达目的地,一手按住电梯按钮"开",另一手并做出请出的手势,注意语言配合"×××到了,您先请!"客人走出电梯后,自己立刻步出电梯,并热诚地引导宾客行进。

(三) 上下楼梯礼仪

在引导客人上下楼时,一般情况下接待和陪同人员应走在客人前面为其指引方向,距离客人2~3个台阶,面带微笑,视线要随时留意客人的情况,如图4-7所示。

图4-7　接待员引领客人上下楼

(四) 引导礼仪

(1) 当上司、贵宾认识路时,可以请上司、贵宾走前面。

（2）当上司、贵宾不认识路时，应在前进方向左前方1米左右的位置引导，大约距离客人二三步。

（3）两人行走时，一般将靠墙或靠内的一侧留给宾客行走。如果走廊或楼梯的右侧为栏杆，则应走在客人的右前方。即应当遵循"内侧高于外侧"的原则。

知识链接：礼仪小知识

（4）多人行走时，一般遵循"中央高于两侧"的原则，作为接待人员、陪同人员一般不要走在中间，应鱼贯而走。

三、接待中的注意事项

（一）宾客接待技巧

注意处理顺序，应依据访客的拜访顺序进行登记处理，并在处理期间对等候的宾客说："不好意思，让您久等了。"到达会客地点后，被拜访者还未到达，应向客人说明情况，如"我已联络×××，他现在正在路上，请您先坐一下，喝点茶水"。如被拜访者不在，应向客人道歉并说明情况："非常抱歉，××有事外出，您能否换个时间与他会面。"

 想一想

当你负责接待客人时，在询问宾客时应该用"您喜欢什么样类型的饮料"还是"您是喜欢喝茶还是咖啡"的方式征询客人，为什么？

4

（二）茶水服务注意问题

应事先明确接待人员的工作程序，了解清楚对方的职务、来访人数、到达时间及有无特殊服务要求等，向有关领导汇报准备工作情况，并征询有无特别交代，接待人员应该在客人抵达10分钟之前就准备好茶具等。

整理仪容仪表攒足精神，整体检查准备工作是否存在疏漏。客人到达后，应热情地表示欢迎和问候，然后引领客人入座。

客人落座后，先奉上热毛巾，再用托盘将茶杯依次从客人右手边侧放到桌子上，同时还要说"请喝茶"或适当进行茶叶介绍等；客人交谈期间，要不时为客人添加茶水。客人离开前，提醒客人带好随身物品，要帮忙取衣、开门并礼貌送别客人。

 课堂互动

茶 水 服 务

在一次接待考察人员的活动中，接待人员小李把来访人员引领到大堂边的一个金碧辉煌的接待室等候总经理。落座后服务员在每位客人的茶几上摆上茶杯，然后用手从茶叶筒里取出茶叶，依次放入每个客人的杯子里，再用暖水瓶往杯子里倒水。5分钟后服务员尚未把滚烫的开水倒完，总经理来了，干渴的客人没喝上一口水就离开了，茶水服务以失败告终。

1. 分析一下为什么小李的茶水服务会失败？

2. 按照所学的接待礼仪规范,以 5 人为一组,分别扮演接待员和客人的角色,展示标准的茶水服务场景。

提示:接待人员要提前了解来访客人情况并准备好相关物品;仪容仪表得体,仪态大方,客人来时要热情大方地迎接客人;注意上茶水时应从客人右侧上,并配合相应语言和手势。

四、送客礼仪规范

送客是接待客人过程的最后一个环节。当客人提出告辞时,主人可盛情挽留,但应主随客便,不宜过分勉强留客。俗话说,"出迎三步,送人送七步"。

(一) 客人告辞时要真诚挽留

当客人主动提出辞别时,主人应该用委婉的语气表示相留,如"时间还早,再坐一会吧"。但不可勉强。在送别对方时,可以对客人说"一路顺风,请慢走!""再见,旅途平安!"

(二) 客人告辞时要起身

要等宾客站起来之后主人再站起来,以免让对方误会你着急送客。另外不论当时手头上正在忙任何事情,都要马上放下,帮助客人取来他们的衣物帽子等随身物品,一定要做到热情、主动和周到。

(三) 送客至屋外

案例:鲁迅的送客礼仪

送客时应送至室外,重要的客人可送至大门口、楼下或者距离乘车地点较近之处,有时甚至应送客人到车站、机场或者码头。在与客人告别时要与之握手,并表示"再见""欢迎下次再来"。客人离去时应该挥手致意,目送客人的背影至看不到,方可转身回返。

课堂互动

一次失败的推销

营销人员小李要到工作室所在的办公大楼门口迎接前来体验产品的顾客陈太太。这是小李第一次接待顾客,他表现得极为热情,一见面就嘘寒问暖。进入电梯时,小李抢先进入,并紧靠最里面位置站好,为的是想把更多的空间留给对方。

电梯里除了小李和陈太太还有其他乘梯者,小李为不让气氛尴尬冷场,便充分发挥了他的口才,继续和陈太太攀谈,问这问那、口若悬河,但是陈太太只是礼貌地冲他

微笑,偶尔轻声简单回复他的问题,并没有攀谈的意思。这让小李觉得非常尴尬。最后陈太太只是匆匆地参观了工作室,并表示有急事要先回去。小李并没有将产品成功推销出去。

请根据所学电梯礼仪规范分析小李失败的原因。他应该如何做才是礼貌得体的?

4

尊人立莫坐，赐坐莫背人。蹲坐无方便，席上被人嗔。

—— 王梵志

项目四　位　次　礼　仪

项目学习目标

情感态度目标

1. 认同职业交往中位次安排的规则与必要性。

2. 愿意主动根据场合环境有意识地合理安排位次。

3. 崇尚位次安排中体现的尊重、友好及中华民族优良传统美德。

技能目标

1. 可以安排简单的乘车位次、餐饮位次、会议位次、典礼仪式位次、与领导合影位次等。

2. 能判断位次安排是否合理，并能准确地进行调整。

3. 能积极把位次礼仪融入职业工作和社会交往中。

知识目标

1. 陈述乘车位次、餐饮位次、会议位次、典礼仪式位次、与领导合影位次等礼仪规则。

2. 领会位次礼仪的基本规则。

3. 分析并能设计具体环境下位次安排。

项目学习内容

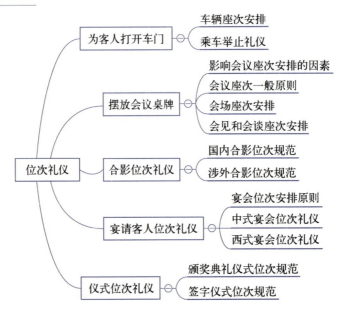

导入案例

合影时怎么站位？

拍照合影站位礼仪的基本原则是前为上、中为上、左为上。合影时通常是主方人员居右，客方人员居左。就座第一排一般是尊长、领导、客人、贵宾。同时还要注意，客人不能放在两边。边上的人通常都是东道主一方。

有领导参与合影时，当领导人数为单数，1号领导居中，2号领导排在1号领导左手边，3号领导排在1号领导右手边，4号领导排在2号领导左手边，5号领导排在3号领导右手边，其他依此类推。即：53124。当领导人数为双数时，1号领导、2号领导同时居中，1号领导排在居中座位的右边，2号领导排在1号领导的左手边，其他同上。即531246。

（资料来源：中国文明网，2015 - 07 - 10，http://www. wenming. cn/jwmsxf_294/zh/201507/t20150710_2723116. shtml）

案例分析

中国自古以来为礼仪之邦。古人云，"坐不中席，行不中道"，从位置关系上体现了礼让他人、尊师重道以及孝敬长辈的中华民族优良文化传统。现代商业社会，在职业交往中，不可避免会涉及位置与次序安排的问题。乘车给领导开哪个车门？陪同领导参加宴请时，坐在什么位置？安排会议，怎么摆放桌牌？与领导拍照，自己站在哪边？颁奖典礼，自己该从哪个方向上台领奖？这些都是位次礼仪需要解决的问题。明确和正确运用位次礼仪，可以有效提升个人职业素质，也有助于塑造和提升企业整体形象；在涉外交往中，也有利于维护国家形象。

项目实施

任务一　为客人打开车门

汽车是现代出行最重要的交通工具之一。职业接待活动中与领导、客户一同乘车在所难免。要圆满完成接待任务，需要考虑乘车人、谁驾车、车的类型等。乘车位次是职业礼仪中不可避免，也是比较复杂和敏感的问题。因此明确乘车位次，对完成职场接待服务有很大的帮助。

一、车辆座次安排

双排五人座轿车是商务接待中普遍使用的接待车辆类型。常见双排五人座轿车位次礼仪有三种不同情况：商务接待、社交场合和"VIP"客人，分别对应不同的"上座"。一般在正式商务或公务接待中，公司会派有专职司机的轿车完成接待客人任务；在日常社交生活中,会遇到主人亲自驾车接待客人或朋友的情况。

(一) 五座专职司机驾车

双排五人座轿车,有专职司机驾车的情况下,遵循"以右为尊,后排为上"的原则。位置的次序为:后排右边为1号座,最尊贵的位置;其次是后排左侧靠门的座位为2号座;3号座在后排中间;4号座是前排司机右边的位置,也就是副驾驶座,也称为"随员座",一般是接待人员的位置,如图4-8所示。

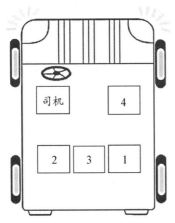
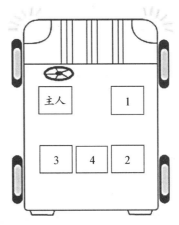

图4-8 五座专职司机驾车位次　　　　图4-9 主人驾车五座轿车位次

(二) 五座主人亲自驾车

双排五人座轿车,当主人亲自驾车的情况下,遵循"以右为尊,前排为上"的原则,其位置的次序为:副驾驶座位1号座,其次为后排右侧,后排左侧和后排中间。如果先生自己驾驶轿车时,其夫人一般应坐在副驾驶位。而在驾车送友人夫妇时,男性友人应坐在副驾驶的位置,如图4-9所示。

 **课堂互动**

第一次接待经历

小王和小李是今年新进公司的大学生。公司下班等车时,遇到本公司王经理驾车经过。王经理询问后得知,小王和小李正好在他回家经过的路上,遂主动提出送小王和小李回家。小王和小李上车后都坐在后排位置上,一路上相谈甚欢,没有与王经理有任何互动。

问题:

1. 小王和小李乘坐的位置对吗?

2. 如果中途一人提前下车,另一人该怎么坐?

(三) 其他车辆类型的座次安排

除了五座汽车之外，我们在商务接待过程中还可能会用到吉普车、3 排 7 座的 SUV 和多排大中型汽车。

(1) 吉普车不管由谁驾驶，座次主次排列顺序为副驾驶、后排右座和后排左座。

(2) 3 排七座，专人驾驶时，3 排右座最尊，副驾驶最次；而主人驾驶时，副驾驶位最尊，中排左位为最次。

(3) 多排大中型车辆，无论何人驾驶，均遵循以右为尊，前排为上，后排为下的原则，如图 4 - 10 所示。

此外乘车需求不同，乘车的位次也会发生变化。当乘车对象为高级领导、高级将领、知名公众人物，他们在乘车时，除考虑方便、舒适性外，还要考虑安全性与保护隐私的问题。司机后面相对来说安全系数最高，这时后排左侧就成为 1 号座，也称为"VIP"上座。

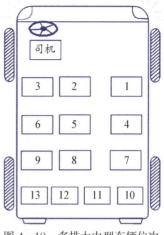

图 4 - 10　多排大中型车辆位次

 想一想

在现实生活中经常会遇到各种具体情况，乘车位次礼仪，需要具体问题具体分析，灵活处理。比如在接待服务中，如果客人走得快，你还没来得及打开车门，客人主动打开副驾驶座的车门，坐了进去，你怎么办？你能否告诉客人，你坐的位置不对，应该坐在后排右座？

二、乘车举止礼仪

(一) 女士上下车仪态礼仪规范

女士上下车时，需要考虑是否优雅得体的问题。上下车不要一只脚先进，或者爬进去，最好采用"背入式"上车。上车时，先靠近座位边上，把身体降低，臀部先坐在座位上，再把两腿并拢，同时收到车里。下车时，先靠近车门，先双膝并拢，两腿同时放到车外，脚落地后，上半身降低，臀部离开座位。另外为保证身体平稳，可轻扶着前排座椅靠背。

(二) 男士上下车仪态礼仪规范

男士上下车时，应先将头和左脚伸入车内，为保持平衡右手扶前座座椅慢慢坐下，最后收回右脚。当下车时，还是先将左脚伸出车外，踏稳地面，左手可扶前车座椅，右手轻扶车门，然后慢慢移出身体，站稳站正。

任务二　摆放会议桌牌

会议是常见的职业活动形式之一。安排主席台桌牌，确定参会人员的位置是不得不考虑的一个问题。如果摆放不合理,会引起与会人员及单位的不满,损害友好合作关系的建立及社会交往。

一、影响会议座次安排的因素

(一) 要明确会议的参与主体

安排位次、摆放桌牌前,需要明确会议参与主体是企业内部人员及部门还是企业与企业、企业与政府、国内与国外相关机构之间的有关人员及部门等。不同的会议主体对会议位次安排有不同要求。更具体地说,如果是企业与企业之间的会议,我们还要明确参与主体双方是国有企业与国有企业,或民营企业与民营企业,还是国有企业与民营企业,又或是国内企业与外资企业。

(二) 明确会议参与人员的等级与级别

在举行企业内部会议时,参与人包括公司董事长,总经理,部门主管。在安排位次之前要明确这些职务的高低。一般情况下,按照职务高低分别是董事长、总经理和部门主管。如果是企业之间的会议,除需要明确参与人职位高低,还要考虑参与人的公司性质、规模与影响力大小。特别需要注意的是,遇到特殊情况不知道如何确定位次高低的时候,需要及时向领导请示,避免因自作主张带来不必要的麻烦。

(三) 参会人数多少

要考虑主席台人数是单数还是双数,主席台上是否有前后排等问题。实际工作中需要正确运用位次礼仪,并能结合内部惯例,灵活运用。比较重要的会议位次安排,需要报请领导审阅批准。

二、会议座次一般原则

(1) 前排高于后排。在主席台上,重要领导安排在前排。

(2) 中间高于两边。当并排多人的时候,中间的位置高于两边的位置。当人数是单数时,最中间的位置最高;当中间是双数时,2 号位置在 1 号位置的右侧。

(3) 左右的确定以当事人左右来确定。

(4) 按照国际惯例,会议位次安排遵循"以右为尊"的原则。

按照国际惯例,位次安排遵循"以右为尊"的原则。但内外有别。在我国,政务部门、国有企业、事业单位内部及相互之间举行会议遵循"以左为尊"的原则。左高于右。因此,在进行会议位次安排时,需要考虑这一特殊性。

要注意:确定位次左右的时候,我们习惯于从自己出发,按照自己的左右确定位次,但如果我们与需要确定位次的人相向而立,就很容易出错。

三、会场座次安排

(一) 主席台人数单数位次

当主席台上人数为单数时,包括 3、5、7 位等,位次安排需要遵循的规则:前排高于后

知识链接:中国古代"以左为尊"还是"以右为尊"

排;中间高于两边;国际惯例右为尊,国内做法左为尊。这里特别要注意左右的区分是以主席台朝向作为标准的,如图 4-11 所示。

⑦ ⑤ ③ ① ② ④ ⑥

图 4-11　国内奇数主席台位次安排

✐ **课堂互动** •┄┄

某会议,主席台上有三位领导,三人位次安排如下:

| 2 | 1 | 3 |

组内讨论:

1. 安排会议位次的原则是什么?

2. 可以排除是哪些部门及部门之间组织的会议?

提示:

此案例涉及的是单数位次安排。遵循以下原则:

(1) 中间高于两边,1 在最中间。

(2) 右侧高于左侧,遵循国际惯例,所以 2 在 1 的右边,3 在 1 的左边。

(3) 既然遵循的是国际惯例,应该可以排除不是政府部门、国有企业及事业单位之间举行的会议。

? **想一想** •┄┄

如果是主席台上是五位领导,你该如何安排?请用阿拉伯数字"1"至"5",填在下面相应的方框内。

(二) 主席台人数双数位次

当主席台上人数为双数时,包括 2、4、6 和 8 位,位次安排需要遵循原则:前排高于后排;中间高于两边;中间两位难确定,国际惯例右为尊,国内规则"2 号在 1 号的左手边";

其他人员依次排,如图 4 - 12 所示。

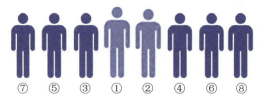

⑦ ⑤ ③ ① ② ④ ⑥ ⑧

图 4 - 12　国内偶数主席台位次安排

? 想一想

如果是主席台上是六位领导,如何安排,请用阿拉伯数字"1"至"6",填在下面相应的方框内。

四、会见和会谈座次安排

(一)座次安排的一般规则

在谈判和合作等主客双方面对面商谈的场合,主客双方分列两边。会出现横排、竖排和并行排列的情况。一般情况遵循:前排高于后排、面门为上、离门远为上、以右为尊的原则。

(二)会客时的座次排列

1. 横排式

在谈判和合作洽谈等商务场合,主客双方如果选择横排安排会议位次,我们一般根据离门远为上、面门为上的原则,把客人安排在离门远、面门的一边,把主方安排在离门近、背对着门的一边。具体人员安排,根据国际国内规则,选择中间高于两边,其他人员按照"以左为尊"或"以右为尊"的原则安排,如图 4 - 13 所示。

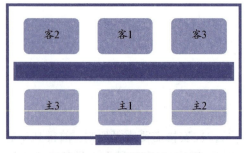

图 4 - 13　会谈横排位次示意图

2. 竖排式

主客双方如果选择竖排安排会议位次,我们一般根据"以右为尊"的原则安排主客双方的位置。把客人安排在右边,主方安排在左边。具体人员安排,根据国际国内规则,选择中间高于两边,其他人员按照"以左为尊"或"以右为尊"的原则安排,如图 4 - 14。在此需要注意的是,此时左右的确定以进门即从门外看门里的方向确定左右。这与一般位次确定左右的方向正好相反。

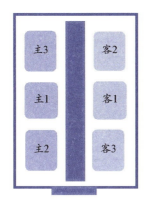 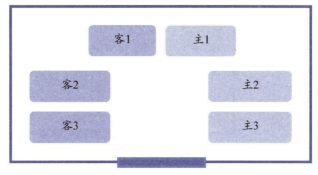

图 4-14　会谈竖排位次示意图　　　　图 4-15　会谈并列位次示意图

3.并列式

在国际交往的会谈中,主客双方如果选择并列安排会议位次,我们一般根据国际惯例"以右为尊"安排主客双方的位置。把客人安排在主方的右手边,主方安排在客人左手边。左右的确定以主客双方最高职位人员坐定后的左右决定。具体人员安排,主客双方最高职位人员坐定后,双方其他人员分列各自领导方向,按照离领导的远近依次安排。离领导越近位次越高,离领导越远,位次越低,如图 4-15 所示。

> **课堂互动**
>
> 公司有客户到我单位商谈合作事宜。参加人员:我方有王林(总经理)、费强(副总经理)、李新华(办公室主任);客方为李华(总经理)、方眉(副总经理)、郝新(生产科长)。小沈负责布置会场,安放会谈桌牌。他是公司综合办公室接待人员,刚从生产部门调过来,经验不足,但做事很认真。在查阅大量资料后他提前把安排好的会场布置图给有经验的老同事孙主任审核,看三种备选排列方式是否正确。他提供了三种方案:横排、竖排和并列方式,如图 4-16 所示。组内讨论:请问如果你是孙主任,你
>
>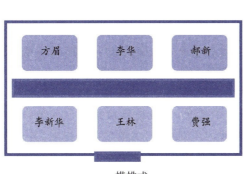
>
> a 横排式　　　　　　　　b 竖排式

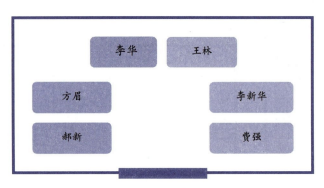

c 并列式

图 4-16 三种备选排列方案

认为这三种排列正确吗?

　　提示:按照主客双方的位置来说,遵循以右为尊、面门为上、离门远为上的原则排列主客双方的方向位置。通过三种排列方案可以看出,竖排式不合适,竖排案例里的排列正好反了。

任务三　合影位次礼仪

　　在职场或其他重要商务场合合影时,需要考虑合影的位次。特别是在国际外交舞台上,合影的位次需要严格按照国内和国际规则实施。随着我国经济发展、国力增强及"一带一路"建设不断推进,我国在世界舞台上扮演越来越重要的角色,不断加强国际交流与合作,政治、经济、文化诸领域人士的出访与接待外国人士来访,也越来越频繁。

一、国内合影位次规范

　　一般遵循前排高于后排,中间高于两边,国内政务活动"以左为尊"的规则。合影时主方位于左侧,而客方位于右侧。

🖊 **课堂互动**

　　大学生活要结束了。大家张罗着拍毕业照。除了班级同学,还请来了院长,副院长,辅导员,两位任课教师。现在需要你安排一下合影位置。

　　提示:

　　根据规则,为表示对领导与教师的尊重,一般按照前排高于后排的原则,领导在前排,学生在后排;按照中间高于两边的规则排序,主要领导在中间,其他领导教师在两边,按照以左为尊的原则,1号领导在最中间,其左边为2号领导,右边是3号。其他人员以此类推。

? 想一想 •

　　单位人员合影是工作中经常遇到的问题。如果合影有领导参加,也需要考虑位次的安排问题。我们在安排毕业照教师位置的时候,遵循"前排高于后排,中间高于两边"的原则。那单位人员合影的位次怎么安排?需要考虑哪些因素?

课堂互动 •

　　小王是公司新入职的大学生。在一次商务接待中,见到了自己崇拜的业内专家李总监。他看准时机,在李总监不忙的时候,走上前去,满带微笑,诚恳地说:"您好!李总监,我看过您写的书,对您的观点和看法特别认可。您的书对我的工作起了很大的帮助。今天能见到您,特别激动。听说您今晚就要离开杭州,我想跟您合个影,留个纪念,您看可以吗?"李总监被小王诚恳的态度打动,答应了小王的要求,小王主动站在李总监的左手边。并稍稍后撤一点,侧身与李总监合影。离开前,对李总监再次表示谢意。小王得体的寒暄,规范的站位,被一旁的公司经理看在眼里,点头赞许。

　　组内讨论案例:

　　1. 小王为什么能得到经理的赞许?

　　2. 合影时,小王站在李总监的什么位置,为什么?

二、涉外合影位次规范

　　在有国外友人在场时,合影时应遵循国际惯例"以右为尊"。此时主人应居于左侧,而客方居于右侧,双方人员依次根据职位高低进行排列。

　　在安排合影位次前,一定要清楚合影人员的身份和级别高低,以及是否需要考虑以往惯例做法,既要参照规则,也要考虑惯例做法,灵活运用。

任务四　宴请客人位次礼仪

　　商务宴请中,位次安排比较重要。接待人员需要明确参加者的位次排序,合理安排;参加宴会者,需要明确自己应该坐的位置,不至于产生误会。

一、宴会位次安排原则

　　宴会位次安排遵循的原则包括:以右为尊,右侧高于左侧;面门为尊,面对门的位置,相对高于其他位置;离门远为尊,离门远的位置高于离门近的位置;面对风景为尊,如果屋外有风景,面对风景的位置比背对风景的位置高,如果墙上有装饰,背对有装饰的位置高于面对装饰的位置。

二、中式宴会位次礼仪

(一)一般接待宴请

一般接待宴请主客双方位次安排遵循排序。首先根据原则,确定离门远,面门的位置为 1 号位,东道主位置,即主人位;按照以右为尊的原则,在主人右手边是客人位置最高者,即主宾位置,左手边为客方 2 号宾客位置;再下来依次为主方 2 号、3 号位置,交叉排列;背对门,离门最近的位置为 6 号,是位次最低的位置(图 4-17)。

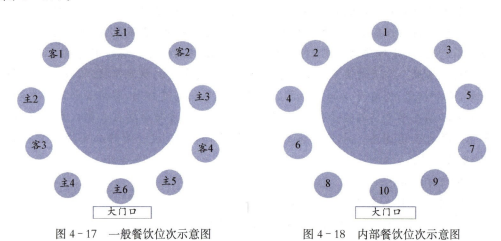

图 4-17 一般餐饮位次示意图　　　　图 4-18 内部餐饮位次示意图

(二)内部宴请

内部宴请一般为企业内部人员参加的宴请。排序原则:首先确定离门远,面门的位置为 1 号位,为本次宴请人员中职位最高的领导的位置;按照以右为尊的原则,在 1 号位右手边为 2 号位,左手边为 3 号位;依次按照右高于左的原则,确定 4 号,5 号等位置;背对门,离门最近的位置为 10 号,位次最低的位置(图 4-18)。

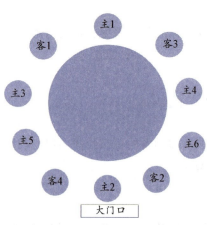

图 4-19 涉外餐饮位次示意图

(三)涉外宴请

当宴请人员包括其他国家人员,涉及涉外宴请的位次安排。其位次安排与国内一般宴请的区别在于双中心:2 号位在 1 号位的对面,也就是说背门的位置。在主方 1 号和 2 号位的两边,按照以右为尊的原则,分别是客方的 1 号、3 号和 2 号、4 号。其他人员依次排列(图 4-19)。

课堂互动

一次难忘的宴请

大学刚毕业的新职员小齐因业务能力突出,被经理点名一起去外地洽谈业务。在中午招待用餐中,小齐随双方领导一起进了餐厅包间。领导在一边交流,小齐没什么事,就直接找了个就近的位置坐下了。坐在了对门位置的右手边,并招呼两位领导入座。经理看了看他,皱了皱眉。小齐很疑惑,有什么地方不对吗?请你为小齐解解惑。

提示:位次礼仪的运用,既要考虑一般规则,还要考虑不同地区、不同企业的惯例,灵活运用。作为陪领导出差的小齐,没有认清自己的位置,也没有在餐饮宴请中找到自己的位置,表现比较失礼。首先他应该先请两位领导入座,等领导入座后自己再入座;其次他不应该坐在面门主位的右手边,也就是 2 号位的地方,那应该是自己经理的位置。如果还有其他领导在的话,作为新入职的年轻人,应该表示谦虚,主动坐在背对着门附近的位置。

三、西式宴会位次礼仪

西餐宴请中最常见的是条形长桌。一般考虑女士优先,以右为尊,面门为尊,男女交叉或熟人与陌生人交叉而坐的原则(图 4-20)。

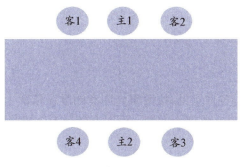

图 4-20　条形桌位次示意图

任务五　仪式位次礼仪

商务活动中,为完成合同签署并更好地进行宣传,需要组织签字仪式。在公司内部,为表扬优秀员工,为其他员工树立榜样,会组织颁奖典礼。这些都属于礼仪中仪式礼仪的内容,因此需要明确仪式礼仪中的位次礼仪。在上面的内容中我们已经详述了谈判、宴请、会议等商务场合位次礼仪,下面谈谈颁奖典礼的位次安排。

一、颁奖典礼仪式位次规范

颁奖典礼涉及的位次安排包括领奖者上下台的方位、颁奖嘉宾上下台方位和礼宾人员位置。遵循的原则包括：以右为尊，前排高于后排以及中间高于两边的位次原则。

（一）领奖者

领奖者在颁奖典礼中，涉及上下台的位次。一般的原则是左上左下。从舞台左侧上台，从左侧下台。

（二）颁奖嘉宾

颁奖嘉宾在领奖者上台后上台，也涉及上下台的位次。一般的原则是右上右下。从舞台右侧上台，从右侧下台。

（三）礼宾人员

在颁奖典礼中，礼宾人员上台一般在领奖者上台后上台，与领奖者同时上台。一般站在领奖者的侧后方。涉及上下台的位次，一般的原则是左上左下。从舞台左侧上台，从左侧下台。或跟随颁奖嘉宾后面，同时上台颁奖。颁奖典礼上下台的左右区分，以舞台上主持人的左右定，而不是以台下观众的左右定。

二、签字仪式位次规范

（一）双边合同签署

客方签字人应在签字桌右侧就座，而主方签字人应当在签字桌左侧就座。双方助签人为方便为签字人提供帮助服务，应站在各自签字人的外侧。而其他随行人员按照以右为尊的原则，依次站在己方签字人身后。

（二）多边合同签署

在签字之前应该征得各方意见，按照事先同意的顺序依次上前完成签字。各方助签人遵循"左低右尊"原则，站在签字人左侧。而双方随行人员按照顺序，应面对签字桌就座或站立。

 **课堂互动**

年末颁奖典礼

某公司年末举行颁奖典礼，为优秀员工颁奖，选派了长相清秀的新职员王美华作为颁奖礼宾人员。王美华因为工作繁忙，没有及时出席彩排活动，而颁奖典礼的负责人认为王美华应该可以胜任这个工作，就没有过多叮嘱。颁奖典礼的那一天，她从舞台左侧引导经理进行颁奖致辞，并在颁奖仪式上，没有多考虑，先从舞台右侧上台，准备颁奖。颁奖完成，在颁奖嘉宾与领导合影的时候，她一直跟随颁奖嘉宾站在舞台上。合影完成后，与颁奖嘉宾一起离开舞台。此时，活动组织者很后悔，没有及时与她沟通。

问题：王美华在颁奖典礼上的礼仪行为有什么不妥之处？

能力训练

　　学完本模块所有项目任务后,请扫描二维码完成模块四能力训练,并在教师带领下进行讨论。

模块四
能力训练

4

模块五
职场沟通礼仪

学会在他人面前清晰而得体地表达自己的思想和意念，使之传递给他人。

——卡耐基

项目一 语言沟通礼仪

项目学习目标

情感态度目标

1. 合理运用语言沟通礼仪，让职业发展更顺利。
2. 实现无障碍有效沟通。

技能目标

1. 能识别语言沟通礼仪。
2. 能运用不同类型的语言沟通技巧。
3. 提升运用有效语言沟通的能力。

知识目标

1. 了解语言沟通礼仪的内涵及重要性。
2. 认知语言沟通礼仪的技巧。

项目学习内容

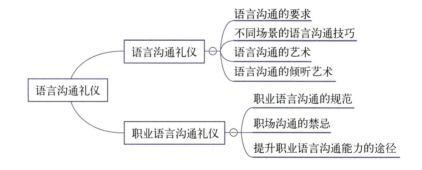

导入案例 •·······················

小 朱 的 困 惑

　　小朱新进入了一家单位,领导带他熟悉周围环境,并把他介绍给部门的同事们认识。他非常恭敬地称对方为老师,大多数同事都欣然接受了。当领导把他带到一位同事面前,并告诉他,以后就跟着这位同事学习,有什么不懂的就请教他时,小朱更加恭敬地称对方为老师。这位同事连忙摇头说:"大家都是同事,别那么客气,直接叫我名字就行了。"小朱仔细想想,觉得叫老师显得太生疏,但是直接叫名字又觉得不尊敬,不知道该怎么样称呼对方比较合适,陷入了困惑中。

　　问题:

　　1. 如果你是小朱,你将如何解决这个问题?

　　2. 你是否遇到过类似小朱的情况?

案例分析

　　新人报到后,首先应该对自己所在部门的所有同事有一个大致了解。在自我介绍后,其他同事会一一自我介绍,这个时候,如果职位清楚的人,可以直接称呼他们"张经理、王经理"等,对其他同事,可以先一律称"老师",这一方面符合自己刚毕业的学生身份;另一方面,表明自己是初来乍到,很多地方还要向诸位前辈学习。等稍微熟悉之后,再按年龄区分和自己平级的同事,对比自己大许多的人,可以继续称"老师",或者跟随其他同事称呼。对与自己年龄差不多甚至同龄的同事,如果是关系很好,就可以直呼其名。再有,需要注意的是,在喊人的时候,一定要面带微笑,眼睛直视(但不是死瞪)对方,表现得要有礼貌。

5

　　语言沟通,包括口头语言、书面语言、图片或图形。语言沟通是人们信息交流的必不可少的方式。职场新人称呼同事,要"勤"要"甜"。可锐管理咨询有限公司的首席咨询师吕东鸣说,人们一直以为只有在二十世纪七八十年代前,人们才更注意这些刻板严谨的称呼,所以现代职场上对称呼的注重正日益淡漠。尤其是刚出校门的大学生,他们对职场称呼处于摸不着头脑的阶段。刚进单位,两眼一抹黑,全是生人面孔,如何迅速融合到团队之中,怎样给别人留下好印象,其实都是从一声简单的称呼中开始的。哪怕是甜言蜜语,只要恰到好处不招人烦就是成功。

　　对老职员更不可小视称呼。吕东鸣提醒说,在职场上不注意称呼的有两大人群,第一是新人,再有就是年龄大、资格老的普通员工。各单位都会有这样一些员工。年龄近中年,却仍处在一般职位上。他们的年纪有时与经理同岁,甚至还要大于经理等管理者。一些这样的老员工对职场称呼就不太注意,甚至忽略。有些人甚至倚仗自己的资历对领导也"小张、小王"地称呼。倚老卖老,忽略职场称呼的做法要不得,这绝对是搬石头砸自己的脚。

项目实施

任务一　语言沟通礼仪

与人进行语言沟通时要有正确的仪态和仪容，面带微笑，眼神充满关切，切忌表情漠然，无精打采。同时与人沟通的时候，注意服装要整洁统一，体现庄重和专业性。与人沟通时保持适当的距离，采用正确的站姿和坐姿，姿态反映品格。

一、语言沟通的要求

(1) 语音清晰、语调平稳，语速要适中。
(2) 摒弃"口头禅"。
(3) 使用规范的职场规范化语言。
(4) 认真聆听，注意眼神交流。
(5) 沟通时面带微笑。
(6) 使对方感受到你的真诚。

二、不同场景的语言沟通技巧

当与两名以上的客人沟通时，第二人称用"您"，而不可以用"你"。第三人称多用"这位先生（女士）"，而不是"他（她）"。一般不可贸然打断他人谈话。如果必须要打断，应站在距离他人 1 米左右的地方，眼望对方，面带微笑，在他人眼睛余光扫到时，然后上前说："实在抱歉，冒昧打断……"无法或难以完成他人交代或询问的事情时，须先重复他人的要求，进一步明确后说"对不起，恐怕……"，最后再说"谢谢您的理解和支持"。

职业人在职场沟通中，要与人保持适当的距离，这体现对他人的尊重。同时，恰当礼貌地称呼对方。既要体现出礼貌，又要表现出对他人的尊重。在沟通时，还要注意态度，因为态度往往反映出内心真实的想法。要做到"三到"：眼到、口到、意到。眼到，即注视他人的目光应友善，真诚。口到，指讲规范语、正确称呼。意到，即通过表情传递友善、热情的信息。

案例：最佳
交谈距离

三、语言沟通艺术

（一）和颜悦色

沟通时要说话清楚，讲得到位，让人听起来舒服。讲话的语速要适中，太快的语速给人以催促不耐烦之感，而且不容易让对方听清楚，给对方极大的压力。沟通时语调要柔和，给人以亲切之感，让对方容易接受，不产生抵触之心。沟通时语调声音淡漠，给人以拒绝之感，很容易让人反感，产生抵触。沟通时声音要适中，音量过高会对他人造成干扰；音量过低，对方又听不清楚，还会让人觉得你很不自信。

(二）讲对方能听懂的话

良好的沟通建立在讲对方能听得懂的话的基础上。沟通时,尽可能讲普通话,讲通俗话,讲文明话。讲对方听得懂的话,还有一层意思,不要对不懂专业的人大讲专业术语,对方在你专业术语的攻击下会有所顾虑,甚至会认为是在取笑他不懂专业。交流时也不要时不时地问对方懂不懂,否则容易给人一种压迫感,甚至给人以被嘲笑感。

(三）掌握对方特点来沟通

在进行职场沟通时,要给对方留下美好的第一印象。通过及时沟通,让对方对你产生肯定和赞同之感。在沟通时,边讲话边注意通过观察对方的脸色来进行判断。学会观察他人,培养敏锐的洞察力,有利于把握沟通的时机。

(四）学会恰当的赞美

人人都喜欢听好话,这叫“标签效应”。善于赞美是职场人士进行语言沟通的最好武器。语言沟通时的赞美,又分为直接赞美、间接赞美、深层次赞美,赞美的关键是真诚,赞美的大敌是虚伪。职场语言沟通时,要注意观察,恰当选择赞美的方向。

案例:巧妙
拒绝的方法

5

(五）学会巧妙拒绝

在职场相处中,同事有求于自己是常有的事。即使力所不及,也应认真对待,而不能马虎应付,此时就需要学会拒绝的礼仪和艺术。那种简单的否定,“不、不行、不去、做不到……”留给对方的是一种冷冰冰的感觉,不利于和谐相处,必须学会恰当且行之有效的拒绝方法。

四、语言沟通时的倾听艺术

通过亲身体验单向沟通与双向沟通的效果,了解语言沟通的重要性。

(一）有效倾听

沟通是为了传递信息,为了让别人能更好地接受自己所传递的意思,就要去了解听的人想听的内容,讲之前更要学会倾听,说完后还要听对方的信息反馈,以了解对方是否对自己传递的信息正确理解或接受。有效倾听可以增强沟通效力,满足倾诉者自尊心,真实了解他人。同时有效倾听还能增强解决问题的能力,有助于个人发展。

(二）有效倾听的四步骤

(1)首先做好倾听准备,做好身心准备和物质准备,静下心来排除杂念,选择安静的场所,在语言沟通前将手机调成静音或关机。

(2)发出倾听信息,一般用眼神示意对方,你已经做好了接收信息的准备。

(3)采取积极行动,不时点头,身体前倾,集中精神,敞开思想。

(4)理解全部信息,及时告诉对方自己的理解情况,充分理解并记忆。

任务二　职业语言沟通礼仪

调查显示,近六成职场人相互的信任程度一般,近两成职场人相互的信任感较差,认为职场上很难遇到可靠的人。职场上虽然不乏可信任之人,但毕竟是工作上的伙伴,事关工作,需要相互进行沟通。职场人员的相处就是要做到诚心、诚信沟通,这样才能更好地解决商务问题,实现职场目标。

职业语言沟通,一般指职场人士在工作中运用一定的职场技巧,恰当的语言表达方式与人沟通和交流,使自己在职场中获胜。

一、职业语言沟通规范

(1)以诚待人:沟通语言体现礼貌与魅力,关心他人。

(2)信守承诺:说到做到,言而有信。

(3)全神贯注:集中注意力,心无旁骛。

(4)恰当赞美:适当地给予赞美与鼓励,表达感激。

(5)时时感恩:别忘了在听过别人赞美之后说声谢谢。

(6)不忘幽默:语言得体而不失幽默。

(7)职场沟通禁忌语:① 不尊重之语——如面对残疾人时,切忌使用"残废""瞎子"等词。对体胖之人的"肥",个矮之人的"矮",都是不应该有的语言。② 不友好之语——即不够友善,甚至满怀敌意的语言。③ 不耐烦之语——在工作中要表现出应有的热情与足够的耐心,要努力做到有问必答,答必尽心;百问不烦,百答不厌;不分对象,始终如一。假如使用了不耐烦之语,不论自己的初衷是什么,都得不到好结果。

二、职场沟通禁忌

1. 忌直呼上司或老板的名字

选择合适的称呼方式。一般应该以尊称称呼老板或上司。在职场沟通时,非外企行业切忌直呼老板的中文或英文名字。建议根据老板的职位和姓氏组合称呼。

2. 忌以"高分贝"通私人电话

在职场通私人电话本来就很不应该,如果你还肆无忌惮地高谈阔论,很容易让上级反感,也会影响到周围同事的工作。

3. 忌开会不关手机

开会关机或将手机调为震动或静音,是基本的职场礼仪。当台上有人做报告或布置事情时,底下手机铃声忽然响起,会议必定会受到干扰。这不但是对台上的人不尊重,对其他参会的人也是一种不尊重。

4. 忌"看高不看低"

在职场称呼对方时,别只跟老板打招呼,或者跟老板相同身份的人打招呼,还要记得跟老板或主管身旁的秘书同伴打招呼。

三、提升职业语言沟通能力的途径

职业人的职场语言沟通很重要。提升职业语言沟通能力的途径很多,下面介绍几种。

第一,摆正心态,不带负面情绪沟通。如果带着负面情绪去沟通,非常容易陷入互相指责的境地,吵几个小时也不能解决问题。所以在沟通时首先要摆正心态,抱着解决问题的心态沟通,对事不对人,做好沟通。

第二,带着目标去沟通。将沟通的目标达成统一作为前提,后续的沟通才能以更有效更好的方式去分解目标,才能一起想办法、更有效地解决问题。

第三,建立一个统一的评判标准。每个人看待事物都有自己的一套标准,但不一定都是一样的标准。因此在沟通之前需要建立一个统一的评判标准,以此作为沟通的基础。

第四,用对方能听懂的语言沟通。不同领域的职场人士沟通时,需要使用简单明了、通俗易懂的语言进行沟通。

第五,沟通是为了让事情变得更好。沟通的目的不是穷究起因,而是找到解决问题的办法。

知识链接:
职场沟通用
语集锦

知识链接:
世界问候日

5

模块五
职场沟通礼仪

谈话的艺术是听和被听的艺术。

——赫兹里特

项目二　非语言沟通礼仪

项目学习目标

情感态度目标

1. 主动运用非语言沟通礼仪技巧实现有效沟通。
2. 重视非语言沟通礼仪的原则,提升个人综合素养。

技能目标

1. 熟知非语言沟通礼仪的概念及内涵。
2. 能运用非语言沟通礼仪原则。
3. 能运用非语言沟通礼仪技巧。

知识目标

1. 认知非语言沟通礼仪的内涵及特点。
2. 明确非语言沟通礼仪的原则。
3. 熟悉非语言沟通礼仪的技巧。

项目学习内容

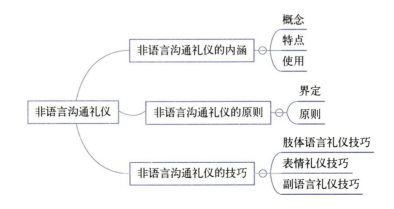

导入案例

职场撞衫的尴尬

刚参加工作的小李,她的上司是一位穿着得体、气质高雅的女士,是小李希望成为的类型。于是不久,办公室就有了一道风景:小李和她领导的衣服很相似,连香水味也差不多。甚至来访的客人也开玩笑地说她俩一定是亲姐妹。让小李不解的是,领导慢慢对她不再有好态度,甚至常常有意为难。几个月后,小李只好辞职。

问题:小李在哪里得罪了领导? 如果你是小李,你会怎么办?

案例分析

初入职场,首先应该对自己所在部门的领导和所有同事有一个大致了解。为了拉近与同事的关系,可以运用非语言沟通的技巧与方法,但是不能为了引起注意,刻意地去效仿上司,尤其是女上司。职场中,着装礼仪是很重要的事,代表着一个人的品位和形象气质。在没有统一着装规定的公司,最好走差异化路线,避免尴尬的同时,形成自己的风格。服饰也是体态语言的一种。

项目实施

5

任务一　非语言沟通礼仪的内涵

非语言沟通是相对于语言沟通而言的,是指通过身体动作、体态、语气语调、空间距离等方式交流信息、进行沟通的过程。在沟通中,信息的内容往往通过语言来表达,而非语言则作为提供解释内容的框架,来表达信息的相关部分,因此非语言沟通通常被误认为辅助性沟通方式。

现实生活中,存在大量非语言沟通,如一个眼神、一个细微的动作、一个简单的肢体语言、一个表情等。非语言沟通中最为人们所知的是肢体语言和语调,包括人的仪表、举止、语气、声调和表情等。

一、非语言沟通礼仪的概念

非语言表达形式和语言同样重要,有时作用甚至更加明显,正如管理学大师德鲁克所说,人无法只靠一句话来沟通,总是得靠整个人来沟通。通过非语言沟通,人们可以更直观更形象地判断一个人的为人、做事的能力、自信和热情程度,从而获得十分重要的第一印象。

非语言沟通就是使用非语言符号,如声调、眼神、手势、空间距离等进行信息传递和交流的行为和过程。非语言沟通具有无意识性、情境性、可信性、个性化等特点。

非语言沟通礼仪是指人们在使用非语言进行沟通时,应当遵循的礼仪规范。因为你的表情、肢体、语气往往都能在与人沟通时,起到增强效果、达到目的的作用。使用过程中,以规范的礼仪细节约束,效果会好很多。

面试成功的原因

　　某跨国公司要招聘一名新职员,报名人数众多。不少应聘者在面试后都没有被录用。而小刘在整个面试过程当中还未说一句话,主考的人事部经理就决定录用他。旁人颇感蹊跷,主考的人事部经理这样对大家说:"小刘在面试过程当中虽然没有说一句话,他的举止体态,已经交了一份最好的答卷。他进门后沉着地向大家点头打招呼,说明他有很好的修养。进来之后,他选择了最前排的中间位置就座,表明他希望别人注意他,他是一个善于自我推销、充满自信、有较强优越感的人。他就座的地方人很多,说明他善于与人沟通,有较强的团队意识和交往能力。"

　　提示:一个人的非语言沟通能力,可以产生吸引人的力量,而求职者在面试时的,举止动作符合身份,适合场合,能够恰如其分地传达出个人的意愿,就能有效达到目的。

二、非语言沟通礼仪的特点

人们将这些能在一定程度上显示行为的意义,即能够表达人的思想感情的人体动作,如表情、手势、姿态、服饰等,叫作体态语言,也叫无声语言、人体语言或态势语言。

体态语直接诉诸人们的视觉器官,在人际交往过程中具有相当重要的意义。心理学家有一个有趣的公式:一条信息的表达 = 7％的语言 + 38％的声音 + 55％的人体动作。这表明,人们获得的信息大部分来自视觉印象。因而美国心理学家艾德华·霍尔曾十分肯定地说:"无声语言所显示的意义要比有声语言多得多。"体态语独特的有形性、可视性和直接性,对于沟通来说,具有不可低估的特殊作用。

三、非语言沟通礼仪的使用

一般而言,非语言沟通的表现形式有身体动作、身体语言,即人们在沟通时使用的手势、表情、眼神及身体其他部位的动作等。个体身体特点指人的形体、姿态、肤色、发色等。空间距离,即在沟通时,利用和理解空间的方式,包括谈话的距离、座位的布置等。副语言是人们在沟通过程当中表现出来的音质、音量、语速、语调、笑声等。人们在利用非语言沟通形式进行表达时,应遵循一些礼仪规范。

研究结果表明,真正的笑容会从嘴巴开始,然后再带动眼睛,前后有时间差。然而,虚假的笑容,嘴巴和眼睛同时笑开,没有时间差。虚假的笑容只有嘴在笑,而眼睛没有任何动作。真正的笑容,注意力会全部集中在嘴上,而无暇顾及眼部的动作。

任务二　非语言沟通礼仪的原则

非语言沟通方式有许多,职业人要学会收集并合理使用这些非语言沟通技巧,以期达到更好的职场沟通效果。

一、非语言沟通礼仪的界定

常见的非语言沟通方式有:① 标记语言,如手语、交通指挥的指挥手势、裁判的手势,以及人们惯用的一些表意手势,如 OK 手势表示顺利。② 动作语言,例如餐桌上的吃相能反映出一个人的修养。如果一位顾客在排队时,不自觉地把口袋里的硬币弄得叮当响,则清楚地表明他很着急。在柜台前,拿起东西又放下,显示出他拿不定主意。③ 物体语言,职业人如果总把办公物品摆放得很整齐,能看得出他是个干净利落讲效率的人。某人穿衣追求质地而不跟随时尚,这样的人,很有可能是个有品位有主见有档次的人。

二、非语言沟通礼仪的原则

在当今社会,礼仪的地位不断提升,越来越多的职业人重视沟通礼仪。对于企业来说,想要拥有良好的商务环境,就要更注重日常商务过程中的礼仪细节,在这些细节中,非语言沟通又有着不可忽视的重要作用,而非语言沟通礼仪的原则也被众多职业人重视。

5

(一) 适应性原则

不同年龄、身份、地位、行业的人在不同的场合的表现是不同的,所以使用的非语言沟通方式必须与整个沟通氛围相一致。当非语言沟通方式与环境和身份相适应时,沟通会变得更加顺畅。

(二) 自然原则

使用非语言沟通方式,贵在自然。各种非语言沟通形式的含义不是严格区分开的,只要是自然、真情的流露,就能够被他人所接受。在职场环境中,职业人的非语言沟通真诚、自然、得体、大方,沟通效果就会更良好。

(三) 针对性原则

没有任何一种非语言沟通方式适合所有的沟通对象。在使用非语言沟通的过程中,要充分考虑到对方的沟通习惯。有的人喜欢与他人眼神的交流,有的人更喜欢肢体动作的沟通,因此在进行非语言沟通时,要因人而异。同时,要善于分析你的沟通交流对象,采取有针对性的方式方法去沟通。

(四) 清晰原则

很多非语言沟通方式的含义不是特别明确,在一般情况下,我们可以借助一些其他的线索判断其含义。但是,在有些情况下,因缺乏必要的线索,接收到非语言信息的人感到摸不着头脑,沟通的目的没能达到,反而引起误解。因此,在不能确认对方能够准确解读的情况下,要慎用非语言沟通形式。

在职场中,要注重非语言沟通礼仪的原则,要在合适的场合,恰当地使用非语言沟通艺术。例如眼神的使用,如果两个人在沟通的时候,一方从来不看另一方,那么沟通就会出现问题了。再比如态度,在公共场合,如果该笑的地方你不笑,该严肃的时候不严肃,那么沟通也不会很顺利。

任务三　非语言沟通礼仪的技巧

非语言沟通在很大程度上是一种文化现象,其中有许多文化上的决定因素与变异形式。在职场中非语言沟通所导致的非语言传播行为构成了第二符号系统,能够使对方认识到传播者的思想和情感。

一、肢体语言礼仪技巧

非语言沟通既与文化有关,也与语境有关,还与每个人的具体情况有关,如职业、地区、教育背景等。在非语言沟通中,应善于运用肢体语言的礼仪,用得体的肢体语言为沟通服务,如注意上身的倾斜度、手势的高度、站姿的选取等。

在职场环境中,能遇到多种肢体语言符号。握手,就是重要的肢体语言之一,不同的对象,握手的方式不同。对待同龄人、晚辈,只要伸出右手和对方紧紧握住就可以。对待异性,特别是男性和女性握手,不仅要注意伸手的顺序,还要注意握手的力度和时长。如果紧紧抓住对方的手不放,是很不礼貌的。在肢体语言当中,我们每个人谈话时都会用到不同的手势,只是有的手势有助于我们的表达,有的则会令他人生厌,甚至反感。在进行商务谈判时,最好不要出现用食指点指对方的手势,这会让对方觉得很反感。也不要在讲话时乱挥舞拳头,这些手势都是不礼貌的。

二、表情礼仪技巧

我们经常听到这样一种说法,“伸手不打笑脸人”。显然,表情是人体语言中最为丰富的一种,是内心情绪的反映。人们通过喜、怒、哀、乐等表情来表达内心的感情。表情是优雅风度的重要组成部分。构成表情的主要因素是目光和笑容。

目光是面部表情的核心。在人际交往时,目光是一种真实的、含蓄的语言。从一个人的目光中,可以看到他的整个内心世界。一个良好的职业形象,目光应是坦然、亲切、友善、有神的。与人交谈时,目光应当注视着对方,这样才能表现出诚恳与尊重。呆滞的、疲倦的、轻视的、左顾右盼等目光都是不礼貌的。

笑容有很多种,有微笑、大笑、冷笑、嘲笑等。不同的笑表达不同的情感。发自内心的微笑是美好的,人们的交往应是从微笑开始。微笑表达了尊重、理解和友善。职业人时常面带微笑,可以使对方感到亲切、热情和尊重,同时使自己富于魅力,也就更容易得到他人的理解和尊重。微笑的力量是巨大的。有人把微笑比作全世界通用的“货币”,因为它最容易被世界上所有的人接受。

人在使用表情时,他人会第一时间注意到。表情是非语言沟通的非常重要的表现形式。人们往往可以通过你的表情,揣摩出你内心的真实想法。因此注意表情语言的礼仪非常重要。我们可以通过改善目光的技巧来提升他人对自己的综合印象。与人进行目光接触时,注意目光投射的时间、部位、方式和角度,并及时改善身体姿态,避免误用目光接触。

知识链接:
交谈表情语
与界域语

三、副语言礼仪技巧

副语言沟通礼仪即沟通中的气场语言礼仪。你的沟通会给对方一种怎样的整体感受?"气场度",有时决定着你说话的可行性。副语言,又称为辅助语言,发出的有声但无固定意义、能辅助表情达意的语言。副语言是有效理解他人真情实感和态度的方式。人们通过人的音质、音量、语速、语调、语气、重音、停顿等声音进行信息传递与交流。声调决定一个人的声音听起来是否悦耳。研究表明,如果说话者使用较高声调和有变化的声调,会被视为更有能力。

> **📝 课堂互动** •···
>
> **办公室环境视觉意义**
>
> 　　张小姐和王小姐同是一家公司的秘书,但她们俩的办公室布置有着不同的风格。王小姐的办公室,摆放了不少绿色植物盆景,墙上贴满了明信片。办公桌上还摆了好多小说和织物装饰品。张小姐的办公室,墙上贴着工作进展统计表,上面列有各时期生产产品名称;桌上放着一本接待安排日程表、电话、打字机、几本公司顾客姓名住址的目录。其他小物件均整齐放在办公室抽屉里。
>
> 　　一年后,公司要从她们俩中升任一位,你认为谁应该升职,为什么?
>
> 　　提示:充分意识到职业环境中,办公室环境的视觉意义。通过办公室环境的设置,你要给来访者传递一种怎样的信息?是敬业,还是职场与生活场所分不清的印象?作为职业人,要对自己工作场所的非语言沟通方式进行界定。尤其要对办公室的工作环境精心设计与布置。

5

微笑是人们沟通中的必不可少的非语言形式,一定要练习微笑礼仪,练习微笑的使用以及微笑的度。

训练:微笑
练习及自测

媒介即信息。

——麦克卢汉

项目三　媒介沟通礼仪

项目学习目标

情感态度目标

1. 认同媒介沟通工具对实现有效沟通的重要性。
2. 重视新媒介沟通礼仪。

技能目标

1. 能合理运用媒介沟通礼仪的原则及要点。
2. 具备运用典型媒介沟通礼仪的能力。
3. 辨析媒介沟通礼仪的禁忌。

知识目标

1. 理解媒介沟通礼仪的内涵及发展。
2. 掌握媒介沟通礼仪的原则、运用技巧。
3. 明确典型媒介沟通运用的注意事项。

项目学习内容

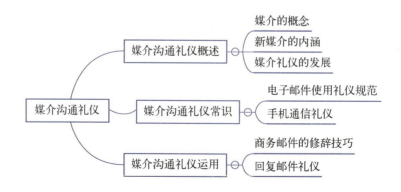

导入案例

导购与顾客在 QQ 上的对话

导购:先生,您看中的这款笔记本电脑是最新上市的产品,功能非常强大。

顾客:是吗,那么这款电脑的价格是多少呢?

导购:8 200 元。

顾客:这么贵,我想出 6 000 块钱,可以吗?

导购:哈哈,如果可以的话,我也要订购 10 台了。

在整个对话过程当中,导购没有说一个不字,就轻松拒绝了顾客的要求,并且用充满了幽默感的话语,营造了轻松的氛围,拉近了彼此之间的距离。

该导购沟通的秘诀在哪里?如果是你,你会怎么做?

案例分析

现代社会,媒介沟通普遍存在于人们的日常生活及职业场所。每天我们都会使用媒介与同事、上级、朋友沟通和交流。

随着社会经济的发展,媒介沟通在社交和职场被广泛使用。

媒介沟通礼仪的特点:在媒介沟通中很明显由于时空限制,我们可以通过如互联网媒介实时与对方进行交流。但另一方面,现代媒介交流与传统的沟通相比,营销者没有那么多控制权。另外在互联网这个虚拟的世界里,双方都无法知晓对方的表情语气等交流信号,不能及时得知对方的反应,所以不能像传统沟通方式那样及时调整交流策略。

5

项目实施

任务一　媒介沟通礼仪概述

一、媒介的概念

《旧唐书·张行成传》:"观古今用人,心因媒介。"此句中的"媒介",指的是使双方发生联系的人或事物。在英文中,媒介(medium)一词的意义是指事物之间发生联系的介质或工具。从广义的角度来说,媒介无时不在,无处不在。凡是能够使人与人、人与事物或事物与事物之间产生联系或发生关系的物质都是广义上的媒介。从狭义的层面看,人们对媒介的理解和运用也是各不相同,目前通常用来指所有面向广大传播对象的信息传播方式,包括电话、网络、邮件、音乐等。

媒介接触的目的是满足沟通双方的特定需要,这些需要具有一定的社会和个人心理起源。实际接触行为的发生需要两个条件:一是媒介接触的可能性,二是媒介印象。根据媒介印象,人们选定特定的媒介或内容开始具体的接触行为;行为的结果有两种,一是得到满足,二是没得到满足;无论满足与否,这一结果将影响到以后的媒介接触行为,人们会根据满足的结果来修正既有的媒介印象,从程度上改变对媒介的期待。

媒介沟通礼仪即通过媒介物体展现出来的礼仪。媒介作为传播学的一个概念,它是传播过程中用以扩大并延伸信息传送的工具。

二、新媒介的内涵

利用电子媒介等进行沟通的方式,具有传递信息快、信息容量大、信息可以同时传递给多人的特点,不仅大大降低了沟通成本,还有效地缩短了沟通时间。在新媒体时代沟通方式中,媒介沟通礼仪应运而生。新媒介与新技术不断涌现,通过沟通媒体进行的跨文化商务沟通以及新媒体的介入,进入全新的时代。作为现代企业行为中一个至关重要的环节,商务沟通通过媒介来实现,不同的媒体决定了沟通的不同表现形式。传统的商务沟通媒介有电话、电子邮件、信件等。而新媒体时代,在新的技术支撑体系下,其传播理念、传播技术、传播方式都发生了质的飞跃。比较常见的新媒介形态包括网络媒体、手机媒体、移动媒体。新媒介与新技术的不断涌现,使得沟通也因为新媒体的介入进入全新时代。而新兴媒介的沟通礼仪,在商务活动以及个人交往中都起到了越来越重要的作用。

三、媒介礼仪的发展

随着媒介的广泛使用,媒介礼仪也被首次提出,并且得到越来越多人的关注。媒介礼仪是媒介使用者在与他人沟通时应有的礼仪。真实世界中,人与人之间的社交活动多少有约定俗成的礼仪。而在媒介沟通世界里,尤其是互联网虚拟世界中,也同样有一套不成文的规定和礼仪,供互联网使用者遵守。忽视媒介礼仪,可能会有对他人造成骚扰,甚至引发网上骂战或抵制等事件。

新媒介领域中的网络礼仪,既是保证网上人们正常交往和相互理解的重要手段,也是判别网民是否文明礼貌的行为标准。网络礼仪包括招呼礼仪(网上如何问候与称呼)、交流礼仪(网上如何礼尚往来)、表达礼仪(网上如何表达态度、情感与幽默)。这些礼仪在网上约定俗成,而且不断发展。

目前,网络 E-mail 礼仪、电子公告礼仪已经基本形成。

任务二　媒介沟通礼仪常识

职业人在职场中,运用媒介沟通时,要注意使用礼仪规范。现代社会人们广泛使用手机、电脑等媒介进行沟通,除了使用过程中做到不打扰他人,同时也要学习更多的礼仪知识规范自己。

一、电子邮件使用礼仪规范

(一) 认真撰写

在商务交往中,电子邮件也是一种商务文本,应当认真撰写。向他人发送的电子邮件,一定要精心构思,认真撰写。在撰写电子邮件时,尤其要注意下面三点。

1. 邮件的主题要明确

一个电子邮件,大都只有一个主题,并且往往需要在前注明。若是将其归纳得当,收件人见到它便对整个电子邮件内容一目了然。

2. 邮件的语言要流畅

电子邮件要便于阅读,就要以语言流畅为要。尽量别写生僻字、异体字。引用数据、资料时,则最好标明出处,以便收件人核对。

3. 邮件的内容要简洁

网上的时间极为宝贵,所以电子邮件的内容应当简明扼要,愈短愈好。

(二) 避免滥用

电子邮件应当避免滥用,不发无意义的邮件。

在现代信息社会中,任何人的时间都是无比珍贵的。对商务人士来讲,这一点就显得更加重要了。所以有人才会说:在商务交往中要尊重一个人,首先就要懂得替他节省时间。

有鉴于此,若无必要,轻易不要向他人乱发电子邮件。尤其是不要通过商务邮件与他人谈天说地,或是只为了检验一下自己的电子邮件能否成功地发出。

一般而言,收到他人的重要电子邮件后,即刻回复对方一下,是非常必要的。

(三) 慎选花哨功能

现在市场上所提供的先进的电子邮件软件,可有多种字体备用,甚至还有各种信纸可供使用者选择。这固然可以强化电子邮件的个人特色,但是此类功能职场人士必须慎用。主要是因为,一方面,对电子邮件修饰过多,难免会使其容量增大,收发时间增长,既浪费时间又浪费金钱,而且往往会给人以华而不实之感。另一方面,电子邮件的收件人所拥有的软件不一定能够支持上述功能。这样一来,对方所收到的那个电子邮件就很有可能会大大地背离了发件人的初衷,前功尽弃。

二、手机通信礼仪

随着手机的普及,手机的使用礼仪越来越受到关注。一些电信营业厅就采取了向顾客提供"手机礼节"宣传册的方法来宣传手机礼仪。那么在生活中使用手机的时候应该注意哪里礼仪规范呢?

在会议中和别人洽谈的时候,最好的方式还是把手机关机,或者起码也要调到震动状态。这样既显示出对别人的尊重,又不会打断发话者的思路。而那种在会场上铃声不断,像是业务很忙,使大家的目光都转向你,则显示出你缺乏礼仪素养。

注意手机使用礼仪,公共场合特别是在楼梯、电梯、路口等地方或是乘坐公共交通工具时,不可以旁若无人地使用手机通话,应该把自己的声音尽可能地压低一下,绝不能大声说话。在一些特殊场合,比如在看电影时或在剧院、博物馆、图书馆,拨打手机是极其不合适的,如果非得回话,发送手机短信是比较适合的。

打对方手机时,尤其当知道对方是身居要职的忙人时,首先想到的是,这个时间对方是否方便接听,并且要有对方不方便接听的准备。拨打对方手机时,注意从听筒里听到的背景音来鉴别对方所处的环境。如果很静,应想到对方在会议上,有时大的会场能感到一种空阔的回声,当听到噪声,对方就很可能在室外,开车时的隆隆声也是可以听出来的。有了初步的鉴别,对能否顺利通话就有了准备。但不论在什么情况下,是否通话还是由对方来定为好。所以"现在通话方便吗"通常是拨打手机的第一句问话。其实,在没有事先约定和不熟悉对方的前提下,我们很难知道对方什么时候方便接听电话。所以,在有其他联络方式时,还是尽量不直接拨打对方手机为好。

在短信的内容选择和编辑上,应该和通话文明一样重视。因为通过你发的短信,意味着你赞同至少不否认短信的内容,也同时反映了你的品位和水准。所以不要编辑或转发不健康、低俗的短信。不要在别人能注视到你的时候查看短信。一边和别人说话,一边查看手机短信,对别人不尊重。

在餐桌上,关掉手机铃声或是把手机调到震动状态还是必要的。避免正吃到兴头上的时候,被一阵烦人的铃声干扰。

任务三　媒介沟通礼仪运用

选择媒介沟通不当,或者几种媒介相互冲突,沟通渠道过长,外部的干扰都会造成媒介沟通不畅。排除媒介沟通障碍,我们可以通过提高媒介沟通使用者的礼仪规范,同时提高沟通的心理水平,时刻反省沟通的对象是谁,牢记沟通的目的和动机是什么,选择最佳时间和地点传递信息,选择正确的媒介沟通语言。

一、商务邮件的修辞技巧

修辞是撰写商务电子邮件最困难的部分。如果用平常说话的语气,很容易被视为无礼,这是因为眼见为凭,看到的比听到的更容易被放大检验。

因此,撰写商务电邮前,不妨想到此时是面对着对方,而不是面对键盘与屏幕,这样可以让语气温暖一点。但要记得,书写时要比口语对话更正式一点。设想对方看了你的信件之后可能有的观点,也就是要在别人的思考里思考。同时,讲重点即可。多一点体贴,想办法让你的电邮看起来简短扼要,有亲和力但不失礼。

(一) 邮件主题

如果一次要和对方讨论的事情是不同的主题,建议分开不同的电邮传送,也就是说,每封信的主题最好只有一个,这样对方会比较好针对单纯的主题加以回信。

(二) 邮件结构

第一段与最后一段是重点。电子邮件的撰写,应该掌握由上而下的重点,也就是说,重点在最前面的第一段。如果信件很长,最好在结尾的部分,再度强调第一段的重点。

(三) 要求

主动说出你期待对方做的事情。当你想要收件者采取行动时,如果电邮的内容长,在信件的一开始,就说明你的要求。如果内容很短,不超过一个屏幕可以读完的范围,就直接在信件内容的结尾提出要求即可。

（四）日期

邮件的日期与时间要明确。在电邮中提到的日期与时间,一定要具体,你说的下个月或是下周三到底是什么时候?因此最好改成如"下周三(3月7日)""下个月(8月)",时间也要明确,是上午还是下午?是以自己还是对方的时区为准?以免双方认知不同而产生误会。

二、回复邮件礼仪

回复对方的来信时,使用对方的主题回复,让对方知道这是来自你的回复。此外,如果想要在主题点出回复的重点,可以在邮件本文内容里写上"回复主题:××××××"让对方知道这是回复哪一封信。

（一）注意风格

检查自己写的电邮时,试试看读出声音,对话式的写作风格轻松但不失礼,而且也比较自然顺畅。

（二）强调语感

1. 采用主动的语气

让收信者知道,是谁应该来做这件事情。例如:你对这件事情有什么想法?有谁可以提供意见给我?

看得出来,第一句比第二句来得主动而明确。

2. 动词比名词更有力量

让我们念念看以下两句话:让我们做个计划吧!让我们计划这件事情。

在后一句里,计划两个字作为动词,会比前一句用作名词有力量。

最后也是最重要的是,当你使用职场的电子邮件对外沟通,就应该谨守商业电子邮件的分寸,不要假公济私,撰写或传送与职场毫无关系的内容。因为一般情况下,电邮会被保存在企业的公用硬盘或备份档案中。

（三）使用规范

随着网络的逐步普及,电子通信日益盛行。个人电子信箱、单位电子商务、电子购物、电子银行等一系列网上作业给每个现代人带来了新的活动空间。从表面看,互联网是个无拘无束的自由世界,但实际上却不然,互联网是个需要全面规范的共享社区,只有遵从它的礼仪规范,才能更好地保证自己畅通无阻。虽然在起步阶段,但每一个互联网用户至少应该从自身安全和网络安全两方面入手,执行互联网运行的礼仪规范,给这个共享的信息资源以最大的呵护。

从自身安全看,应做到以下几点:

（1）科学地使用自己的口令（Password），包括经常更换（如一个月），不要采用已有的英文单词；不要将口令记录在纸上或保存在磁盘上。

（2）离开计算机前要关机，以免他人后续使用。

（3）合理地保护自己的文件，特别是不要在联网的计算机上存储涉及国家安全、机构机密的文件。

（4）了解自己主机系统的安全保护措施并合理地使用之。

从网络安全看，应做到以下几点：

（1）不要试图访问权限内部使用的系统和未经预先登录的商业系统，以免被当作"黑客"。

（2）合理地使用网络资源，避免无谓的浪费，如仅仅为了好奇而在网络上传输大量的图片造成网络信道的拥挤。

（3）不要不负责任地在网络上随意发表自己的文章和对他人无用的信息，浪费主机的存储空间和他人的时间；更不要发表内容不文雅或攻击诽谤的文章。

（4）不要有意无意地破坏网络中公开信息的完整性。

（5）在网上与他人交往时要注意友善，例如要及时答复他人的信件。

一个社群的成立需要遵守一定的礼仪规范，以保证内部的交流的秩序。许多新媒体平台尚缺乏规范，且互联网覆盖了许多文化背景、经济背景以及教育背景不同的用户，大家个性十分不同。我们应当牢记一条：尊重别人的正当权利，不要随意侵入别人的系统，不要不负责任地给他人转发信件，不要恶作剧地跟他人开玩笑。商务媒介沟通的价值，即主动扫清一切挡在需求和交易之间的障碍，将线索转化为合作。

知识链接：
办公电脑及
复印设备使
用

模块五
能力训练

能力训练

学完本模块所有项目任务后，请扫描二维码完成模块五能力训练，并在教师带领下进行讨论。

模块六
职场通用礼仪

只有留给人们好的第一印象,你才能开始第二步。

——海罗德

项目一　面试礼仪

项目学习目标

情感态度目标

1. 努力提高知行合一的自我设计能力。
2. 培养端正、诚信、友善的工作态度。
3. 养成不惧失败、积极进取的良好心态。

技能目标

1. 能展现庄重大方、讲究礼貌、热情友好、谈吐文雅的风采。
2. 能在面试场景中娴熟运用基本的礼仪修养知识。
3. 在面试过程中展现出自信和长处。

知识目标

1. 掌握并初步运用礼仪心理学和礼仪美学知识,设计自身职场形象。
2. 熟知展示自我管理能力和人际沟通能力的细节。

项目学习内容

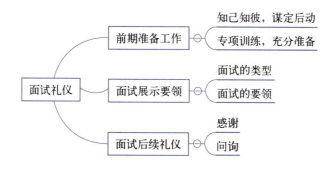

 **导入案例**

妆容与岗位气质

　　达丽接到了公务员岗位的面试通知。面试当天,她经过精心打扮:头发是黄色的披肩大卷,蓝色美瞳,白皙小脸,简直像个洋娃娃。她自信地走进考场,但最终未能通过面试。她失误在哪里呢?

案例分析

　　在面试前精心打扮,表达了应聘者对工作岗位的重视态度,这一点无可厚非。但是在进行自我形象设计时,不能忽略的非常重要的一点是职场中的岗位要求。

　　案例中达丽接到的是公务员岗位的面试通知。女公务员的仪容礼仪要求是:发型简洁干练,长发要束起来,色泽要自然,最好不染发。正规场合,宜适当化妆。应以淡妆为宜,以自然真实为度,以协调、高雅、精神、舒适为美,以清洁健康为旨,而达丽打扮得过于时髦,"像个洋娃娃",与女公务员的岗位气质严重冲突。

项目实施

任务一　前期准备工作

　　面试,是求职者步入职场的第一场实战。至此,本书前五模块学习的各项内容——职业礼仪认知、职业形象塑造、职业仪态规范、职场交往礼仪、职场沟通礼仪等,将通过接下来的模块学习,实战运用、融会贯通,成为求职者步入社会前的一场特殊的"成人礼"。

一、知己知彼,谋定后动

(一) 设计形象

　　内强素质,外塑形象。职场形象是内在美与外在美的统一。友善的目光、亲切的微笑、热情的问候、文雅的谈吐、得体的举止等构成了立体的职场形象。良好的职场形象不但能建立起好感和信任,唤起沟通的欲望,而且可以促进交流,进而有助于事业的发展。可以说,一个人拥有了成功的职场形象,就相当于拥有了进入社会的名片,因此必须加强礼仪修养,运用创造性的思维方式,将礼仪融入日常行为习惯之中。

　　1. 悦纳自身

　　熟知自己的身高、体重、围度、上下身长比例等。这是选择合体衣装,展示形象美的基础。

　　2. 扬长避短

　　通晓如何利用化妆、服饰、外形设计等方式来掩饰缺陷,烘托优点。这是展现仪态美的必要手段。

3. 做学合一

将待人接物等礼仪规范融入生活,成为自身修养的一部分,举手投足散发独特魅力。这是仪表美的高层次展示。

4. 知行合一

在道德情操和学识风度上不断挖掘内涵,塑造淳朴高尚的内心世界和蓬勃向上的生命机体。这是内在美与外在美的和谐统一。

(二) 了解目标公司

搜集整理目标公司的背景文化、特色需求,建立信息资料库。及时勾勒出目标公司概貌将有助于求职的成功。比如通过浏览目标公司网页,可以快捷地获得各种宏观印象;订阅财经杂志、行业专刊及协会和学会的期刊,可以获得能反映出目标公司以及所处行业的最新动态的关键信息;如果认识内部人士,可以咨询他们以了解这些人对目标公司的真知灼见;从同行业甚至其竞争对手那里,有时也可以获得比较全面精准的信息。

信息资料库可以围绕下列内容建立:

1. 基础信息

尽可能提前搜集目标公司总部所在地、历史背景及目前发展状况、公司所处行业的整体情况、公司的客户群和竞争对手、公司内部的组织结构及管理制度、产品的市场定位及市场占有率、公司正在开发的新产品等信息。

2. 热点聚焦

了解目标公司的企业文化和价值观,包括对人才的基本要求;应聘职位的工作内容、方式和薪资福利水平;关于该公司的最新热点新闻;公司招聘流程,比如曾经举行过的笔试及面试的情况。

总之,对目标公司有所了解,熟知其岗位需求,围绕着职业核心能力,就可以有的放矢地开始专项训练,如简历设计、形象设计、会面交际、表达沟通等。

二、专项训练,充分准备

(一) 求职材料的准备

好的求职材料可以让招聘人员迅速、准确地判断出求职者是否适合其所应聘的岗位。一般来说,求职材料应包括:中英文简历、求职信和证明材料。

求职者至少需要准备好三份不同类型的简历。

1. 面面俱到型

这是制作其他简历的蓝本。这种简历适合一个行业内的绝大多数企业和岗位,主要包括:中文求职信、中文简历、英文求职信、英文简历、各类专业水平证书、获奖证书等。

2. 专业技术型

适合与所学专业有关的技术型岗位。在这份简历中,应附上所获得的职业资格证书复印件;详细列出所学的主要课程,附上成绩单;详细列出所擅长的技能,并提供相关的佐证;着重描述所从事过的相关实习或社会实践经历,要写出在实习或社会实践中学到和用到的某项技术,或者曾经做过的项目。对其他与技术无关的社会实践可以一笔带过。

3. 外资企业型

中外企业文化存在差异,招聘理念和选才方式有很大不同,因此在准备投往外企的简历时要注意以下几点:英文求职信要认真写;英文简历要参考国外简历的格式和语言风格,不要出现中式英语;中文简历和中文求职信可以作为有益的补充。相对于专业能力,外企往往更看重综合素质,所以要详细列出社团活动和社会实践的内容。

现在很多外企都使用专门的求职申请表来代替简历,所以在准备简历的同时,还需要用英文准备一些常见的开放性问题,以备填写申请表时使用。

知识链接:
求职材料四
问

(二)面试着装的准备

面试着装很重要。因为面试官会根据你的穿着来初步判断你的性格、喜好以及你对此次面试的重视程度。如果你的着装和应聘公司的要求比较一致,会自然而然地拉近你和面试官的心理距离。因此,面试要根据应聘公司和职位的特点来着装。

以下是对女士和男士的面试着装的基本要求。

1. 女士

面试最好穿套装,款式要稍微保守一些,颜色不可过于鲜艳。穿裙装要过膝。上衣要有领有袖。最好化淡妆。不应佩戴过多的饰物,尤其是一动就叮当作响的手链。高跟鞋要与套装搭配。

2. 男士

夏天和秋天以短袖或长袖衬衫搭配深色西裤为宜。衬衫的颜色最好是没有格子和条纹的白色或浅蓝色。衬衫要干净,不能有褶皱,以免给人留下邋遢的不良印象。冬天和春天可以选择西装。颜色应该以深色为主,最好不要穿纯白色或亮色的西装。

领带很重要,颜色与花纹要与西服相配。领带结要打结实,下端不要长过腰带,但也不可太短。面试时可以带一个手提包或公文包,颜色以深色和黑色为宜。

一般来说,男士发型不能怪异,普通的短发即可。面试前要把头发梳理整齐,胡子刮干净。不要留长指甲,指甲要保持清洁。口气要清新。

知识链接:
着装四原则

(三)面试问题的准备

面试问题不限于工作内容的阐述和专业性问答,更多的是考核求职者的综合素质及能力。主要包括以下几个方面。

1. 语言表达能力

谈话是否主题明确、思路清晰,是否有说服力。

2. 思考判断能力

能否准确理解对方意图,迅速找到答案。回答和提问是否紧紧相扣。

3. 交际沟通能力

能否听取并尊重别人的意见,有不同意见时能否恰当表达出来。

4. 合作协作精神

与他人能否和谐相处,能否团结协作,是否具有健康的竞争精神。

5.诚信精神和责任感

与人交往时是否讲究诚信、奉献、谦虚、勇于承担责任。

6.职业形象和素质

仪容仪表是否得体,举止是否文明大方,回答问题是否诚实、认真等。

面试官无论是提问还是观察,大都围绕上述几方面进行。应聘者回答问题要言简意赅,抓住主考官感兴趣的内容——面试者是否适合这份工作。无论回答对方什么问题,都要将自己的优点、特长与对方的需要相结合,无论成功还是失败的经历,都要导出积极向上的一面。在准备阶段,求职者可有目的、有计划地训练同陌生人交际沟通的能力。

(四) 其他各项准备

1.调整心态

面试前适度紧张是正常的。但是太紧张,就会影响面试时的发挥。所以要调整好心态,从容应对。

2.保证充足睡眠

这是第二天良好精神状态的重要保证。有些人由于过度紧张,往往在面试前一天晚上辗转反侧,难以入眠,这会导致面试不力。

3.多带几份简历入场

因为面试官可能不止一位,要确保每个面试官手中都有你的简历。充分的准备会给人留下"考虑问题细致周详"的良好印象。

4.出门前的确认

临出门前,要再次确认面试的时间和地点,确保准确无误。如果面试地点比较远,地理位置比较复杂,有条件的话最好提前去一趟,熟悉一下地理位置和交通线路。如果是在大城市,要防备路上可能出现的塞车、交通事故等意外情况,提前做出预案。

5.提前到达

参加面试时,提前到达是很重要的,求职者可以利用这段时间调节心情,把准备好的面试问题再梳理一遍。更为重要的是,你可以利用充裕的时间观察周围的环境,无论是办公环境还是走来走去的员工,都有可能成为面试时的话题。

等待面试的表现不容忽视。到达面试单位后,应在等候室耐心等候,等待时要保持安静及正确的坐姿,不要来回走动。有的单位为加快面试速度,往往略过单位情况介绍步骤,很快进入实质性阶段。应聘者应仔细阅读招聘单位事先提供的介绍材料,以先期了解情况。也可独立思考与面试有关的问题,做到心中有数。不要显得浮躁不安,也不要与其他应聘者聊天。有时,招聘人员会故意晚到以测试应聘者的素养。

> ✍ **案例分析**
>
> **你本行是电工吗?**
>
> 　在沈阳市某职教中心电子专业教师的招聘考试中,小郭的笔试加说课的总成绩排在第三,和第一名总成绩差了8.5分。但小郭没有气馁。

在最后一项技能考试中,小郭身穿工装,足蹬胶鞋,背着恩师送给她的电工箱子,自信地走进了电工操作的现场。评委们的目光都被她的岗位气质吸引住了。随着她行云流水一般的操作结束,评委们热烈鼓掌。她最后以 10 多分的优势胜出,成为这家学校的专任教师。

一开始位居第一却在最后一关被击败的对手,很服气地问她:"你本行是电工吗?"

分析: 案例中小郭最后参加的考试可以说是一场特殊意义的面试。她最初的考试成绩并不占优势,最终能胜出,除了得益于娴熟的技能操作外,还有两点重要的原因:一是过硬的心理素质,临危却不慌乱;二是出众的岗位气质。小郭的着装与时间、地点和场合极为相配,无疑给她加了分。

任务二　面试展示要领

一、面试的类型

参照不同的标准,面试可以划分为多种类型。

依据面试内容设计的重点,可分为常规面试、情景面试和综合性面试等。常规面试,是主考官和应试者面对面以问答形式为主的面试。情景面试,引入了小组讨论(又称无领导小组讨论)、公文处理、角色扮演、演讲、答辩、案例分析等人员甄选的情景模拟方法。综合性面试,兼有前两种面试的特点,内容主要集中在与工作职位相关的知识技能和其他素质上。

依据面试进程可分为一次性面试和分阶段面试。一次性面试是指用人单位对应试者的面试集中于一次进行。分阶段面试,又分为"依序面试""逐步面试"两种。依序面试一般分为初试、复试与综合评定三步;逐步面试,一般是由用人单位面试小组成员按照职务由低到高的顺序,依次对应试者进行面试。

除此以外,依据不同的途径划分,面试还可分为电话面试、视频面试和餐叙式面试等。无论哪一种面试,都是为了选出符合岗位标准、认同企业精神的具有实际能力和素质的合适人才。

二、面试的要领

(一)常规面试要领

展示良好的修养。要求表现得体,有礼、有节、有德,能给面试官留下严谨、规范、专业的印象。人的自身修养是衡量其道德水准的有效途径,是反映求职者精神面貌的一面重要镜子。

良好修养表现为:在面对面的交流中,能充分展现出自身长处,自信、和谐、积极、友善,庄重大方、讲究礼貌、热情友好、谈吐文雅。

良好修养十大法则:守时守约、关好手机、入室敲门、面带微笑、主动问候、站有站相、坐有坐相、双手递物、不贸然伸手握手、注意举止小节。

1. 敲门和握手

在未接到正式面试通知之前，不要擅自进入面试室，而应该等到通知进行面试时才进入。进入面试室时，无论屋门是否关闭，都应该轻轻敲门，以示尊重，得到允许后方可走进室内。进门后转身将门关上，动作要轻，切忌"砰"地用力把门合上。

手放在下装上，保持手心干燥。考官如果主动伸出手，与之握手要坚定有力。通常求职者要等考官首先伸手。但是如果面试官是位先生，而求职者是位女士，女士也可以先伸手。一般认为，女性求职者向对方伸出手去，既显示了开放和友好，又充分利用了女性的优势；也可以在结束时与面试官握手告别，表达谢意。

2. 微笑和眼神

在与考官面谈前，微微致意后大方微笑，眼神专注诚恳地对视，表情自然，不要过于严肃或畏缩。要主动与面试官打招呼。如果多位面试官同时在场，眼神应顾及所有人，向大家表达你的尊重和诚意。

3. 自我介绍

面试时先自我介绍，说明来意。面谈过程中，虽然考官可能已通过个人简历、求职信了解了一些情况，但面对面的介绍可加深印象，给对方以立体感。自我介绍一般要求简短传神，层次清晰，言之有物，并对简历加以一定的润色，使自身优势和所求职位的适配性更高。

4. 坐姿

面试中坐姿非常重要。考官没有请坐时，切忌急于坐下，否则将被视为傲慢无礼。考官让座时，应表示谢意，在指定位置就座，保持良好的坐姿。女生应双膝并拢，穿着裙装时更应注意坐姿。男生的双脚分开比肩宽略窄，双手很自然地放置于大腿上。

不要抖腿、晃腿。如果考官指明坐在对面，可以稍稍侧靠一点，坐时要精神抖擞，切忌懒散，尤其不要伏在考官桌上。稳稳当当坐在座位上，双手自然地放在腿上，就会给人一种镇静自若、胸有成竹的感觉。忌与考官坐得太近、太远或太高。如任自选，可挑直背座椅。

5. 倾听与回答

倾听能更好地了解企业的人和事，有时可以获得大量所需信息。当考官谈话时，恰当的做法是：身体微微向前倾斜，留心其谈话。要领是：注意力集中，神态语言上作出积极反应，不轻易打断考官说话。如遇到未听明白或想进一步了解的情况，等对方把一个意思讲完再有礼貌地问询。心不在焉是面试大忌，眼睛东张西望，不断地打岔插嘴或畏首畏尾、保持缄默都不恰当。

认真倾听每一个问题，同时给予对方一定的互动，比如适当地点头，表示在听并且已经听懂。作答时不要故弄玄虚，否则会给人不诚实、不稳重的感觉。如果遇到没把握的问题，可以找临近话题作为切入点，迂回展开，运用语言技巧将话题过渡到擅长的方向，不要方寸大乱，语无伦次。

(二) 情景面试要领

企业设定招聘计划,通常需要衡量和评估求职者的综合能力,而小组讨论是近年常被采用的一种方式。

小组讨论又称无领导小组讨论,是指采用情景模拟的方式对求职者进行群体面试,常常在讨论中穿插以实际工作为背景的案例,观察求职者参与讨论的表现,从而准确评估其潜力。一般6~9人一组,探讨某一给定题目,讨论过程中不指定谁是领导,也不指定座次,由小组自行安置,评价者通过测评各成员的组织协调能力、口头表达能力、辩论的说服能力等能否达到或超过拟任岗位要求,以及自信程度、进取心、情绪稳定性、反应灵活性等个性特点是否符合拟任岗位的团队精神,以此来综合评价考生。

实际上,当求职者进入会场那一刻起,面试就已经开始了。是否举止得体,是否能友善地问候同组乃至别组的面试者,是否能有效地融入团队,都是从这一刻开始考察。求职者想要立于不败之地,一般需要做到以下几点:

1. 礼貌的态度

要问候所有在场者,包括面试官和对手;主动介绍自己,努力记住别人的名字(这一点很关键);帮助其他人,提供一切可能的帮助;认真准备自我介绍(最好做英语和中文两手准备);认真地倾听,清晰地表达,有礼貌地提出不同意见。

2. 良好的节奏

注意发言时的手势。如,用手虚拟列出第一、第二、第三,会给人以非常成熟且有条理的印象;谈到自己会如何时,把手掌放在胸口,就会有很好的强化效果。另外应适时提醒小组成员对时间的掌控,帮助组内讨论在良好有序的节奏内进行。

3. 缜密的思维

发言时要有理有据地阐述分析,思路要有条不紊,注重沟通,善于归纳总结,并要有一定的突破创新。如果在讨论后期承担了小组总结的任务,在归纳之前要向所有成员诚恳道谢。

4. 告别的修养

面试结束时,要感谢面试官付出宝贵的时间,借适当的机会对他们的专业精神表示敬佩,询问能否单独向某位面试官请教今天的得失;道别时清楚地叫出每个队员的名字;如果有时间可以帮忙清理场地。

知识链接:常规面试问题及应对技巧

📋 **课堂互动**

面试时用到哪些基本礼仪知识,怎样良好地展示人际沟通能力?

提示:

在面试中,职业形象、职业仪态、职场交往和职业沟通等多个方面均受到考察。

面对求职中的激烈竞争,拥有健康的心理状态尤其重要。如果没有健康积极的心态,就很难在待人接物时表现出主动热情,也不可能做到彬彬有礼,自尊自信。因此,健康的心理状态是求职成功的重要保证。

而在与人交流中展示基本修养,人际沟通能力显得尤为重要。

面试失败也不要气馁。应及时总结得失,以备再战。

案例分析

一封有诚意的信

在强手如云的某外企公司面试中,田宇在最后一关败下阵来。不甘心的田宇经过考虑斟酌,最后给面试官写了一封信。在信中,他诚挚地表达了对落选的失望,对职位的渴求,对面试官的感谢和发自内心的祝福。不久之后,事情出现了转机。和田宇一起落选的七人中,有两个人收到了再次面试的通知,令人欣喜的是,其中有一个人就是田宇。

分析:案例中田宇在最后一轮落选,说明他的素质很好但其表现又是有缺陷的。不过通过后来的信件,田宇为自己扳回一局,说明面试后续的真诚沟通十分重要,有可能取得柳暗花明的效果。

任务三　面试后续礼仪

很多求职者只注意面试礼仪,而忽视面试后续礼仪。实际上,面试结束并不意味着求职过程的完结,求职者还要注意面试的相关后续礼仪,致谢或问询。

面试后两三天,最好给主招聘人员打个电话或写封信表示感谢。这可以加深其印象,增大求职成功的可能性。

一、感谢

(一)打感谢电话

面试后一两天,选择合适时间给主招聘人员打感谢电话。电话要简短,最好不要超过3分钟。面试官曾告知有问题可以打电话询问,可借机委婉询问是否还有面试机会以及自己是否能被录用。

(二)写感谢信

主招聘人员对应聘者的记忆是短暂的。感谢信是最后的机会,它能显得与其他应聘者有所不同。感谢信必须写给某个具体负责人,开头应提及姓名、简单情况以及面试的时间,并对主招聘人员表示感谢。中间部分要重申对该公司、该职位的兴趣,或增加一些对求职成功有用的新内容。结尾可以适当表达渴望得到这份工作的心情,以及为应聘单位发展壮大做出贡献的决心。

二、问询

面试结束后两周左右,如果还没有任何回音,可以给负责招聘的相关人员打电话,询问面试结果。电话要注意两个礼仪的细节:时间及方式。

知道没被录用,要冷静、热情地请教原因,可以说:"对不起,我想请教一下我没有被录用的原因,我好再努力……"谦虚的态度可能赢得对方的同情,也有可能获得下一次的面试机会。询问面试结果，最多打三次电话。如果用人单位想聘用，会及时联系。再多的电话，会适得其反。

 小技巧

询问面试结果是公事，应在正常工作日的时间段内打电话。要尽量避开周一上午、周五下午及每天刚上班的 1 小时内和下班前的 1 小时内，这几个时间段很多部门都有开例会的习惯。

通话自始至终都要彬彬有礼，尊重通话对象。接通电话后首先说："您好！"接下来自报家门：全名、何时面试、面试什么职位，以便对方知道准确信息，便于查找。碰上要找的人不在，态度同样要文明礼貌，可以打听要找的人何时在，约好时间再打。

人生的道路虽然漫长,但紧要处常常只有几步,特别是当人年轻的时候。

——《创业史》

项目二　职场环境认知与礼仪规范

项目学习目标

情感态度目标

1. 在日常生活工作中使礼仪应用常态化。
2. 树立"职场无小事,时时塑品牌"的大局意识。
3. 将礼仪修养内化为工匠精神,外化为职业热忱。

技能目标

1. 强化学习力和执行力。
2. 培养组织协调能力和创新能力。
3. 培养处理突发事件的能力。

知识目标

1. 掌握职场的基本交往程序和标准。
2. 掌握判断员工行为是否符合岗位从业人员的社交准则。

项目学习内容

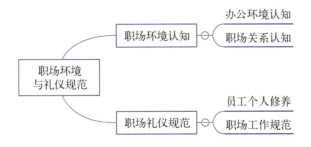

小团废纸与百万订单

小张是某公司的员工,一天正好去财务部窗口办业务。在等候的时候,他随手把手中捏着的一张无法报销的票据揉成一团扔在了地上。其他部门的同事看见了,心里说:"那个部门的人素质真差!"恰巧此时有位客户来财务部交订金,他看到小张把纸团扔在地上,心里想:"这个公司的员工如此行事,他们做的东西质量会好吗?售后服务会有保证吗?还是先别交订金了吧,回去再斟酌斟酌……"

生产部经理陪着几位外商参观公司,正好路过这里,地上的纸团没有逃过大家的眼睛,结果外商指着那团纸问经理:"这样的员工,能做出符合质量要求的产品吗?"

本来能扔到垃圾桶里的一小团废纸,却导致公司失去了数百万元的订单。

案例分析

一个员工的职场礼仪能体现的不只是自身素质的高低,还反映了所在公司的整体水平和诚信度。一个没有公德心,随手丢弃垃圾的员工,很容易让人对其素质产生怀疑,同时对其背后的企业产生怀疑。而不被人信任的企业,必然会走下坡路。

项目实施

任务一　职场环境认知

试想,经过了紧张的面试,你终于接到心仪的录用通知,步入了职场。作为职场新人的你,该如何迅速融入工作环境,成为受大家欢迎的一员呢?

广义的工作环境包含办公环境与人际关系环境。办公环境是能看得见的硬环境;人际关系环境是能感受得到的软环境。入职者对二者都需要有一定的认知。

一、办公环境认知

办公环境既是员工们工作的地方,也是与公众进行交往的对外窗口。作为一个工作场所,保持清洁整齐、舒适优雅能使员工心情舒畅、精神振奋;作为一个对外窗口,它体现着公司的精神面貌和运转活力,能让人感受到有条不紊、充满生机。爱护办公环境是礼仪修养"内化为工匠精神、外化为职业热忱"的具体表现之一。

环境礼仪主要包括以下两个方面内容:第一,保持工作环境的清洁。桌面、地面和墙壁应该每天洒扫擦拭。第二,保持工作环境的整齐。办公备品要整齐划一,文具资料应有序存放。这不仅能保持办公室的整洁美观,也保证了组织管理的高效运行。

办公桌是最为引人注目之处。办公桌摆放好,办公环境就好了一半。办公桌一般向阳摆放;案头只摆放即刻处理的公文,不摆放太多东西,不将信笺、信封、胶水等小件物品放在桌面上;笔应放进笔筒;书籍报纸归入书架或报架。电话机可摆放在办公桌角,要经常用专用消毒液擦洗消理,不能沾满灰尘污垢。除特殊情况外,办公桌上不放茶具水杯,招待客人的茶具水杯应放到茶几上或饮水处。

宽敞的办公室可以放置盆花或绿植,给人舒适感。植物应定时喷水,使其保持旺盛的生命力。肥料要精选,避免引来苍蝇或滋生寄生虫。

(一) 办公场所整洁高效

办公场所一定要整洁,才能体现效率与专业性。

1. 设计要领

办公场所不必进行过多装饰,但要窗明几净,地面清洁。茶几上可以适当摆放绿植等装饰物。墙壁上不宜悬挂私人相片及美女挂历,但可以充分利用好空间以展示企业文化。

2. 注意事项

办公室禁烟。尽量不在办公区吃饭。要经常通风。

如果因为特殊原因只能在办公区吃饭,最好不吃有强烈味道的食品。食物落地马上捡起,垃圾应分类处理。餐后必须将桌面和地面打扫干净。一次性餐具吃完立刻扔掉。饮料罐如已打开应及时清理。突然有事记得请同事代劳收尾工作。

(二) 公共区域礼仪

1. 开关门礼仪

进出办公大楼或办公室房门,应谦和礼让有秩序,开关门户轻推轻拉,避免粗鲁而暴躁。进他人房间要先敲门,不疾不徐地敲三下即可。

与同级同辈一起进门,要互相谦让。前行者打开门后要为后行者拉着门。不用拉的门,最后进来者应主动关门。与尊长、客人一起进门,应视门的具体情况随机应变。门朝里开,引领者应先入内拉住门,侧身再请尊长或客人进入。门朝外开,引领者应打开门,请尊长、客人先进。如果是旋转式大门,陪同者应先迅速过去,在另一边等候。无论进出哪一类门,在接待引领时,一定要"口""手"并用,礼貌到位,手势规范,同时说"您请""请这边走""请注意脚下"等提示语。

2. 员工餐厅礼仪

注意公共卫生,遵守秩序,文明就餐,爱惜粮食。有公德心,不向地面泼水、扔杂物,剩余的饭菜倒在指定地方。不要硬挤或插队,更不应大声喧哗。

3. 洗手间礼仪

在洗手间要讲究公共卫生,"来也匆匆,去也冲冲",保持清洁,如厕后勿忘洗手。在洗手间不要议论公事或议论他人,以防隔墙有耳或涉及泄密。

6

课堂互动

职场新人与客人共乘电梯时要注意哪些礼仪事项?

提示:

可先行进入电梯,一手按住开门按钮,一手按住电梯侧门,礼貌地说请进,进入电梯后,按下客人要去的楼层按钮。到达目的楼层时,一手按住开门按钮,另一只手礼貌邀请客人出电梯,说"到了,您先请"。

二、职场关系认知

一个组织就是一个系统。要使组织高效运行,内部必须密切配合,而且团队能最大限度地给予个体上升的动力和加速度。作为员工与他人合作,既是责任也是义务,心态积极的人在职场才有更大的上升空间和发展潜力。所以不管是职场新人,还是资深人士,始终都要工作态度端正,作风踏实严谨;敬业、诚信、友善;不抱怨、不推诿、不拖拉。这是建立职场良性人际关系的基础。因而良好的职场环境对员工的务实作风、团结能力、合作态度、学习力和执行力、应变能力等均提出较高的要求。

职场的人际关系包括上下级的关系、平级关系和与外界客户的关系,涉及公司的内外、上下、过去和未来。各种关系看起来错综复杂,但是其文化内核永远指向公正诚信、团队精神和客户至上。良好的职场人际关系表现为以尊重为基点的微妙平衡:在办公场所,对上级既要尊重支持理解,同时又要保持应有的距离;同事之间不能漠然相处,也不要完全不分彼此;对客户既要考虑经济效益在商言商,又要讲究信誉有人文关怀。总之,人际关系的协调建立在"尊重"两字之上。

(一) 协调好与上级的关系

上级在组织行动的实施中往往处于领导和支配的地位。要使组织正常运转,就必须确保上级领导的权威性。因此,作为下属,对上司总的态度应是尊重和服从。这是由工作集体的内部组织关系所决定的。而且从总体上讲,上司在经验、知识、能力和品德等方面具有值得下属尊重的地方。

1. 日常交往礼仪

(1)恭敬问好。无论在哪里遇到上级,都应主动问好:在通道或走廊的前方遇上时,应趋前问好;在狭窄的过道上相遇时,应停步侧身让路并问好;当上级走到你办公桌前时应起立问好;对上级的称呼应用职务称呼;与上级同行时,应走在他的左侧或后边;上下汽车、进出大门都应请其先行。

(2)一丝不苟。上级布置任务时,应在笔记本上认真做记录。对于任务要认真领会,尽力完成,并将完成的进度和其他情况及时报告给上级,以便其随时掌握工作进程,作出进一步的安排和调整。

(3)注意方法。给上级提意见或建议,是为了让其采纳或接受,推动工作顺利开展,所以要注意方法。

小技巧

怎样向上级提出中肯的意见?

（1）以请教的方式提建议,可以让上级消除疑虑和戒心,以增加接纳度。

（2）以提醒的方式提建议,最好能用上级的言行作依据,再加以引申,陈述建议的内容和实质,从而取得上级的心理认同。

（3）选择适当的时机提建议,最好在上级心情愉快时提,增加接纳度。

（4）提深思熟虑的建议,拿出详细的资料计划以说服对方,必要时准备多套方案。不成熟的建议不要轻易提出。

2. 请示汇报礼仪

（1）请示上级不宜越级。每个组织都有工作程序,处理公事应按照级别和程序请示。需要请示时,应找直接主管的上级,切勿越级请示。

（2）汇报工作有板有眼。恪守时间观念,提前预约,准时到达;敲门入室,彬彬有礼;汇报陈述,实事求是;以礼相待,礼貌告辞。

（二）处理协调同事关系

处理协调同事关系最重要的是尊重对方,尊重其他成员的个人空间。

1. 尊重宽容,以和为贵

同事之间相处,要树立"容纳意识",要有宽容的美德。懂得宽容的人会赢得他人的理解和好感。同事取得成功、获奖或升迁,应给予衷心的祝贺;与同事出现合作问题,应敢于承担责任,主动道歉,取得谅解;双方有误会,应主动说明,不可小肚鸡肠,耿耿于怀。

2. 尊重隐私,钱物清白

每个人都有隐私,隐私与个人名誉密切相关。背后议论他人隐私,损害他人名誉,引起双方关系紧张甚至恶化,是极不光彩的行为。

同事间可能有借钱、借物或馈赠礼品等往来,每一项都应记清楚,即使是小款项,也应记得及时归还。向同事借钱物,应主动打借条,以增进信任。所借钱物不能及时归还,隔段时间应说明情况。物质利益方面,有意无意占便宜,都会引起对方心里不快,从而降低自己的人格,影响与对方的交往,切忌马虎。

3. 互相尊重,注重沟通

服饰仪表、言谈举止自觉融入集体;不干预他人事务;发生争执不要固执己见;避免产生嫉妒心理;理性沟通,以耐心和爱心来化解矛盾;避免恶语伤人,祸从口出。注重办公室沟通"五不"法则,即不批评、不责备、不抱怨、不攻击、不说教。

课堂互动

在职场中不干预他人事务具体体现在哪些方面?

提示:

第一不插手他人分管的工作;第二不擅自借用他人的办公物品;第三不打听或传播他人的私人秘密。

 **课堂互动**

办公室内的小漩涡

　　盛夏酷暑时节,办公室的文秘小陈,为贪凉爽上班穿了极短裙,露出长长的大腿,她觉得这样很美。但是同室办公的男性同事表示非常尴尬,不敢乱看,总觉得不经意间的视线会对小陈有所冒犯;后又有客户借故和小陈套近乎,一时间办公室内不断形成小漩涡……大家纷纷表示,这天气也太热了!

　　分析:职场行为规范要求仪表端庄、大方、得体。如果单位有统一服装,则上班时间尽量穿工作装;没有统一服装,宜选择较为保守的服装。案例中小陈穿着不当,产生了一系列负面效应,与办公室职场环境产生了冲突,也对自己的工作发展不利。

任务二　职场礼仪规范

一、员工个人修养

　　(1)整洁高雅。员工在办公室的仪容、服饰应保持清洁、整齐、得体,言谈举止应保持端庄、稳重。

　　(2)严谨高效。员工应该强化自身的学习力和执行力,虚心学习,博采众长,热情主动,高效工作,并有意识地培养各项能力,如组织协调能力、创新能力和处理突发事件的能力,不应在工作时间看报、闲聊、串岗等。

　　(3)安静轻声。员工因工作需要而进行的交谈、走动都应轻声。在办公室门口或过道上,也不宜高声谈笑。工作时间手机要静音。

　　员工仪容服饰具体应注意以下几个方面:

　　(1)工作服应经常洗涤,并熨烫整齐。组织的标牌应佩戴整齐。

　　(2)在办公室起坐应保持良好的姿态。上班不能穿拖鞋,不应与同事开粗俗的玩笑。

　　(3)女士不能穿背心裙、无袖裙、超短裙上班;不能在办公室拉长筒袜;不能在工作场所理妆。

　　(4)与客户交谈时应用敬语,这不仅仅是为了对客户表示尊重,同时也是规范工作的体现。

 **课堂互动**

怎样找到归属感?

　　以下是新员工小李的自白:

　　"进公司的第一天,部门经理带我和同事们认识。每个人都对我微笑、握手,空气暖融融的,着实让我激动。可没想到经理一走,办公室里立刻显露真容。经理让我师傅带我熟悉业务,可她只顾埋头写计划书,对手足无措的我根本不予理睬。我天性内向,朋友不多,非常渴望能在集体中找到归属感,获得关注。于是,我下决心改变自己,可越变越崩溃。'徐姐,你好年轻啊,看起来就像三十多岁。'结果人家脸一黑,'我就是三十多岁啊!'我臊了个大红脸。唉,太沮丧了,职场人际关系好难处理啊。"

怎么才能打开局面呢,请你给苦恼的小李出出主意吧。

提示:职场上可以保持自我个性,不必强行改变自己,不必过度学习交往技巧。在与同事交往中"真诚最重要,尊重排第一",以诚信、友善和宽容赢得尊重,说话要讲究分寸,沟通注意尺度,让对方感觉舒服;不居功,有担当;会补台,不拆台;同事聊天插不上话就微笑倾听,因为倾听也是一种参与。

二、职场工作规范

(一)了解融入企业文化

每个企业都有企业文化,每家公司都有规章制度。要想顺利开展工作,就要了解融入企业文化,熟悉各项规章制度,知道哪些可以做,哪些不可以做,要做到什么标准,在此基础上,增强对企业文化的认同感和责任感,自觉在工作中遵守执行规章制度。

(二)严格遵守职场守则

要按照签订的劳动合同和员工守则的要求,遵守工作纪律。一般而言应做到以下几点:

1. 上班不迟到

至少提前5分钟到岗,上班迟到显得缺乏敬业精神。迟到应直率地道歉,说明原因,并努力避免。

2. 坚守不空岗

工作时要坚守岗位,不随意空岗、串岗。上班时间临时离开,要和同事、领导打招呼,报告去向,确保有事可以随时找到。

3. 缺勤要请假

需要请假,应提前申请,并安排好工作;突然因事因病缺勤,要通过电话亲自向上司说明原因,并将急事安排好或委托给他人。只有病重才可让别人代为请假。假满上班后,要和上司汇报销假。

4. 下班不早退

到了下班时间,已经做完工作,可向周围同事打个招呼,然后离开;同事还在忙,要问是否需要帮忙。下班前应将办公桌整理干净,椅子放回原处。必须记住任何情况下不得提前下班。

(三)公私分明遵守公德

办公场合要公私分明,私人之事私人场所处理,不把私事带到办公室。不在办公室长

6

时间打私人电话;不在办公场合干私活;不在办公期间化妆打扮;不在办公时间玩游戏上网聊天。报销外勤、出差费用要严守规定,实报实销。

要有限制地使用办公用品。办公室的传真机、公函信封、信纸、纸杯和其他办公用品等只用于办公和接待,使用时注意节约,复印纸要正反面使用,电灯、水龙头随手开关,杜绝浪费行为。

办公室内要避免以下行为:① 过分注重形象,忙里偷闲补妆容;② 长时间使用公共设施,缺乏公共观念;③ 零食、香烟不离口;④ 形象不得体,语言举止粗俗不雅;⑤ 把办公室当自家饭厅,菜味飘香;⑥ 高声喧哗,旁若无人;⑦ 随便挪用他人东西;⑧ 偷听别人讲话或窥视他人隐私;⑨ 对同事的客人表现冷漠;⑩ 迟到早退。

课堂互动

如何处理这些问题

1. 假如你晚上要送一个出国的同学去机场,可公司临时有事非你办不可,该怎么办?

2. 如果领导当着大家的面批评你,而你认为事实有出入,批评的不对且造成了不良影响,该怎么办?

3. 当你确信自己是正确的,但是办公室其他同事不赞同你时,你应该怎样做?

分小组选题讨论,最后推选一人作总结发言。

提示:

从不同角度考察职场能力:协调平衡工作和情谊的能力;正确对待批评的能力;处理问题的能力;恰当处理反对意见的能力;团队合作能力。

善气迎人,亲如弟兄;恶气迎人,害于戈兵。

——《管子》

项目三　会　议　礼　仪

项目学习目标

情感态度目标

1. 培养企业员工责任意识。
2. 培养良好的职业道德素养。
3. 培养较强的团队合作精神。

技能目标

1. 能初步策划召开会议,安排接待事务。
2. 能处理代表性会议礼仪事务。

知识目标

1. 可以复述常见会议流程,描述其礼仪要求。
2. 掌握几种常见会议环节和具体事项。

项目学习内容

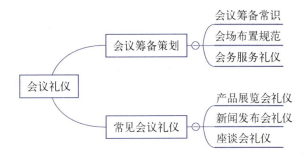

多变的通知

有一次,某地级市召开全地区会议。为使有关单位有充分时间准备会议材料和安排工作,决定由领导机关办公室先用电话通知,然后再发书面通知。电话通知发出不久,某领导即指示:这次会议很重要,应该让参会单位负责某项工作的领导人也来参加,以便更好地完成这次会议贯彻落实的任务。于是,发出补充通知。过后不久,另一领导同志又指示:要增加另一项工作的负责人参加会议。在三天内这个会议的电话通知,通知了补充,补充了再补充,前后共发了三次,搞得下边怨声一片。

案例分析

会议筹备策划需要通盘考虑,会议出席者的安排更要考虑周全。应充分征求相关领导的意见,把需要参加会议的人员都纳入会议通知对象,然后再电话通知和书面通知,这样才能保证相关人员准时参会。案例中出现多变的通知,反映出会议组织者的工作缺乏严谨性和条理性,应当引以为戒。

项目实施

任务一　会议的筹备策划

一、会议筹备常识

会议按性质可分为以下几种:制度性会议,如人代会、职代会;决策性会议,如理事会、董事会;工作性会议,如交流会、座谈会;专业性会议,如论坛、答辩会;商务性会议,如洽谈会、展示会;联谊性会议,如茶话会、宴会;信息性会议,如新闻发布会、记者招待会。会议按规模还可分为:大型会议、中型会议、小型会议。

筹备会议,主办方必须对会议的性质规模、礼节要求、会议流程了如指掌,对会议通知的措辞、标题口号的设计、会议的基本内容都要熟悉,才能有条不紊地做好会议召开的充分准备。会议策划要精心而周全,会务安排要合理而周密,会议服务要礼貌而周到。

二、会场布置规范

(一)会场布置

一般的小型会议,会议室只要清洁、明亮,有足够的桌椅等会议设备即可。大型会议会场准备则比较复杂,需要体现会议主题,注意会场内座位布局、主席台的布置以及其他可以渲染和烘托气氛的装饰等,要讲究科学性、合理性和艺术性。

1. 会标

这就是会议全称的标题化。会议全称用大字书写后挂在主席台正上方,一般红底白字,也可用红底金字。这是会议礼仪十分重要的标志,它能增强会议的庄重性,揭示会议的主题与性质。与会者入会场一看到会标,可以立即进入会议状态。

2. 会徽

它是体现或象征会议精神的图案性标志。重大会议的会徽可向社会征集,也可在单位组织内征集。会徽图案要简练、易懂、寓意丰富。有些会议可用本组织的徽志作会徽,如国徽、警徽、行业协会徽等,都能起到渲染突出会议精神的作用。

3. 标语

它是会议主题的体现,会场气氛可被恰到好处的标语、旗帜等渲染起来。标语在准备会议文件时就应拟就,并报请领导批准。会议标语要集中体现会议精神,简洁、上口、易记,具有宣传性和号召力。

4. 旗帜

它包括主席台上悬挂的旗帜和会场内外悬挂的旗帜。主席台上的旗帜应放在会徽两边,显得庄严隆重;主席台两侧插上对应的红旗或彩旗,可增添喜庆气氛。会场门口和入场路边插上红旗或彩旗,使会议的热烈气氛洋溢在会场内外,以衬托会议的隆重。

5. 花卉

这是会议不可缺少的重要道具。会场上,花卉还能起到解除疲劳的作用。国内会议选用花卉应遵循中华民族的文化特色。以十大名花为代表的中国原产花卉,早已被赋予了浓厚的文化色彩,以这些花为主构成的插花、盆景等艺术品,以无声的语言传播着中华民族文化,表现着民族精神。越是重大会议,越应选取有代表性的花卉作为摆放的主体花卉,并将传统花卉艺术的插放造型作为会议花卉的礼仪形式。

6. 灯光

会场灯光应明亮且柔和,既给予舒适的照明,也减缓因会议时间长而带来的身体或精神上的疲劳。大型会议会场应设计几套灯光,以满足会议颁奖、照相、演出等多种需要。

7. 座位

会场座位布局要根据会议的规模、主题,选择合适的摆放形式。

(二) 主席台布置

主席台是会议的中心,也是会场礼仪的主要表现位置。主席台布置应与整个会场布置协调,并作强调突出。

1. 座位

主席台座位要满座安排,不可空缺。原定出席者因故不来,要撤掉座位。不能在台上留空。主席台座位如果有多排,以第一排为贵,第一排座位以中间为贵。

2. 演讲台

应设于主席台前排右侧台口,不能放在台中央,阻碍主席台成员视线。演讲台上主要放话筒,也可适当放一盆平铺的花卉。桌面要便于发言者打开讲话稿或摆放相关材料。主席台的台口可围放一圈花卉,要选低矮些的绿色为主的品种。

3. 话筒

发言席和主席台前排座位都应设话筒,以便于发言者和会议主持人或领导讲话。主持人、发言席话筒一般专用，其他人合用两三个话筒，并且一般置于主要领导面前。

4. 后台

主席台的台侧与后台，一般应设为在主席台就座者的休息室，以便其候会，要在后台排好上台入座次序，以免造成混乱。有时会议也会发生一些小意外、小插曲，这时后台就可作商量对策、紧急处置之用。主席台成员开会也可利用后台休息室。切不可忽视后台的作用。

三、会务服务礼仪

（一）会议准备阶段

1. 时间选择

会议时间要合适。大型会议应尽可能避开公众节假日。会期不能太长，否则影响日常工作。当某些紧急事件发生时，应取消或延期举行会议。

2. 对象邀请

出席者是会议的重要因素，既要有与会资格，又要有参与能力和水平。与会者应慎重确定，并请领导审定。

3. 通知详尽

会议通知要按要求提前发出。会议名称、届次、主要议题议程、出席人员、应递交材料或做哪些准备、会期、会址等内容都应明白告知，使与会者有备而来。住宿、费用、交通线路都要详细说明，以免造成麻烦。特邀贵宾通知，应派专人登门呈送，以示尊重。

（二）会议召开阶段

1. 接待

一般会议都规定了报到日期。报到日应安排好接待站。在车站、码头、机场等主交通站点，用醒目的牌子标明"会议接待"，顺利接待与会者。

2. 登记

对报到的与会者，先做好签到、登记、收费、预订返程票、发放会议资料、发放会议证件等工作。登记处应尽量迅速办理，一次性解决。登记时，与会者提出的合理要求，应尽量予以满足。大型会议东道主应在会议召开的前一天晚上到会议住地看望与会者，尤其是看望特邀贵宾和与会领导。

3. 联络

会议期间要注意联络，不使任何一位与会者被冷落。会议简报要相对均衡地报道与会者，不可厚此薄彼。

4. 安全

要确保每一位与会者的人身安全、财物安全以及食品卫生。涉密会议还必须强调文件安全。会务人员要尊重每一位与会者，但涉及机密时，必须按章办事，毫不含糊。

5. 娱乐

若会期较长，会议期间可适当安排影视和文艺演出等活动。应鼓励与会者主动参加文体活动。也可组织一些自娱自乐的歌舞类或球类、棋牌活动等，调剂会议气氛，调节与会者情绪。还可适当组织与会者参观游览,使会议节奏张弛得当。

(三) 会议结束阶段

1. 照相

照相项目,应提早安排,免得个别与会者提前离会不能参与。提早安排也可使与会者在离会前拿到照片。

2. 材料

发给与会者的材料要用文件袋装好,以便于集中携带。需收回的材料要早打招呼,发现有人未交,应尽早查问。不一致的意见不要写到会议的决议或纪要中。要乐于为与会者提供复印、邮寄材料等有关服务。

3. 送客

仔细核对车次、航班或船期,适时将票交给本人,并交代有关事项。有不对或不周之处,应主动承担责任。如有需要照顾者而影响到其他人,应向其他人解释,争取谅解。每个与会者离开,都要热情相送,集中离开的要尽可能送去车站、机场或码头,对贵宾则必须送至机场登机处。

任务二　常见会议礼仪

案例分析

展示会上的败笔

为筹备新品展示会,曹经理下了不少功夫。不料在展会当天,有客人询问柜台展示的新品较旧版有何优势,解说者却答非所问,不知所云,令访客失望。

分析:展览会是商务会议中的重要形式,已经成为树立和宣传产品形象和企业形象的重要途径。与会解说人员必须熟悉单位和产品的基本情况,熟悉相关资料,在解说中应付自如。而案例中解说者答非所问,说明业务不熟,不清楚新品较旧版优势何在。尽管曹经理下了不少功夫,但是在筹备展会的业务培训这一关留下了败笔。

一、产品展览会礼仪

产品展览会或产品展销会作为物、声、像综合形式的广告越来越受到商界青睐,已经成为树立和宣传产品形象和企业形象的重要途径。其目的是宣传产品,打开或扩大产品销路。

展览会礼仪指在组织、参加产品展览会时应当遵循的礼仪规范。

(一) 展览会的组织工作

展览会可以由参展单位自行组织,也可以由社会上的专门机构出面组织。组织工作包括:硬件上的展位、展台布置,与之配合的声、光、电效果;软件上的宣传促销活动;展览礼仪模特的培训和包装等。要想使展览会独具特色,使企业在万商云集中一枝独秀,就要做好充分的准备工作。

(1) 要了解展览会的类型、企业品牌、产品特点、展台风格、展位的周边环境及竞争对手的情况。

(2) 进行整个礼仪活动的创意策划。例如,要达到的影像效果、解说效果、配音效果等。根据展示风格,决定礼仪人员的风格类型及着装安排。

(3) 根据创意将人员进行分工,可分为解说员、演职人员、展示员、接待员,并进行相应的人员培训。根据选择的模特进行服装的设计制作,展览服装要能充分表现一个企业的特色。

(4) 积极发挥礼仪人员的作用。礼仪人员需要具备一定的应变能力、动听的声音、流利的解说能力、很好的表现能力、丰富的礼仪常识等。

(5) 依据展览会内容和规模确定合理的时间、地点。通常,室内展览会显得隆重,而且不受天气的影响,时间也可以相对长一些,但是室内展览会对场地的布置要求高一些,所需要的费用也相对高一些。户外举办的大型展览会一般是大型机械展、农产品展等。

(6) 展览内容的宣传尤为重要。为了引起社会各界对展览会的重视,并且尽量扩大其影响,主办单位有必要对其进行大力宣传。宣传的重点应当是展览的项目和当家品牌,这样才能真正吸引各界人士的注意和兴趣。

(7) 现场展览的宣传方式。例如:张贴有关展览会的宣传画;举办新闻发布会;邀请新闻界人士到场进行参观采访;发表有关展览会的新闻稿;公开刊发广告;在展览会现场散发宣传性材料和纪念品;在举办地悬挂彩旗、彩带或横幅;利用升空的彩色气球和飞艇进行宣传;模特表演展示;等等。

(二) 展览会的礼仪要求

展览会的工作人员应该具有较好的素质,首先要明确展览会的目的和主题,了解相关展览知识和技能,具备一定的专业知识和专业技能素质。除此之外,展会工作人员还要懂得基本的礼仪,以影响公众,提高参展企业的知名度和美誉度。

1. 工作人员的礼仪

主要是指在展览会上代表参展单位人员的仪态仪表问题。在一般情况下,展位上的工作人员应当统一着装。在待人接物上,不管是宣传型展览会还是销售型展览会,参展单位的工作人员都必须意识到"到访观众是上帝,竭诚服务是天职"。为此,全体工作人员都要将礼貌待人放在首位,并且落实在行动上。要仪容端正、面带微笑、热情迎客、尊重每一位顾客。在任何情况下,工作人员都不得对观众恶语相加或讥讽嘲弄。

在大型展览会上,员工最佳的选择是身穿本单位的制服,或者是穿单色或深色的西装、套裙。参展单位若安排迎送宾客的迎宾人员,则最好请其身穿统一的单色旗袍,并配上有参展单位或其主打展品名称的红色绶带。为了说明各自的身份,全体工作人员皆应在左胸佩戴标明本人单位、职务、姓名的胸卡,礼仪人员可以例外。按照惯例,工作人员不应佩戴首饰。男士应当剃须,女士最好化淡妆。

2. 讲解员礼仪

（1）举止。参展单位的讲解人员要举止从容，着装大方，打扮适度，不允许迟到早退、无故脱岗、东游西逛，更不允许在观众到来之时旁若无人、失礼怠慢。

（2）讲解。当观众走近自己的展位时，不管对方是否向自己打招呼，讲解人员都要面含微笑，主动地向对方说："你好！欢迎光临！"随后，还应面向对方，稍许欠身，伸出右手，掌心向上，指尖指向展台，并热情礼貌地告知对方："请您参观。"讲解时，语调要清晰流利，声音洪亮悦耳，语速适中，讲解流畅，让听众听懂；介绍的内容要实事求是；对于观众的提问，工作人员要认真作出回答。当观众离去时，工作人员应当真诚地向对方欠身施礼，并道以"谢谢光临"，或是"再见！"

3. 主持人礼仪

主持人是一个展览会的操纵者，首先应该把握好整个展览会的主旨，了解整个过程和展览会的目的，一定要表现出权威性、灵活性。在着装方面，要穿西服套装，系领带，穿黑色皮鞋，可以佩公事包以显示正式和气派。主持人一定要表现出热诚、友好和自信。

讲解人员"四不要"：不用或少用冷僻字；不要弄虚作假愚弄听众；不要有不礼貌的言行；不要对观众的问题置之不理。

二、新闻发布会礼仪

新闻发布会又称记者招待会，是由某一社会组织直接向新闻界主动发布重要消息的特殊形式会议。新闻发布会有利于营造公开透明的信息环境，为中外媒体记者提供规范的新闻服务，是组织者通过新闻媒体与公众沟通和联系的重要渠道。它既可以正面传播信息，扩大宣传影响，又能解析不利舆论，树立良好形象。

（一）会前准备要领

1. 确定主题

新闻发布会的主题确定是否得当，直接关系到预期目标能否实现。新闻发布会的主题有说明性和解析性两种类型。说明性主题的发布会一般起宣传作用，如企业推出新产品等，用于树立企业形象；解析性主题发布会一般是针对具有一定社会影响的问题进行解析，向社会表明责任态度，解决危机。发布会的主题要有新闻价值，能引起媒体的兴趣。

2. 确定时间

新闻发布会要选择恰当的时机并严格控制时间。确定发布会举行时间要注意以下三个问题。

（1）及时。重大信息时效性极强，拖延时间可能会失去意义或错过商机。

（2）避开重大节日和重大活动，避免与其他新闻点撞车或重叠。

（3）内容突出。发布或者解析的信息内容要精心选择、有效组织，会议议程精确到分钟，一般总时长控制在两小时以内。

3. 确定地点

新闻发布会的举办地点，除考虑本单位所在地或事件发生地以外，还可以考虑在中心性城市或者具有一定影响力的酒店、会议厅等。

6

4. 确定邀请范围

确定参会人员是一项很重要的工作，将影响到整个发布会的规格与规模，进而影响到发布会的其他因素。同时会议主要面向新闻记者发布消息，选择哪些新闻媒体、邀请哪些记者，应根据发布会的性质而定。

小知识

目前的新闻媒体主要分为电视、广播、报纸、杂志、网络，他们各有特点，要取其所长，才能做到新闻传播途径准确有效。

新闻记者是发布会的重头，一般来说，发布会前要先做一份拟邀请的名单，提前一周时间发出邀请函，然后电话落实。较突然的新闻事件可以采用电话和邮件邀请记者的方式。

新闻发布会上的新闻媒体记者必须有所选择、有所侧重，符合发布会的主题，以确保新闻发布会的成功。说明性发布会为了扩大影响和知名度，可以广邀记者。解析性的发布会邀请范围可小些，如事件或消息只涉及某一城市，一般就请当地的新闻记者参加。

---

5. 会场布置

场地要考虑新闻记者工作方便，保证拍摄效果。会议厅容纳的人数、主席台的大小和投影设备、电源、布景、胸部麦克风、远程麦克风，以及相关服务等问题都要考虑到位。

会议现场布置的内容包括：① 背景与外围布置。背景包括主题背景板，内容含主题、会议日期，有的会写上召开城市，颜色、字体美观大方。外围如横幅、竖幅、飘空气球、拱形门等。② 座次摆放。发布会一般是主席台式。有的非正式、讨论性质的发布会是圆桌摆放式。现在很多发布会采用主席台式，只有主持人位和发言席，贵宾坐于下面的第一排。座位摆放的原则是：职位高者靠前靠中，自己人靠边靠后。注意席位的预留，一般在后面会准备一些无桌子的座席。③ 相关设备在发布会前要反复调试，保证不出故障。④ 签到与迎接。一般在大堂、电梯口、转弯处有导引指示欢迎牌。事先可安排好礼仪小组和接待人员。

6. 确定主持人和发言人

面对新闻媒体，发布会的主持人和发言人必须思维敏捷、沉着冷静，传播沟通能力强。主持人一般由公关部长、办公室主任或秘书长担任，言谈要注意分寸，灵活控制会场局面。发言人一般由高层领导担任，因为掌握整体方针及政策计划，回答问题具有权威性。主持人和发言人分工不同、各尽其职，需要彼此支持。

课堂互动

新闻发布会还需做好哪些相关工作？

提示：

会上各种资料的准备；服务人员的安排和训练；设备调试；工作人员的标志制作；饮料礼品的准备；笔、纸、电池、充电宝等应急备品的准备。

（二）会中的礼仪要求

1. 新闻发布会程序

（1）签到。入口处设签到处，安排专人负责签到、材料分发、会场引入等服务。

（2）会议开始。主持人宣布会议开始，并将召开新闻发布会的目的，将要发布的信息或说明的事项作简要介绍。

（3）新闻发言。发言人作主要发言。发言时要突出重点，具体而恰到好处，语言要生动自然，吐字清晰，切忌啰唆冗长。

（4）答记者问。发言人在答记者问时要有条理，用词准确，对于不愿回答的问题要婉转幽默地解释。遇到不友好的提问时应保持冷静，礼貌地阐明看法，不能激动发怒，以免产生负面影响。

（5）会议结束。宣布新闻发布会结束后，主办人员要向参加者表示感谢。可以根据需要组织记者参观，创造实地采访的机会，增强会议主题的宣传效果。会议结束后，有条件的可邀请记者参加午餐或晚餐。就餐中可就招待会上的一些没有解决的问题进行沟通，使业界和新闻界的关系更加融洽。

2. 新闻发布会的礼仪要求

（1）主持人及发言人的礼仪。主持人和发言人的仪容仪表将会是电台、报纸上的特写镜头，其仪容仪表、言谈举止、礼貌修养直接关系到消息的可信度和公众对发布者的认同度。必须按正式场合的要求着装。在尊重记者的同时，也要维护自身形象和业界尊严。

（2）来宾礼仪。新闻发布会上的来宾均是记者。记者在着装上可体现职业的随意性，除正式服装外，还可穿夹克衫、T恤，女性也可着裤装，但不能穿汗衫、短裤、拖鞋，那样会有失尊重。

提问应有礼貌，提出的问题要与会议主题相关，不打听个人隐私，不进行人身攻击，不打断主持人或发言人的讲话。

（3）工作人员礼仪。新闻发布会上，工作人员的着装一般是制服，迎宾小组可按礼仪小组的要求着装。工作人员在会议中要举止得体、语言文明、热情周到，要恪尽职守，不得闲谈。有来宾打听消息应礼貌回避，不可信口开河。

（三）新闻发布会善后事宜

新闻发布会之后，主办单位需在短时间内进行评估和应对。

1. 了解新闻界的反应

会议结束后，应对照现场使用的来宾签到簿与来宾邀请名单，核查新闻人士的到会情况，据此可大致推断出新闻界的重视程度。

2. 整理保存会议资料

新闻发布会的有关资料，大致可分为两类：一类是会议本身的图文资料及声像资料，包括会议所使用的一切文件、图表、录音、录像等；另一类是新闻媒介有关会议报道的资料，主要包括在电视、报纸、广播、杂志上公开发表的消息、通信、评论、图片等，一律整理存档。

3. 酌情采取补救措施

在听取与会者的意见、建议,总结会议经验,收集、研究新闻界对于会议的相关报道之后,对失误、过错或误导要主动采取必要的对策措施。

怎样才能较好地应对会议现场的突发事件?

提示:

会议现场的突变往往是因为沟通不畅、考虑不周以及礼节上的疏忽而产生,应该重点关注这些方面;其次要在事前准备好备选方案;最后注意积累现场灵活应变的经验。

新闻发布会的现场协调最能体现总协调人的应变能力。事实上,一个好的协调人会将工作做在前面,比如事前做一些排练。一般来说,提前进行一至两次系统化培训是必要的。这样,你可以预见到发言人是否称职,哪些方面还有欠缺。具体训练方法如下:

(1)模拟会议。以己方人员扮演记者,模拟新闻发布会情景提出两类问题,一类是肯定会被问到的,还有一类是你不希望被问到的,让"记者"们提问。如有必要,可重复2~3次。

(2)播放"彩排"录像,酌情调整新闻发言人和其他与会者的表情和肢体语言效果。

(3)专业相关人员参与彩排。邀请相关与会人员参与,以检查发言人所说是否准确;如涉及法律问题,那么公司法律顾问也应在召集之列。

(4)专业人士培训。通过专业人士的培训,做好各种突发事件的应对准备工作。

三、座谈会礼仪

座谈会是请有关人员参加交谈,探讨某个或某些问题,以达到沟通信息、联络感情目的的会议。座谈会礼仪主要应注意以下几点。

(一)及时通知并说明内容

通知应及时,注明会议时间、地点、座谈内容、举办单位或部门名称。当面通知,最好找到参加者本人,并告知其详细内容;托人转告,应把要点告诉转告者,以便会议参加者有备而来。

(二)创造融洽热烈的气氛

座位安排上,会议主持者最好和参加者围圈而坐。开会时,主持者应先说明会议宗旨,以便参加者有目的地积极思考如何发言。如果参加者与主持者互相不熟悉,主持者应先作自我介绍,必要时也可请参加者互相介绍,以使气氛融洽。如果开始有些冷场,主持者可引导与会者广开言路,逐步接近座谈主题。

（三）鼓励发言与争论

为使会议气活跃热烈、可以鼓励与会者采取辩论式或对话式发言,与会者知无不言、言无不尽,会议才能获得大量真实有用的信息。

模块六
能力训练

能力训练

　　学完本模块所有项目任务后,请扫描二维码完成模块六能力训练,并在教师带领下进行讨论。

6

忘却自我,通过服务他人,找到真正的自己。

——甘地

顾客永远是对的。

——凯撒·里兹

项目一　服务礼仪认知

项目学习目标

情感态度目标

1. 认同优质服务是服务行业永恒的主题。
2. 开启客户意识,用专业的服务态度为他人服务。
3. 践行待客有礼,规范接待。

技能目标

1. 能自我塑造专业的职业人员形象。
2. 能自我管理和调整服务情绪。
3. 能使用正确的服务用语,完善服务沟通的艺术。
4. 具有有效处理客户投诉的能力。

知识目标

1. 树立服务意识,认知客户服务的重要性。
2. 了解客户服务人员应具备的基本素质。
3. 掌握服务用语的要求。
4. 了解客服人员的情绪管理的方法。

项目学习内容

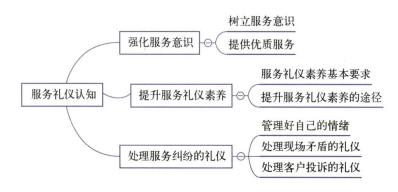

导入案例

最细致的服务

华侨城旅游投资管理有限公司董事长、北京巅峰置业旅游文化创意股份有限公司创始人刘峰,谈过他的一段亲身经历:有一次我和几位朋友去日本的草津温泉旅行,突然天降大雪,大家正在房间里头愁眉苦脸、郁闷不堪的时候,几位会讲中文的服务员带着雪地鞋和雨伞敲门进来了。在他们的帮助下,我们挑选了尺码合适的鞋子。那一瞬间,让我有种宾至如归的感动。当你需要我的时候,我就在你身边,这就是人性之善,也是最细致的服务。

讨论:细致服务体现了一种什么理念?

案例分析

细致服务体现了以客户为中心的优质服务的理念。它体现了一种把客户利益置于中心位置、以优质服务赢得客户的经营理念。在这种理念的支配下,旅店尽力创造一个尽可能完整的服务系统,使其成为一个综合性的服务机构,客人都有一种"宾至如归"的感觉。这才是留住客的根本所在。

项目实施

任务一　强化服务意识

一、树立服务意识

(一) 什么是服务

服务是工作人员借助一定的设施设备或产品,为满足客人需要的行为过程和结果。

服务是创造感受,是能够满足他人某种需求的特殊礼遇、待遇的行为。服务,早已成为现代企业的灵魂,服务是服务行业利润的源泉。

(二) 什么是服务意识

服务意识,是指工作人员在自己所从事的工作中,为与自己工作有关的对象提供热情、周到、主动的服务欲望和意识,即自觉主动做好服务工作的一种观念和愿望,它发自于服务人员的内心。

是否具有服务意识,是评价一位服务行业职业人员的重要指标。

(三) 强化服务意识的重要性

1. 服务是企业生存之根

没有服务,就没有客户;没有客户,就没有利润;没有利润,企业就没法生存。服务,在

7

其表面看是为了客户,而实际是为企业自己。

2. 服务意识对于企业竞争具有决定性意义

对企业来说,经营是前提,管理是关键,服务是支柱。服务意识,不仅是企业管理的综合体现,而且直接影响着企业的经营效果。

3. 服务意识是职业人员做好服务工作的先决条件

服务质量的好坏,服务效率的高低,取决于两个方面的因素:一是物的因素,二是人的因素。其中人的因素尤为重要。

服务类职业人员要顺利完成工作业绩,实现自我提升,就必须树立高度的服务意识。"客户为上""服务为先"应是服务行业员工必须遵循的工作宗旨。

二、提供优质服务

为客户提供优质服务,是服务行业永恒的主题。

优质服务,和产品设计、产品质量一样,是市场经济环境下的商业竞争,尤其是服务行业竞争的主要领域和手段。而且,随着我国第三产业的发展壮大和政府职能从管理型向服务型转化,优质服务不仅限于企业、社会团体、民间组织等非权力机构组织,也成为包括党政机关事业单位在内的各行各业的考核考评的重要指标和参考依据,因而具有越来越重要的价值和意义。

(一) 什么是优质服务

1. 优质服务的内涵

所谓优质服务,就是指以客户为中心,能够带给客户生理上和精神上美好享受的服务。一般情况下,规范服务 + 超常服务 = 优质服务。规范化的服务使客人无法感到不满意,而超常服务则是在完成规范服务的基础上,一切从客户需求出发,为使客人更满意、自己的服务效率更高,增加一些规范服务中所没有涉及的、根据特定情况所额外提供的服务内容。

2. 优质服务创造价值

对企业而言,企业商品 = 产品 + 服务。尤其是当企业的产品趋于同质化的时候,服务便是各家企业竞争的焦点,而优质服务就成为企业制胜的法宝。服务的附加值大小,决定了企业商品的价格,也就是服务所创造的价值。

> **课堂互动**
>
> 讨论
>
> 1. 客人是怎么流失的?
>
> 2. 零投诉,说明我们对企业的服务很满意吗?
>
> 3. 你自己的体验是什么?请在小组内分享你的切身感受。
>
> 提示:提供优质服务,才能赢得客户(见表7-1)。

表 7 - 1   满意度影响

满意度	表 现	后 续	影 响
非常不满意	吵闹、投诉	不再去	主动反复劝诫他人"不要去"
不满意	生气、离开	不想去	反复告诫他人"服务不好"
满意	愉快	常去	评价"服务不错"
非常满意	高兴、开心	经常想去,经常去	主动推荐"服务非常好"

(二) 优质服务赢得客户

优质服务要落实到具体服务工作职业人员的层面,应该做到:

(1) 微笑服务,用真诚感动客户。提高服务意识,规范服务行为,意识到为客户提供优质的服务,是发自内心的一种意愿。只有用真诚去展开细致周到的服务,才能打动人心、感动客户。

(2) 塑造良好的服务形象,重视客户感受。让客户在接受服务中享受美感,提高心理舒适度,才能提升所代表的企业形象和服务品质,赢得更多的客户。

(3) 对客人的需求要敏感,反应快,服务到位。随时通过自己的细心观察,为客人提供贴心的服务,在第一线岗位上为客人排忧解难。随时做到"眼里有事,勤于理事"。要深刻认识:服务的心态决定服务的行为,服务的行为决定服务的结果(图 7 - 1)。

图 7 - 1   优质服务结果关系

"六心"优质服务:对重点客人尽心服务,对普通客人全心服务,对特殊客人贴心服务,对反常客人细心服务,对挑剔客人耐心服务,对有难处的客人热心服务。

7

(三) 个性化服务是优质服务的极致体现

个性化服务是指为客户提供具有个人特点的差异化服务,以便让接受服务的客人获得一种自豪感和满足感,从而对企业留下深刻的印象。

服务人员在提供服务过程中,要对客户细心观察,仔细揣摩客户的心理,认真分析研究,并迅速作出准确的判断,作出行动方案,设身处地、积极主动为客人提供完美的服务,从而赢得客户的感动和赞赏,赢得客户对其所代表企业的认可,继而成为回头客。

随着现代科技的迅速发展,大数据、AI 智能等在各行各业的应用越来越普及,人们对服务的需求也将变得越来越个性化。在不久的未来,客户对服务差异化的需求会越来越强烈。

规范化的服务内容可以满足客户一般性的需求,而优质服务——个性化的服务,则是以"客户至上"的极致体现,一切从客户需求出发,提供让客户更加满意、更加惬意的服务内容。

任务二　提升服务礼仪素养

服务礼仪是从事现代服务行业的职业人员在服务工作中应遵守的行为规范。每一位服务人员都应不断提高自身的服务礼仪修养,树立良好的职业形象和企业形象,在服务工作中表现出有礼有节的高水平专业风范。

一、服务礼仪素养基本要求

(一) 坚守职业道德

职业道德的核心是为人民服务。职业道德规范即行为规范,是针对职业活动而提出的道德规范,表达形式比较通俗易懂,有制度、章程、守则、公约、须知、誓词、保证、条例等,便于记忆执行,便于检查监督。它既是对职业人员在职业活动中习惯、态度、行为的规定,同时又是职业对社会所承担的道德责任和义务的表述。

职业道德对服务业的从业者的思想和行为会发生经常的、具体的、深刻的影响,帮助其形成热爱本职、忠于职守、为社会服务的高度责任感。

在必要严格的规章制度的监督制约下,职业人员还必须坚持"顾客永远是对的";必须自觉加强品行修养,做到"言必信,行必果","不贪不法之利,不取不义之财"。这样,才能脚踏实地有所发展。

 小链接

己所不欲,勿施于人

道德金律:你想要别人如何对你,你必须先这样去对待别人。

道德银律:你若不想别人如何对你,你就不能这样去对待别人。

(二) 遵时守信,真诚友善

1. 遵时

遵时就是要遵守规定的时间和约定的时间,不得违时,不可失约。服务接待工作中,如果和客户约定了服务时间,就不能轻易更改。不得已要更改时,必须早打招呼并作出解释,尽量避免给对方造成麻烦、产生误解。

2. 守信

守信就是要讲信用,言必信,行必果。失约和言而无信都是失礼的行为,这在人际交往和服务工作中普遍为人们所反感。如果实在是出了意外而不能如期履行约定,那么就应该给对方一个满意的结果来弥补。

3. 真诚

真诚是指服务接待中必须做到真心待人,诚心待客。要发自内心,心口如一,而不能虚情假意,心口不一。

4. 友善

友善是指服务接待中应态度友好、和悦,平等待人,乐于助人。真诚友善地调适客服关系,相互理解,化解矛盾,达到谅解,使关系趋于和谐。

(三) 体谅宽容,热情有度

1. 体谅

理解就是懂得别人的思想感情,理解别人的观点、立场和态度。不但懂得别人的思想深处的东西,而且能体谅别人,理解别人的喜、怒、哀、乐。

2. 宽容

宽容就是宽宏大量,能容人,能体谅别人的过失,而不要针锋相对,斤斤计较。

3. 热情

热情指对人要有热烈的感情,使人感到温暖。热情的人使人觉得容易接触,愿意与之接近交往。真诚的热情使人感到亲切自然,虚假的热情则往往使人感到肉麻、厌恶而不能接受。

4. 有度

有度是指对人的热情要有一定分寸,要把握好尺度。服务接待工作中,不能缺乏热情,也不可显得过分热情。有时,过于热情容易使客户产生你可能别有企图的印象;有时,过分热情会使别人感到麻烦、厌烦,还可能给对方以虚假的感觉。

二、提升服务礼仪素养的途径

(一) 培养健康的职业心态

1. 建立健康的服务观,强化服务意识

在服务的理念上,存在一种觉得服务好像就是低人一等的误解。实际上人人都在做服务。当服务员是为别人服务,做企业服务的工作人员是在为客户服务,即使当领导的也是在“为人民服务”——我为人人,人人为我。

在社会分工越来越细的今天,彼此为对方提供服务,早已经成为社会常态。服务行业的职业人员应该定位好自己所承担的社会角色,把握自我社会责任,调整好职业心态,快乐工作,努力工作。通过给客人提供优质服务,来体现自我的工作能力和职业价值。

2. 明确工作重心,做出正确的选择

现实社会生活中,我们常常遇到“鱼和熊掌不可兼得”的时候。怎么选择、应该选择什么、放弃什么,这是对每个人综合素养的考验。

服务行业职业人员要以“服务客户”“客户至上”为宗旨,正确地对待随时出现的各种各样的情况,做出正确的选择。应该舍弃掉个人的“小情绪”“小状态”,唯有如此,方能胜任服务工作。

(二) 塑造良好的职业形象

良好的职业形象体现专业的服务水平。服务行业职业人员在服务工作中,应准确运

用职业礼仪规范,展示自己的专业能力和服务能力。

1. 保持健康整洁的仪容

(1)讲究个人卫生与修饰。职业人员应该经常沐浴,保持个人卫生,保持清新整洁。

(2)注意面部的清洁。工作前,应避开他人视线,清除眼部、鼻腔、口腔及耳部的分泌物或异物。保持面部、牙齿的清洁,保证口腔没有异物和异味。工作期间,不吃刺激性食品,如:生蒜、生姜、葱等;饭后漱口,保证口气清新。

(3)重视肢体的修饰。保持手部的清洁,不留长指甲,不涂有色指甲油,不彩绘、文刺手臂。工作时,不光腿,不露脚趾。

2. 职业着装规范、整洁

上班应穿着工作服。部分岗位应选择适合职业环境的服装。佩戴工作牌(胸卡)、企业的徽章时,佩戴在服装左胸的正上方或端正挂于胸前。

3. 仪态举止端庄大方、充满活力

服务行业职业人员要具有端庄大方、自然亲切的外在形象,能带给客人美好的感受。表情自然大方,有亲和力。站有站姿,坐有坐相,蹲姿得体,走路脚步要轻,不要大幅度摆动手臂等。用手势时,动作规范,不应过大、过快和过多。说话时更不要唾沫横飞。接待服务时应做到"三轻":走路轻、动作轻、说话轻。

4. 路遇客人应礼让

如果在过道中与客人相遇,应主动让道,不得与客人抢行,也不要从正在谈话的客人中间插过。如果手持重物或推车需要客人让道时,应有礼貌地打招呼,并向客人致歉,然后再迅速从外部超过。绝不可视而不见,不予理睬,甚至横穿乱撞。

5. 礼貌交流,耐心解答

正面交流,表情互动。语音清晰,语调柔和而轻松。态度和蔼,耐心解答,服务严谨。

对客人一定不能表现出妄自尊大、目中无人的样子。对客人的提问,尤其是频繁提问,要有耐心,并给予及时解决。如果心中有不同意见和观点,不要和客人争论,而是耐心倾听,温和地表示听懂了他的话,注意及时回应。

6. 认真照顾,注意区分

关照老人、小孩、残障人员和女士。如遇突发事件,应先照顾老人、小孩、残障人员和女士。对待残障人员要进行特殊服务,表现出热情、体贴,而不是同情、怜悯。

对待重要客人,接待要有分寸,重视照顾,体现尊重又不卑不亢。要尊重特殊客人的信仰和习惯。如果可能,最好在接待前期,就能了解或观察分析到客人的宗教信仰、风俗习惯和个人禁忌,以便在服务过程中注意安排与照顾。对客人的特殊要求,要尽量满足。若属于有关规定不允许办理的事情,应有礼貌地婉言谢绝。

7. 冷静对待服务过程中发生的各种差错和事故

如遇让自己很恼怒的事情,一定要冷静,绝不能采取粗鲁的态度和过激的行为,应当尽力保持文明、高雅的姿态,得理也让人。

(三) 使用正确的服务用语

使用正确的服务语言,才能精准提供优质的服务。

1. 使用礼貌用语

礼貌用语,是指约定俗成的表示谦虚恭敬的专门用语。运用好基本的礼貌语言,可以使我们显得更加彬彬有礼。工作中,与客户交谈要随时随地有意识地使用礼貌语言,这是职业人员应当具备的基本礼仪素养,也是表达尊重客人的基本方式。以礼待人,才能显示出自身人格尊严,又可以满足对方的需要。在交谈中多使用礼貌用语,是博得客户好感与体谅的最为简单易行的方法。

知识链接:优质服务要领

2. 语言表达顺畅

（1）以普通话为基本服务用语,方便与各地区各民族的客户交流与沟通。

（2）讲究声音的运用。声音运用的好坏,往往会使交谈效果大相径庭。要根据对象、场合和实际需要恰当运用声音。注意发音准确、控制音色、调节音量、语调适中、表达流畅,并具有相应的理解能力。

（3）注意声音表情。声音是有表情的,微笑着说话,会传递出热情、尊重与友好。很多企业都要求员工,哪怕是与客户通电话,也要笑着进行电话交谈,因为人在微笑时所发出的声音会让对方听起来更加愉快。

（4）为了更好地适应国际化的服务需求,还应掌握一至两门外语,并使其中一门外语达到能与外宾自由交流的水平。

3. 善于与客人打招呼

工作人员在服务范围内遇到客人时,都应殷勤、热情、礼貌地致以问候。当首次见到客人时,服务人员应热情致辞欢迎,如"您好！欢迎您！"。如逢节假日,应对每一位客人特别给予节日的问候,如"新年好！欢迎光临！""圣诞快乐！""春节愉快！欢迎您的到来！"语调要亲切自然,感情要真挚,使客人有如春风拂面、温暖心田的感觉。切忌让客人从步入大厅或楼层开始,犹入无人之境,即便有人引领,也无人搭理,这样,再豪华的设施也会使客人有误入冰窖之感。注意:

（1）问候打招呼要用规范敬语,如"您好",不要随意用"嗨"等日常与熟人说话的口气打招呼,也不要用"您吃饭了吗"或"您上哪儿去"等平时我们习惯的随意招呼。

（2）多次见到同一位客人时,不要总是千篇一律的问候"您好！"这可能会让客人有敷衍、搪塞之感。要尽可能根据当时的情境,灵活运用语言问候,如"早上好！"

4. 善用倾听

本杰明·富兰克林曾说,在正确的地点说正确的话不难,难的是如何保留不该说的话。有人说,人长着两只耳朵却只有一张嘴,就是为了少说多听。在一般交谈过程中,听,往往比说更重要,更能表达对对方的尊重。尤其是当客人有意见、不满意时,更需要我们认真倾听,表达关注与了解,这样才有利于问题的解决。

5. 培养记忆能力

服务行业职业人员应在实践中逐步摸索,总结经验,寻找规律,努力使自己具有较强的记忆能力,特别是时间、人名、人的特征等,能够迅速、准确地记住,将会有利于服务工作的顺利开展。

6. 其他礼仪细节

（1）交谈距离不要太近,相距一米左右为佳。

7

（2）交流时，要正面视人，表达尊重。谈话时，首先要做到的是双方应互相正视、互相倾听。目光注视对方是一种起码的礼貌，以表示对谈话的兴趣和对对方的尊重，创造愉快和谐的谈话气氛。不要戴着墨镜与客户说话。

（3）交谈要尊重别人，注意调和意见。当听到别人意见和自己相同时，要立即表示赞同。不要以为这样做，会被人认为是随声附和。不出声，才容易被人误以为不认同。同样，当听到别人意见与你不一致时，也要委婉表示对什么地方不同意，与对方坦诚探讨。

（4）交谈时不要涉及个人隐私。不问不谈与接待服务工作无关的个人信息，注意保护客户的个人隐私和权益。

（5）掌握拒绝的艺术，委婉地说"不"。接待服务中，我们可能会遇到自己不愿意接受的事情，这时需要我们掌握拒绝的艺术。说"不"的时候首先需要尊重对方，尽量用一些委婉、得体的话语。必要时也可道明原委，寻求对方理解。

（6）多多使用赞美语言。喜欢赞美，是人的天性。发自内心的真诚赞美，可以使对方产生亲和心理，不失为交际最好的润滑剂。每个人都有可赞美之处，只要用真诚的目光去关注，都能找出对方身上的优点。出于好感和善意，多多使用赞美语言，可以让对方感到心理上最大的满足。事实上，承认别人长处，正说明自己虚怀若谷。

任务三　处理服务纠纷的礼仪

在服务中，我们应该从"客户至上"的角度出发，语言文明礼貌，仪态大方得体，尽量争取客人对我们服务工作的理解和支持。但由于客人的心理、性格、情感、愿望以及利益要求不同，加之接待服务工作是在人际交往中去完成、去实现的，所以有时候产生矛盾或纠纷，是难以避免的。

首先，职业人员要管理和控制好自己的工作情绪，尽量在服务中及时调整，减少矛盾或纠纷的爆发。其次，在处理服务纠纷的过程中，要按照一定的礼仪要求去化解、解决矛盾或纠纷。

一、管理好自己的情绪

善于控制和驾驭自己的情绪，需要职业人员具有良好的职业意识、礼仪修养和敏感度。

在长期接待服务中，要真正做到微笑服务并不容易。实际工作时，我们常常会遇到主观的、客观的各种问题，尤其当客人在文化素质、个人修养、思维习惯、行为习惯等方面存在巨大差异时，职业人员常会不自主地在心理上产生情绪。而一旦情绪溢于言表，就非常容易伤人伤己。即使没有引发冲突，也会流露出不快，不会给人带来美好的服务体验。

当遇到突发性事件时，要保持理智和清醒，注意抑制住冲动情绪，管理好自己的情绪，并迅速按规定的预案进行处理。当自己心情欠佳时，不应把情绪发泄在客人的身上，应努力把注意力调整到眼前的工作中，放下个人情绪，做好服务工作。当客人对我们提出批评，使我们难堪时，我们应冷静对待，切不可将矛盾激化，不可收拾。如属于客人无理取闹，则按程序交由相关部门去协调处理。当客人对我们不礼貌时，我们不能以牙还牙，而是要宽容以待,以礼相待,有礼有节地解决问题。当接待客人较多,工作量较大时,应注意服务态度和工作效率;当接待客人较少,工作量较少时,应注意加强自律。

在与上级领导、同事交往中,应尊重友好,心平气和。遇有矛盾或争议,应冷静、谦让,智慧地寻求解决矛盾的办法。如遇让自己很恼怒的事情,一定要冷静,绝不能采取粗鲁的态度和过激的行为,应当尽力保持文明礼貌的姿态,以理服人。

二、处理现场矛盾的礼仪

服务中,现场矛盾主要是指服务人员在接待、服务客户时产生的矛盾及纠纷。引起这种纠纷的原因是多方面的。有客户本身素质的原因,有客户对服务、对商品认识程度的原因,也有接待服务人员个人的性格等原因。

处理现场矛盾的基本原则是:按照服务礼仪的要求,坚信"顾客永远是对的"。服务人员只有树立这种正确的、客服关系中形式上的"不平等关系"的理念,才能使我们在解决现场纠纷中,找到最佳的解决方法和途径。

关于处理现场矛盾、纠纷的出现,主要有以下三种情况。

(1)当客户购买服务或商品后,由于种种原因提出退换的要求。按有关规定,有些服务和商品可以退换,接待服务人员按规定给予退换并周到服务,客户会有满足感而离去。而有些服务和商品按规定不可退换,有些客人又不能理解,便会产生矛盾和纠纷。面对这种情况,服务人员一定要做到语言委婉,态度和蔼,以换位思考的角度,设身处地为客户考虑,作耐心细致的解释,求得客户的谅解和合作。同时,还应积极帮助客户想办法、提建议,从另一个角度满足客户的需要,使矛盾纠纷得以和解,让客人满意离去。

(2)在服务的过程中,有时会遇到一些过于挑剔的客户。他们甚至会提出一些无理要求。面对这类客户,接待服务人员决不能和客户赌气,采取不屑一顾的态度,使服务与被服务的关系搞得异常紧张,甚至崩裂。此时,接待服务人员应该以极大的热情、友好的态度,比接待其他客户更大的耐心,尽量给他们提供选择的余地。还要对客户表现出的疑虑、不满甚至是无知的行为,给予谅解和包容。用和蔼的态度,有针对性地做介绍,打消客户的疑虑,使客户在无可挑剔的优质服务中,自动放弃挑剔的行为,将这种矛盾抑于萌芽状态中。

(3)另一种纠纷,则是客户本身素质低下,缺乏对服务人员的尊重。存在一些顾客把服务与被服务这种形式上不平等的人际关系,看作人格上的不平等,认为服务人员就是应该满足他所有的要求,甚至是一些过分的要求,如大声地呵斥服务人员,用尖酸的语言讥讽接待服务人员,等等。这类客户很容易使接待服务人员情绪失去控制,发生争吵。发生争吵和纠纷的原因,就是客户的人性弱点激发了接待服务人员潜在的意识弱点。面对这类客户,要求接待服务人员不仅要有服务礼仪的规范,更应该具有职业修养,有较强的自控能力。

这类纠纷发生后,现场其他接待服务人员可以从以下几点立即出面从中调解:

① 制止该接待服务人员,让其离开现场,自行冷静;随后立即代其向客户道歉,耐心听客户把话讲完。一方面可让客户将心中的怒气宣泄出来,另一方面进一步了解清楚事情的真相,以便恰当地处理。

7

② 马上用服务礼仪和规定的工作程序重新为客人服务,让客户心理得到补偿和满足。

③ 待客人心平气和后,用委婉的语言作解释,使矛盾纠纷得以解决。也可根据现场需要,适时请出已经恢复平静的当事接待服务人员,再次向客户表达歉意。

处理这一类纠纷时,可按规定给客人一些特殊优惠的服务和馈赠,让客户得到物质的补偿,满意而去。

三、处理客户投诉的礼仪

客户的投诉,是指客户主观上认为由于接待服务工作上的差错给自己带来了麻烦和烦恼,或者损害了自身利益,向有关部门提出反映等情况。在基层服务岗位,这类事情时有发生。

正确地对待和认真处理好客户的投诉,不仅是在维护消费者的利益,更是改进接待服务工作、塑造企业形象、提高服务水平的一个重要组成部分。

客户投诉的本质是消费者维护自身的权益。如果我们能正确地处理好客户的投诉,将会使客户对此产生信任感,促进企业的运转;反之,会让客户有种被欺骗的感觉,最终企业的自身利益也难以得到保证。

(一) 正确处理客户上门投诉

(1) 要有正确的维护消费者利益的观念,牢记"客户的利益高于一切"的原则。职业人员应该明白,维护消费者的利益,就是维护企业本身的利益,维护企业的美誉度。

(2) 对客户投诉,一定要热情接待。接待客户的过程,实质就是一个缓和矛盾、解决矛盾的过程。要尽量不使矛盾激化,使客户"气顺"。更为周到的服务投诉,有时需要专门设置投诉接待室,让客户在接待室内,满足一种被"重视、尊重"的心理需要。同时,要耐心听取客户的陈述,而不应计较顾客在表达过程中的一些过激言辞。

(3) 对客户投诉中的合理要求,应尽快给予答复和满足。如确属接待服务人员态度、工作作风的原因,应立即道歉、赔礼,态度要诚恳,以求得客户的谅解,并达到沟通的目的。不可回避、躲闪、拖沓、激化矛盾;如果是服务项目或商品质量的原因,更应该毫不犹豫地按规定为顾客更换或退款,并对使客户来回奔走带来的麻烦,表示歉意,同时感谢客户对企业工作的支持。绝不可有抵触情绪,或认为客户是挑刺找麻烦的想法。

(二) 及时处理信函式客户投诉

客户若以信函的形式进行投诉,企业一定不可懈怠。应尽快进行事件调查,并按照规定时间,尽快将投诉事件调查、处理、解决的结果告知客户,使客户从内心感到满足,感受到被尊重与重视。

如果投诉的事件影响较大,有关部门负责人还应亲自登门拜访客户,以表诚意与感谢。

总之,正确对待客户的投诉,是一家企业或组织改进工作、不断提升管理水平的需要。正确对待客户的投诉,不仅反映了一家企业的风度、风貌和管理水平,更能体现服务工作人员、管理人员的自身修养、职业道德与专业水平。

在学生的青少年时期,我们努力培养他们成熟的和真正的公民意识;把为社会服务看作一个人最主要的美德。

——苏霍姆林斯基

项目二　家政养老类岗位服务礼仪

项目学习目标

情感态度目标

1. 具有强烈的服务意识。
2. 自觉规范自己的职业形象。
3. 具有敬业精神、团队精神、协作意识。

技能目标

1. 能运用职业形象礼仪标准,塑造专业的家政养老类工作人员形象。
2. 能运用大方得体的服务工作仪态技巧。
3. 能运用服务岗位的基本礼仪规范和语言沟通技巧。

知识目标

1. 了解在家政养老类服务中对服务环境的礼仪要求。
2. 掌握家政养老服务类工作人员应达到的专业的职业形象标准。
3. 明确家政养老类服务与接待的工作岗位礼仪规范。

项目学习内容

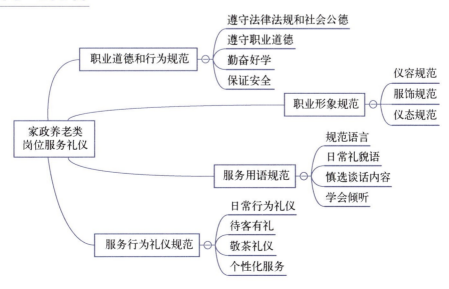

彬彬有礼彰显专业服务

唐总的秘书打电话告诉家政管家小李,唐总下午有位朋友要来家里做客,请小李晚上准备好家宴款待客人。接到电话后,管家小李就开始忙碌起来:确定菜谱,订购食材。等线上订购的新鲜食材一送到,便和家政服务员小王一起迅速开始处理,做晚餐的前期准备……

晚宴的美酒佳肴,让唐总和客人——××集团蒋总谈笑风生,频频举杯。席间,唐总谦虚地请问蒋总:是否满意? 蒋总笑着答:"满意,满意。你的管家相当不错。不说晚餐的精致和周到了,就单看一个细节,吃饭前,他来给我们送咖啡的手势和躬身后退的动作,就知道,管家的业务水平不低啊!"

由此可见,接待客人时,即使是一个小细节,都会给客人深刻的印象。管家小李专业的仪态和彬彬有礼的举止,得到了客人的由衷赞赏,也让唐总很有面子。

讨论:专业的仪态和礼节,为什么会给人良好印象?

案例分析

专业水平的展现,常常是通过一个个细节:姿态、动作或表情等,就已经明明白白呈现在大家面前了。自然而优雅,温润而清晰,留给人的是高品质和好品味的感受。而恪守职责,装扮规范,仪态大方,彬彬有礼,具备专业的服务技能,是每一位优秀家政养老类服务职业人员的重要标志。案例中,管家小李除了准备精致的晚餐,连上咖啡的细节,都处理得非常专业,让见多识广的蒋总也由衷赞赏,可见小李的专业技能扎实、专业服务水平优秀。家政养老类职业人员应该不断强化服务意识,提高礼仪水平,坚守服务原则,强化服务技能,最终成为家政养老类金牌服务员,获得职业幸福感和社会的好评。

社会服务产业是涉及亿万群众福祉的民生事业和具有巨大发展潜力的朝阳产业,大力发展社会服务产业对更好满足人民群众日益增长的美好生活需要、高水平全面建成小康社会具有重要意义。《教育部办公厅等七部门关于教育支持社会服务产业发展 提高紧缺人才培养培训质量的意见》(教职成厅〔2019〕3 号)中明确提出:以习近平新时代中国特色社会主义思想为指导,全面贯彻党的十九大精神,落实全国教育大会精神,坚持以人民为中心,贯彻党的教育方针,主动适应家政服务业与养老、育幼、物业、快递等融合发展新模式,居家为基础、社区为依托、机构为补充、医养相结合的养老服务体系建设新要求,家政电商、"互联网+家政""物业+养老服务""互联网+养老"等新业态,不断满足城乡社区居民多样化、个性化、中高端新需求,以社区为重点依托,聚焦专业人才供给,拓展社会服务产业发展空间,以职业教育为重点抓手,提高教育对社会服务产业提质扩容的支撑能力,加快建立健全家政、养老、育幼等紧缺领域人才培养培训体系,扩大人才培养规模,全面提高人才培养质量,支撑服务产业发展,增强广大人民群众的获得感、幸福感和安全感。

可见,家政养老类服务业已成为服务业中一个规模庞大并具有良好发展前景的领域。

一是市场需求庞大。家政养老类市场需求缺口较大。社会老龄化加剧、二胎政策开放、工作压力增大等因素,为家政养老类行业提供了庞大的市场需求。二有国家政策扶持。国家将家庭服务业作为发展的服务产业,列入了相关规划中,落实扶持政策,支持家政养老类服务业发展新业态。三是人民对服务品质有要求。伴随着中国社会经济的快速发展,越来越多的城乡居民开始追求更高的生活品质,很多家庭急需高品质的家政养老类服务(图7-2)。

图7-2　家政护理人员很重要

项目实施

　　家政养老服务,将部分家庭事务社会化、职业化、市场化,帮助家庭与社会互动,构建家庭规范,提高家庭生活质量,以此促进整个社会的发展。家政养老服务不再被认为是伺候人的、不体面的工作,而和所有其他职业一样,被看作是社会分工下的一种朝阳行业。

　　家政养老类服务人员,即根据客户要求,管理家庭有关事务、进行老年服务等工作的职业人员。家政养老类服务人员的基础工作是为客户家庭料理日常事务,操持一般家务,照顾老人、儿童、病人等。高级家政管家,则要对客户的家庭事务进行全面安排,具体安排其他家庭服务人员的日常工作,针对客户家人的不同特点,调配膳食,美化家庭环境,安排家庭休闲娱乐,迎送宾客,指导科学体育锻炼及合理的作息,等等。

任务一　职业道德和行为规范

　　要做到优质服务,需要家政养老类服务职业人员注重强化职业道德、法治意识、安全意识和职业素养,除了掌握家政类服务的技能,还要规范好自己的个人仪容仪表和言谈举止,不断提升自己的个人修养和服务能力。

一、遵守法律法规和社会公德

(1)遵守国家各项法律、法规。自觉学法、知法、懂法、守法,使自己的行为合法。

(2)遵守社会公德。遵守各项规章制度,执行公民道德建设实施纲要。

(3)文明礼貌、温和热情、尊重他人。自尊自强,爱岗敬业,具备专业自豪感。

(4)遵守合同条款。不无故违约,不无故要求提高待遇、减少工作或不辞而别。如与客户发生矛盾,出现客户侵犯家政服务人员合法权益,或变更服务地址、服务工种等,无论何种原因,家政服务人员均应先行告知经营者,不要擅自处理。

二、遵守职业道德

(1)要有强烈的工作责任感,对工作要有耐心,对人要有爱心。视客户如亲人,不得虐待所照看的老、幼、病、残人员。应主动适应客户的生活节奏。

(2)尊重客户的生活习惯及合理要求,尊重客户的宗教信仰及个人喜好等,不得干预客户的私生活。

(3)不得泄露客户隐私。不得泄露客户的私人信息和有关家庭信息,包括不得泄露客户及其亲友的家庭和工作地址、电话号码、电子邮件信息及其他私人信息。

(4)对客户家事不说长道短。不参与客户家庭及邻里的矛盾纠纷,不传闲话,以免激化矛盾。

(5)不向客户借钱或索要财物。

(6)在离开客户家庭时,若有必要,可以主动打开自己的包裹行李让其检查,以示尊重。

(7)要对自己的行为负责。在做之前,想清楚应不应该。若出了问题,要自己面对,承担责任,想办法解决问题。

三、勤奋好学

努力学习服务技能,完成好自己岗位工作任务。对家政服务工作要恪尽职守,精益求精。注意:

(1)对不会使用的家庭器具,未经客户指导和允许不得使用。

(2)未经客户同意,不使用其通信工具和电脑等设备。

四、保证安全

时刻保持工作场所及设备设施的安全,保护好客户和自身的安全。

(1)重视食品安全。从采买到储存,要保证食材的安全、新鲜与健康。

(2)重视用电、用气、出行等安全。规范操作,注意防火、防盗,防止意外的发生。

(3)不擅自引领他人进入客户家中,不带亲朋好友在客户家中停留或食宿。

(4)不要与异性成人、青年人同居一室。

(5)不擅自外出或夜不归宿。如有特殊情况不能按时返回,要征得客户同意。

任务二　职业形象规范

一、仪容规范

（1）讲究个人卫生。头发要勤洗，勤梳理，保持头部健康、干净、清爽、整齐。发型以整洁、大方为宜。男士：短发，不留长发、鬓发，不剃光头。女生：短发整齐，长发束起，树立神清气爽的职业形象。

（2）每日上岗前，要检查自己的仪容仪表，不要在餐厅、有客人的地方照镜子、化妆和梳头，整理仪容仪表要到指定的卫生间。注意：照顾婴幼儿时，不染发、不留长指甲、不染甲油，不抠脚，不掏耳鼻。

二、服饰规范

（1）穿着整洁卫生、美观大方且易于活动的工作服，不能过于随意；根据需要佩戴好工作牌。

（2）工作装应宽松适中，长短适中，衣扣扣好，着装规范。

（3）工作期间，忌穿着杂乱、鲜艳、暴露、透视、短小、紧身的服装。

（4）照顾婴幼儿时，不戴任何首饰。

三、仪态规范

优雅的仪态、大方的举止，可以透露出自己良好的礼仪修养，促进客户家人与来客的认同感。

（1）"站如松"。

（2）"坐如钟"。

（3）室内宜控制步幅。不要在室内奔跑，遇急事，应快步走。

（4）有需要下蹲时，注意礼貌，不让他人不便，不暴露身上隐私。

（5）与客户等交流时，应保持大方、自然、专注、友善的面部表情。

（6）指引方向、介绍时，应采用规范的手势。

7

任务三　服务用语规范

一、规范语言

提倡用普通话服务。根据服务需要，可以采用适应服务对象的地方话或外语进行服务，方便与客户的交流与沟通。

文明用语，禁止说脏话、怪话等不礼貌的语言，杜绝不礼貌的言行。

二、日常礼貌语

（1）见面主动打招呼，正面视人，面带微笑。

（2）称呼要得当。常用"先生""夫人"等尊称。不便判断时，有礼貌地询问对方如何称呼。注意：家政服务人员与客户再熟悉，也不能对客户直呼其名，不能使用自己方言区的习惯称呼客户。

（3）十字礼貌用语要挂嘴边："您好、请、谢谢、对不起、再见"。

（4）电话使用礼仪：无特殊情况，主要工作节点不要打私人电话；不要主动接听客户电话；不随便使用客户家里电话。若需使用时，应先征得客户同意再使用，且尽量把时间控制在3分钟之内。

三、慎选谈话内容

（1）根据工作内容，主动与客户及家人交流与沟通，明确工作任务。

（2）服务进行前，主动征求客户意见。如："我可以进来吗？""需要把窗户打开吗？"

（3）不得评论客户是非，不得询问和谈论客户家的隐私。如果有事问客户，客户不回答，不要追问不停。

四、学会倾听

（1）认真倾听客户的要求和意见，多听少说，认真按客户要求做事。

（2）若有分歧，当耐心倾听客户意见，按照客户的意见去做，努力满足客户的需要。不辩解，不争论。

（3）客户批评时，即使客户有错，也不要急于辩驳。要认真倾听，等大家都平静下来以后再作解释。

（4）不高声说话，有效控制声音。语气温和，吐字清楚，音量适度，语速得当。

任务四　服务行为礼仪规范

一、日常行为礼仪

（1）严格按照约定时间进行服务，不迟到，不早退。如遇特殊情况，应及时向客户说明原因。

（2）做到"三轻"：说话轻、走路轻、操作轻。

（3）递送、接收物品，要用双手，且掌心向上，轻拿轻放。

（4）进门前按门铃或敲门，征得同意后进入。即使门是开着或虚掩时，也应敲门示意。按门铃或敲门时，以轻缓为宜，一般一次3下，最多3次。

（5）出门时随手关门。注意尽量避免发出响亮的声音。

（6）外出进门后，应尽快洗手或洗澡。

（7）用过工具或物品后，要物归原处。

（8）在客户家里，未经客户同意不要坐在客户的床上。

（9）若与客户一起吃饭，要文明用餐，尽量不要发出声音。若在家里共同进餐，要记得主动服务。

(10) 擦桌子的时候,要往自己的方向擦,且重复擦拭,直至干净。

(11) 出错时,要主动道歉,且道歉要真诚、及时,虚心听取意见,及时补救。

(12) 有事请假,需要事先说明,并征得客户同意。若辞职,要按照服务合同相关规定执行,要考虑客户能否及时妥善安排。

(13) 处理客户家内部问题:客户家庭内部大小矛盾,家政养老类工作人员不要介入。不为双方的过激行为作旁证。等双方冷静后,在双方间可以做些沟通说服工作;说服不了,不要勉强。

(14) 根据客户需要,对客户日常生活开支进行管理,包括采购、记账与汇报等。

二、待客有礼

(1) 根据客户家庭习惯,协助客人换鞋(或穿鞋套)、存放手提包、挂好外衣、帽子;引领客人到客厅入座。注意:目光柔和,微笑相迎;手势规范,姿态大方;靠边引领,请客人走在中央。

(2) 依照客户示意,送茶水、点心、瓜果,热情款待客人。

(3) 客人告辞,随主人送客。协助客人穿鞋(或脱鞋套)、穿戴好衣帽、拿好手提包等,礼貌告别。

三、敬茶礼仪

(1) 净手,准备洁净的茶具。

(2) 如果用茶水和点心一同招待客人,应先上点心。点心应给每人上一小盘,或几个人上一大盘。点心盘应用右手从客人的右侧送上。

(3) 选择客户指定的茶叶,现冲现泡。

(4) 讲究饮茶传统,泡茶七分满;茶水浓淡适度,不要沏得太浓或太淡。

(5) 托盘托茶杯送出,将茶杯轻而稳地放在茶几或桌上,避免烫到人。

(6) 茶杯应置于客人或主人容易且方便拿的右手方,杯把朝右。递出茶杯时,要用双手一起端起杯来,左手托底,右手握杯把或端杯子中部,盖碗杯端杯托。注意:不要把手指搭在茶杯边上,手不要触碰杯口,也不要让茶杯撞在客人手上,切忌把茶水洒客人身上。

(7) 微笑招呼客人用茶,并以手势请茶。然后后退,转身离开。

(8) 及时续水。视主、客方喝茶习惯及时续水。一般情况是:当杯中水量仅剩 1/2 时,应及时续水;或约 15~20 分钟,续水一次。

注意以下细节:

① 若客人没有注意,要轻声说"对不起",再端杯续水;若客人谈话中,可以手势示意要加水。

② 轻启茶盖,可把杯盖翻放在桌上或茶几上,只是端起茶杯来倒水。续完水后要把杯盖盖上。注意,切不可把杯盖扣放在桌面或茶几上,这样既不卫生,也不礼貌。

③ 续水时,水壶口距离茶杯口一两厘米为宜,轻缓倒水,注意不要让水溅出。

④ 茶杯放回桌上时,要轻而稳;微笑,以手示意客人用茶。

7

课堂互动

讨论并操作实践：礼貌敬茶

情境设计	小李服务的唐先生家,今天来了两对夫妻做客	
活动项目	礼　貌　敬　茶	评　价
讨论	小李该怎么敬茶才有礼貌	理论知识得分
实践操作	分别由3组学生合作,组员分别扮演小李、主人一家人、客人; 现场演练"敬茶"过程	实战能力得分
交流	合作组,就实践操作过程的收获和问题,进行交流; 每组选派一位组员代表大家的意见,进行班级交流	提升空间得分
教师点评	细节决定成败	综合得分

知识链接:
家政服务员
国家职业等
级标准

四、个性化服务

个性化服务是规范化服务的升华。

伴随着中国社会经济的快速发展,越来越多的城乡居民开始追求更高的生活品质,很多家庭急需高品质的家政养老类服务。再者,随着科技的发展,大数据、AI智能的广泛应用,整个服务业变得越来越个性化,客户对于服务差异化的个性需求也会越来越强。

为了满足城乡社区居民多样化、个性化、中高端的服务新需求,家政服务类职业人员要用心做好服务,努力提高各项技能,还要有一定的灵活性和创造性,努力创新工作方式,为客户提供更适宜、更暖心、更舒心的个性化服务。

 小链接

将心比心才是最好的服务

泰康健康产业投资控股有限公司高级副总裁兼首席市场官刘淑琴,在谈及优质服务时分享道:我们社区有一类特别的客户——患有阿尔茨海默症的一些长辈。因为记忆的问题,他们的生活还停留在以前熟悉的场景中。

有位老人曾是位老领导,特别爱开会,爱逛工地。为了满足他的需求,我们就设置这样的服务场景:每天查房的时候,和他坐下来开会,他讲我们记笔记;带他出去散步,让他视察工地;他提出的诉求,我们写成信,帮他送出去。这些让老人觉得他依然处于原来的生活场景中,使他得到精神的满足。这种做法也让他的子女特别感动。

模块七
服务礼仪训练

一个医生或护士是不应该在伤员面前昂首而过的。一个医生、一个护士、一个招呼员的责任是什么？那责任就是使你的病人快乐，帮助他们恢复健康，恢复力量。

——白求恩

项目三 医疗护理类岗位服务礼仪

项目学习目标

情感态度目标

1. 具有强烈的服务意识。
2. 自觉规范自己的职业形象。
3. 具有敬业精神、团队精神及协作意识。

技能目标

1. 能运用职业形象礼仪技巧，塑造专业的医护人员形象。
2. 能运用大方得体的医护类服务工作仪态技巧。
3. 能运用医护类服务岗位的基本礼仪规范和语言沟通技巧。

知识目标

1. 了解医护类服务工作对服务环境的礼仪要求。
2. 掌握医护类服务人员应达到的专业的职业形象标准。
3. 明确医护类服务岗位的礼仪规范。

项目学习内容

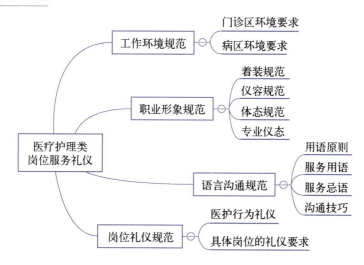

导入案例

爱理不理使患者不满

某一市属医院的内科病房住有两名患者。其中一位患者是某高校教师,另一位患者是远郊农民。后者常有成群结队的家属来探视,人多嘈杂,且部分家属行为粗放:大声说话、抽烟、随地吐痰等。护士小白非常反感,但并未与之正面冲突。

一段时间后,此患者及其家属便常常挑剔、指责小白,一次甚至辱骂小白。护士长出面来调解,这时该患者反映说:护士小白对她旁边的高校教师和颜悦色,却常对她爱理不理,还给她脸色看,因而使得他们恼羞成怒。

讨论:小白并没有护理不当,出言不逊,该患者不满的原因是什么?

案例分析

好的服务,不仅表现在服务技术专业、服务用语规范,还包括很重要的部分——服务态度良好。服务态度不仅指服务用语礼貌,很重要的部分还表现在医护类职业人员的专业形象上。装扮规范、仪态大方、表情关切是服务态度的重要指标。

案例中"爱理不理""给她脸色看",显然是小白没有坚守住"客户(患者)至上""平等待人"的服务原则,没有调整好服务心态,她的个人情绪有意无意地表现在了面部表情和身体姿态上,从而导致了患者的不满。以患者为上,对待患者一视同仁,是医生护士与患者及家属沟通中应遵循的重要原则,也是医疗护理类工作礼仪的基本要求。但真正做到却并不容易,尤其当患者的文化素质、生活习惯存在差异,医护人员常会不自主地对素质较低、生活习惯较差的患者产生反感。一旦把反感溢于言表或假于颜色,便容易伤害患者自尊,引发冲突。因此,医护类职业人员要强化服务意识,坚守服务原则,还应学会调整心态,把控好声音、表情等透露出的服务态度。

医生护士是医疗机构里人数最多、与患者接触最密切、接触时间最长的群体,其服务质量和服务态度的好坏,直接关系着患者及其家属,乃至社会对其所在医疗卫生机构的评价和取舍。因此,掌握和运用好医疗护理礼仪,建立良好的医患关系,让患者积极配合医疗与护理工作,帮助患者早日康复,顺利完成医护工作职责,是医疗护理职业人员的必修课。

项目实施

任务一　工作环境规范

为患者,为关注健康的大众,营造一个方便舒适、宜于身心调养的医疗环境,是"患者至上"的具体表现,是对患者切实的尊重与关怀,更是保证医疗、护理工作顺利运行,促进患者康复的重要条件。

一、门诊区环境要求

（1）建筑装修装饰美观大方，色彩柔和，协调淡雅。

（2）配套设施设备俱全、方便安全使用。

（3）标识标牌规范，字体、颜色、大小等适度，指示清晰。

（4）咨询台、导医台位置恰当、醒目。

（5）墙面台面洁净无尘，地面干净无杂物。

（6）楼层分布合理方便，示意图简洁易辨。

二、病区环境要求

（一）配套完善

各种设备和用品配置合理，使用安全；各类陈设布局整齐、美观；通道无阻碍，安全便捷。

（二）环境舒适

环境色彩清雅，清洁卫生；安静，无超标噪声。

安静的环境能减轻患者的烦躁情绪，身心放松。根据国际噪声标准规定，白天病区的噪声不能超过 38 dB。色彩淡雅，能给患者以沉静、舒适之感。现实中，病区多采用浅蓝、浅绿、灰粉等冷色调搭配。整形美容等病区，可在走廊摆设绿色植物、花卉，或张贴壁画等点缀环境，调节患者的情绪。儿童病区，可用小动物、小玩偶等带有童趣的装饰，让孩子们放松紧张的情绪，轻松配合治疗。部分病区不适合摆放鲜花。如：呼吸科、产科、皮肤科等，防止患者因花粉带来过敏或不适。

（三）体感舒适

保持空气清新，保证空气的含氧量；满足适量的阳光照射；控制适宜的温度和湿度。

病室适宜的温度一般为：冬季 18～22℃，夏季 19～24℃。儿科病室适宜控制在 22～24℃。相对湿度则以 50%～60% 为宜。

任务二　职业形象规范

医护人员美好的职业形象是良好职业素养和专业精神的具体体现。专业的职业形象，向社会展示着医护职业人员自信严谨、庄重优雅、诚信大方的工作作风和职业风采。它既代表着医疗机构的公众形象和服务品牌，又在人们的健康咨询和患者的康复过程中起到增强信任、稳定人心的重要作用。

一、着装规范

（一）基本要求

1. 着工作服上岗

醒目的医护类职业服装，既能激发医护工作人员的职业自豪感、责任感，也便于患者

7

辨识确认。

2. 佩戴工作牌

佩戴标有姓名、职称或职务的工作牌,是医生护士的身份标志。它既是患者及家属辨认、问询和监督的需要,也是促进医生护士主动服务、自我约束的需要。

正确佩戴工作牌的要求是:端正别于左胸上方,正面向外,表面洁净,字迹清楚,不可粘贴他物。不得佩戴装饰性耳环、手链、手镯及脚链,不得佩戴与职业不相符的夸张性饰品。

3. 着装整洁大方

医生服、护士服,都具有极强的职业特殊性。穿着一定要干净平整,大小合体,长短适宜。里面衣服不能外露,不能搭配个性化的饰品。

(二) 细节要求

1. 戴好医生帽或护士帽

工作帽是工作服的一部分,应端正、稳定地置于头上,覆盖住头发。

护士帽主要有两种:燕帽和圆筒帽。

燕帽是常规款,戴帽时要戴正、戴稳,距发际4～5厘米,用简单的发卡固定,发卡不得显露于燕帽正面。短发应自然后梳,两鬓头发放于耳后,需要时可用小发卡固定。长发应将头发盘于脑后,盘发时可先将头发梳成马尾或拧成麻花状,用发卡或头花固定,也可直接戴网套。手术室、传染科及特殊科室的护士,为了无菌技术操作和保护性隔离的需要,工作时佩戴圆筒帽。在佩戴圆筒帽前,应仔细整理好发型,头发应全部放在圆筒帽内,前不露刘海,后不露发际。

2. 根据需要戴好口罩

无菌操作与防护传染病时必须戴口罩。口罩戴的位置高低和松紧要适宜,否则,不但没有起到口罩的防护作用,还影响医生或护士的形象。

佩戴口罩的正确方式

提示:

佩戴口罩,应完全遮盖口鼻,戴至鼻翼上一寸。口罩戴得太低或过松,污染的空气可从鼻翼两侧和周围空隙进入口鼻,起不到防护作用;戴得太高,会影响视线或擦伤眼黏膜;戴得太紧,会感觉呼吸不畅。以吸气时口罩内形成负压为适宜松紧。切忌将口罩戴到鼻孔下面、扯到颌下或吊在耳朵上面。

口罩应每天更换、保持洁净。在一般情况下,与人讲话时要摘下口罩。长时间戴着口罩与人讲话,是失礼的行为。

3. 搭配好鞋袜

医生巡查病房、护士服务患者时,每天都要在病区来回行走。穿低跟、软底、防滑、大小合适的工作鞋,既可以防止发出声响,又可以使脚部舒适,减少疲劳。

二、仪容规范

(一) 头发的修饰

医护类职业人员的发型应简洁大方,长短适当。

女士若是长发,在工作期间不允许随意将头发披散开来,应将其束起或盘挽在脑后,减少因长发披肩而导致的污染,给人以端庄、精干的印象。戴燕帽时,短发应后梳,两鬓头发放于耳后;长发应将头发盘于脑后,或戴网套束发。戴圆筒帽时,应整理好发型,将头发全部放在圆筒帽内,前不露刘海,后不露发际。

(二) 面部修饰

1. 面部清洁、自然

2. 修饰清新、淡雅

男士注意剃须,修面;女士以淡妆修饰形象。

(三) 肢体修饰

1. 手部修饰

在医护类工作中,绝大部分的检查、操作都是通过手部来进行的。因此,医护类工作人员手部的清洁卫生十分重要,一是防止交叉感染,二是维护医护类工作人员的职业形象。

(1)养成勤洗手的好习惯,并注意手的保养。必要时,应戴好手套,防止发生感染。

(2)指甲应经常修剪,保持清洁,避免病原微生物寄生而增加患者感染的风险。工作期间,不允许留长指甲、涂抹有色指甲油。

2. 四肢修饰

医护人员由于工作的多数时间是与病患近距离接触的,因此四肢的修饰不容忽视。注意不露肩,不光腿。

三、体态规范

工作岗位上,务必要高度重视体态语言的正确运用,使自己的体态语言礼貌、优雅而大方,有效地表达自尊敬人、训练有素的专业性。

(一) 站姿

应保持规范站姿,因工作需要较长时间站立时,除标准站姿外,可根据不同情况,选择不同的站立姿势。

采用为患者服务时的站姿,头部应侧向患者,手臂自然地下垂或持物。

(二) 坐姿

护士坐姿应该轻松文明、端庄大方。

（三）行姿

护士的走姿应轻盈自然，应当有节奏感，匀速、无声，给人以大方、稳重之感。
遇急事尽量勿跑动，可快步行走。

（四）蹲姿

护士礼仪规定，除比较特殊的情况，通常不允许护士采用蹲的姿势去面对患者。

（五）表情

正确运用表情，可带给患者及家属真诚、热情、轻松、愉悦的美好感觉。

1. 眼神

护士的眼神要真诚友好、专注有神。它会让患者对医护人员产生信任感。

2. 微笑

工作中，医护工作人员的微笑能提升亲和力，缩短护患之间的心理距离。患者焦虑时，微笑能给其安慰；患者不安时，微笑能让其镇静；患者怀疑时，微笑能使其信任。

3. 注意点

（1）工作中，应重视与患者及家属的表情互动，忌不看情境、不分对象地一味微笑和目光注视。如遇患者病痛难受或急救之时，医护工作人员的表情应随之互动，呈现高度重视、关切之态，给患者及家属以安慰。

（2）重视表情交流技巧。为帮助患者增加积极配合医生治疗的信心，在查房时，医护工作人员的表情应亲切、轻松。避免因表情凝重，而使患者产生心理压力。

四、专业仪态

（一）端治疗盘

用双手手掌和手指平稳托住盘底及两侧边缘的中部，肘关节呈90°弯曲，自然贴近身体前侧，盘内缘距腰部5～10 cm，盘内物品摆放整齐，取放轻稳。开门时用肩部轻轻推开。

（二）握病历夹

手掌握病例夹边缘中前部，置于前臂内侧，持物手臂靠近腰部；或左手握病例夹右缘上段，夹在肘关节与腰部之间，尾端与身体成锐角，右手自然下垂或自然摆动。

（三）推治疗车

护士位于车后，身体前倾15°左右，双手扶把，双臂均匀用力，抬头、挺胸、直背，行进停放平稳。

若病房门未开，入室前先停车开门。入单人病房，还应先敲门示意。推车入室后先关门，再推车至病床前。

任务三　语言沟通规范

医生护士所获得的第一手资料源于与患者及其家属的交谈。同时，对患者身体康复状态的过程了解、健康心理的积极引导、思想情感的交流等，也都离不开语言交流。良好的沟通与交流使人心情舒畅，也有利于交流目的的达成。

一、用语原则

医护类工作具有极强的专业性，也具有一定的特殊性。因此，医护类职业人员的语言也就有一定的要求与规定。

（一）规范性

语音清晰、词义准确、表达到位、通俗易懂。

（二）保护性

根据患者的具体病情，选择直言相告或委婉含蓄。对患者隐私或专门要求保密的内容，应进行保密。

（三）情感性

尊重、同情、体贴、真诚，对患者及家属不指责、不训斥。

（四）分寸感

交谈时的心理表露适度，自然、稳重，把握好距离和角色。

二、服务用语

（一）日常礼貌服务用语

医护类职业人员日常使用频率最高的服务工作用语。例如：您好，您小心，您别急，您慢走；请坐，请问，请注意，请配合，请放松，请稍等片刻；谢谢合作，谢谢理解，谢谢鼓励；对不起，请听我解释……

（二）不同岗位的文明服务用语

服务工作中，应根据不同的情境需要，采用不同的文明服务用语。

1. 门诊日常用语

接诊时："您好！请问您哪里不舒服？""您好！请在这里登记排号。请在候诊椅上休息等待，依次就诊，谢谢合作！"

检查或注射、换药治疗时："请坐，您别紧张。"交代注意事项之后，表示："谢谢配合！"

2. 手术室日常用语

核对病人后："您好！我是这台手术的巡回护士，请别紧张害怕，我们已为您做好一切准备,您放心。手术中如有什么不妥,请随时告诉我。"

手术结束后:"请放心,手术非常成功! 现在你需要好好休息,有事请随时叫我。"

3. 住院部护士日常用语

(1)入院介绍。病人被送至病区时:"您好! 有什么需要我帮忙吗?""请跟我来。这是您的病床。您的主管医生是××,责任护士是××。您先休息一下,他们马上会来看您,请稍等片刻。"

(2)采集病史。采集病史是住院护理程序中最为关键的一步。护士要尽快熟悉和了解病人情况,尽快成为病人的知心人和朋友。交谈时,要善于提问和倾听,并做好必要的记录。护士举止稳重、言谈得体,才能充分赢得病人的信任,为护患关系的良性展开做好铺垫。

(3)治疗检查。治疗操作时:"×床××,您好! 现在是您的输液时间,请配合一下,您需要先去卫生间吗? 您想打哪只手? 别紧张,放松。"注射完毕,按操作项目交代注意事项。检查前:"×床××,现在需要给您做血糖检查,请别紧张,希望您很好配合。"再具体交代如何配合。

(4)操作失误。真诚致歉,再次请求配合,一般连续失误两次以上应换人操作。如:"对不起! 请再配合一次,谢谢!"

(5)出院指导。做具体的指导,包括:服药、检查、休息、活动、饮食等。如:"您要出院了,回去后还要好好休息。现在告诉您回去后应注意的一些事项……(交代细节)""您住院期间对我们的工作有什么意见或建议请留下,以利于我们改进工作。谢谢您!"

(6)卫生宣教。如"您好,为了减少交叉感染,保证病人休息,请勿随意互串病房,并劝亲友减少来访,尤其勿带小孩来病房。""为了保持良好的休养环境,请不要大声喧哗,不要在病区吸烟。谢谢合作!"

(7)探视者接待。非探视时来访:"同志,您找哪位? 现在不是探视时间,请在下午3点后来访,送的东西,我可以帮您转交,请遵守医院管理规定,谢谢合作!"探视者过多:"同志,医院规定一次允许两人探视,人多影响病人休息,请支持理解!"

(8)安慰危重、死者家属。病情危重,家属情绪急躁时:"请您不要过分焦急。他的病情的确很重,但我们一定全力抢救。"患者死亡,亲属悲痛难以自持时:"请别太难过了,家属和医生都已经尽了力,但现代医学还不能挽救每位病人的生命。人死不能复生,我们与您一样难受,还有很多事有待您去处理。请节哀,请多保重!"

三、服务忌语

"良言一句三冬暖,恶语伤人六月寒。"文明优质的服务,应杜绝那些伤害患者感情、恶化医患关系的不当语言。

知识链接:
常见医护服
务忌语

四、沟通技巧

沟通不仅是一种科学的工作方法,也是一门艺术。医患之间的沟通,需要医护类职业人员使用文明礼貌的服务用语之外,还要掌握和运用正确的沟通技巧,进一步提高医疗护理的工作质量,建立良好的医患关系。

(一) 尊重患者,一视同仁

平等与敬人,是职业礼仪的基本原则。医护类职业人员在对待患者及其家属时,应该以礼相待、平等相待,才能赢得患者及家属的尊重。优质的服务,还需要进一步站在患者角度思想行事,想患者所想,急患者所急,展现高度的职业精神和素养。

(二) 注重细节,用"心"服务

医生、护士对患者的每一句有针对性的问候或提醒,会让患者由衷地感到温暖,感受到医生、护士的专业水平。而患者不经意流露的表情、身体发出的动作或说出的话语,有时比患者正式的病情描述更真实,更能给医生、护士提供诊治、护理的病情参考。这些都需要医护类职业人员高度的责任感、专业的敏锐度,以及用心、耐心、细心的观察。

(三) 避免对患者说"不"

患者的身心处于不健康状态,容易激动甚至产生极端情绪。对于患者的提问或要求,不要回避或回绝,最好立刻正面回答或解决,不要拖延。

(四) 与特殊患者的沟通技巧

1. 与激动易怒的患者沟通

保持冷静,安抚患者或家属;认真倾听患者的感受和困难,表达关心和理解;做出理解性的正面反应:尽力及时满足患者需要,或向患者明确说明解决问题需要的途径和办法,使患者的身心恢复平衡。

2. 与沮丧、抑郁的患者沟通

通过鼓励、倾听、安慰等技巧,对患者表示理解、关心和支持;亲切地提出一些简单的问题,给予积极的暗示,使其感到关怀与重视。

3. 与冷漠的患者沟通

主动关心、帮助患者,给予细心体贴的服务,使患者感受到医生护士的责任心和爱心;有时当患者希望独处时,还应进行必要的回避。

4. 与病情严重的患者沟通

交谈时语言尽量简短,避免一些不必要的交谈;可运用触摸等沟通技巧与之交流,并细心观察其反应。

5. 与有感知障碍的患者沟通

交谈时,可通过面部表情、手势、触摸等沟通技巧;或运用书面语言、图片等与患者沟通,让患者充分感受到医护人员的关心与理解。

总之,医护类职业人员应努力通过有效的沟通建立良好的医患关系,从而更全面地满足患者的身心健康需要,为患者提供科学的、系统的、高效的医疗、护理服务。

7

任务四 岗位礼仪规范

一、医护行为礼仪

医护类职业人员在日常工作中,恰当的举止、规范的形体语言和可亲的有声语言,可以有效地减少患者顾虑,消除紧张情绪,使患者对医护类职业人员产生信任感。

(1) 进入单人病房时要先敲门;进出病房应随手关门。

(2) 做到"四轻":走路轻、关门轻、操作轻、说话轻。

(3) 患者向你走来时,要起身相迎;患者行动不便时,要主动出手相助。

(4) 在为患者做常规操作时要先洗手、消毒,在为患者做暴露操作时要用屏风遮挡。

(5) 在为患者测量血压、心率和脉搏等需要直接接触病人身体的操作时,应先将手搓热。

(6) 在护理操作时,应认真、规范,着力的轻重、范围大小要适度。

(7) 在与患者交往中,不能面无表情、紧皱眉头,更不能表现出不耐烦和漫不经心。

二、具体岗位的礼仪要求

(一)导诊护士礼仪

(1) 仪态形象规范:按要求着装与修饰,站姿规范。

(2) 表情真诚热情:眼神真诚友好,笑容亲切感人。

(3) 指引明晰准确:语言准确简洁,手势规范。

(二)门诊医护礼仪

(1) 接待主动热情:主动问候;双手接过病历号单等;告知患者接下来的事宜。

(2) 礼貌对待候诊患者:护士应观察候诊区的情况,即时引导;密切观察候诊患者的病情变化,发现病情严重的患者,应安排提前就诊或送急诊病区处理。

(三)病区医护礼仪

(1) 仪态形象规范:正确把握自己的职业角色,规范个人职业形象,避免因仪态举止不当传递错误信息。

(2) 用心服务:善于协调医患之间、患者之间、患者与家属之间的关系;给予特殊患者更多的关注。

(3) 交接工作规范:交班前,必须完成当班诊疗或护理工作;保持治疗室、病区的环境整洁;各项记录规范、清楚。

最高的道德就是不断地为人服务,为人类的爱而工作。

——甘地

人的生命是有限的,可是,为人民服务是无限的,我要把有限的生命,投入到无限的为人民服务之中去。

——雷锋

项目四　交通运输类岗位服务礼仪

项目学习目标

情感态度目标

1. 具有强烈的服务意识。
2. 自觉规范自己交通运输类工作人员的职业形象。
3. 具有团队精神、协作意识及敬业精神。

技能目标

1. 能运用职业形象礼仪技巧,塑造专业的交通运输类职业人员形象。
2. 能运用大方得体的交通运输类服务工作仪态技巧。
3. 能运用交通运输类服务岗位的基本礼仪规范和语言沟通技巧。

知识目标

1. 了解在交通运输类服务工作中对服务环境的礼仪要求。
2. 掌握交通运输类服务人员应达到的专业职业形象标准。
3. 明确交通运输类服务岗位的礼仪规范。

项目学习内容

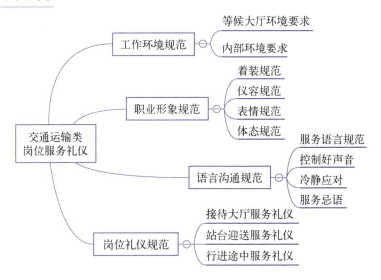

称赞源于规范的服务

司乘人员小刘,每天上岗前都要精心修饰,认真检查自己的仪容和服装。不管工作多么辛苦,他都总是把工作制服穿得笔挺。在服务过程中,他总是服务规范,热情友善,殷勤待客。所以,小刘经常会得到客人的称赞,深得客人的喜爱。

讨论:"总是把工作制服穿得笔挺",说明了什么?

案例分析

工作服不是一般意义上的服装。它是企业形象的可识别标志,体现着企业的文化和管理水平,代表企业的服务形象。具备爱岗敬业、自尊敬人的职业素养的工作人员,会善待工作服,善用工作服;只有具有良好职业素养的工作人员,才会尽心尽责,为人民大众提供优质的服务。

"总是把工作制服穿得笔挺",小刘的职业意识和职业素养清晰可见。规范的仪容仪表和服务,总能获得公众的赞赏、客人的称赞,还有领导和同事的认同。

现代化的交通运输方式主要有铁路运输、公路运输、水路运输、航空运输和管道运输。一个国家经济的发展,不仅要靠先进的生产技术,还要依赖发达的交通运输业。交通运输是一个国家经济的命脉,在国家的经济发展中起着极为重要的作用。

随着我国经济贸易和社会活动日益繁忙,以及人民生活水平的不断提高,交通运输发生了前所未有的迅速增长。为了助推国家经济的发展,为了适应广大人民群众的工作和生活出行以及旅游和购物等消费行为、消费方式的变化,满足人民群众对交通运输服务在数量上和质量上的新需求,我国交通运输类行业正以日新月异的速度发展。

交通运输类行业工作有着广阔的发展前景。交通运输类行业职业人员应自觉提高个人职业道德修养,提高岗位服务技能,遵守服务工作各环节的礼仪规范,努力为乘客提供最优质的服务。只有这样,才能让乘客满意,让公司满意,也让自己满意,进而树立起安全畅通、便捷高效、诚心友爱、环境良好的交通运输行业形象。

项目实施

任务一　工作环境规范

给乘客营造一个干净卫生、方便舒适又温馨的出行环境,是"乘客至上"的优质服务的具体表现,是交通运输类行业职业人员需要关注的首要服务准备工作。

一、等候大厅环境要求

(1)装饰美观大方,色彩协调。

（2）配套设施设备俱全，方便安全使用。

（3）显示屏、标识标牌规范，大小、字体、颜色等适度，指示清晰。

（4）服务咨询台位置恰当、醒目。

（5）通道安全便捷，地面清洁卫生。

二、内部环境要求

（1）车厢、船舱或机舱内，宽敞整洁，洁净无尘。

（2）各种服务设施和用品配置完善，使用安全。

（3）体感温度和湿度适宜。适宜的温度一般为：18～24℃；相对湿度为50%～60%。

（4）行进平稳，舒适度高。

任务二　职业形象规范

职业形象，是展示交通运输类行业职业人员自信友善、诚信大方的职业风采的视觉讯号。专业的形象，更符合广大人民群众对出行更快捷、舒适、安全的要求。

一、着装规范

（一）衣冠端正

着工作服上岗，规范穿着职业服装，既能激发交通运输类行业职业人员的自豪感和责任感，也便于乘客辨认，易于衔接工作。

（二）佩戴好工作牌

端正佩戴工作牌，是交通运输类行业职业人员的身份标志，既方便乘客辨认、问询和监督，也能促进交通运输类行业职业人员主动服务、自我约束，同时也方便上级领导或相关检查部门的工作调研和例行检查。

知识链接：
公路行政执
法人员着装
规范

7

（三）穿着整洁规范

职业装穿着要遵守季节规定，着统一式样。

上岗前，应熨烫衣服，以防有褶皱。同时检查有无损坏、污渍、掉扣、开线等情况。若有，应立即进行修理补救。

注意内衣不能外露，衣扣要扣齐，腰带平整。不掉扣、漏扣。帽子应戴在眉上方1～2指处。应定期清洁制服，保持制服干净如初。

（四）搭配好鞋袜

为适应工作行走需要，可穿中低跟、软底、防滑的工作鞋。防止发出声响，减少脚部疲劳。

二、仪容规范

（一）头发的修饰

1. 发型得体

交通运输类职业人员的发型应简洁大方，适合自己的脸型和制服。不留奇异、新潮发型，不准染异色头发。

男士：宜短发。不留长发或梳发辫，也不剃光头。保持前发长度不超过额头一半，侧发不遮盖耳朵，后发不长于后发际线，鬓角不长于耳朵中部。

女士：发不遮脸、不过肩，长发要扎起或盘起，用深色的发饰与整体保持统一。

2. 清洁整齐

头发要梳理整齐，定期清洗和修剪。时刻保持头发的整洁与清爽。

（二）面部修饰

1. 面部洁净

工作时，应保持眼部、鼻腔、口腔及耳部没有分泌物或异物。保证口腔没有异物和异味，保持口气清新。

2. 规范修饰

男士：每日剃须修面，保持整洁面貌。不用气味浓烈的护肤品和香水。

女士：应淡妆上岗，但不浓妆艳抹。

3. 注意点

工作区域，不得整理个人仪容。不得当众补妆或修饰面容，若有需要可在卫生间进行。

（三）肢体修饰

养成勤洗手的好习惯，并注意手的保养。

不露肩，不光腿。不允许暴露文身及皮肤粘贴彩绘。

三、表情规范

（1）眼睛看向乘客时，自然大方，真诚友善，体现关注。

（2）微笑体现热情与尊重，能够提升职业人员的亲和力。

四、体态规范

专业的体态语言，大方、优雅而礼貌，能有效地表达工作能力和自尊敬人的职业素养。

交通运输类行业职业人员在服务时，为配合语言的表达，经常运用手势来辅助表达内容，非常有必要。请进、指示、引导、递接等手势的使用要明确、大方，手部动作既规范又适度。

任务三　语言沟通规范

与乘客良好的交流与沟通，会使人心情舒畅，也有利于服务目的的达成。交通运输类行业职业人员在语言沟通时应注意以下规范。

一、服务语言规范

（1）服务语言应热情诚恳，表述通俗易懂，并使用规范的服务用语。

（2）日常礼貌服务用语：使用频率最高的服务工作用语是需要职业人员经常挂在嘴边的礼貌服务语言。如：

"您小心，您别急，您慢走。请坐下，请问，请注意，请配合，请稍等片刻。谢谢您，谢谢合作，谢谢理解，谢谢鼓励。对不起，让您久等了；非常抱歉……"

二、控制好声音

说话时，要控制和驾驭好自己的声音，展现自己良好的职业素养。切忌玩笑打闹，大声喧哗。

三、冷静应对

如遇乘客情绪激动，或有过激言行时，应当冷静处理，以理服人，不得针锋相对，激化矛盾。如遇暴力等违法行为，应按照应急预案沉着应对，注意维护乘客和自身安全，及时控制或报警，防止事态失控。

四、服务忌语

严禁使用讥讽性、歧视性、羞辱性、训斥性、威胁性语言。

严禁讲粗话、讲脏话、讲怪话。

任务四　岗位礼仪规范

一、接待大厅服务礼仪

（一）票务服务礼仪

（1）着票务人员统一制服，端坐于工作台内，专注于票务服务工作。

（2）面带微笑，热情接待。回答客人问讯时，耐心规范作答，娴熟处理业务、高效。

（3）若客人决定购票，则礼貌地请客人出示有效身份证件；认真核实证件并填写好相关资料后，双手将证件及车票（船票或机票）等递还给客人，请客人查验，并诚恳表示谢意。

（4）若遇电话订票，则在电话铃响起三声之内接起电话，首先向客人问好并自报家门，然后耐心询问客人相关信息，及时为客人办理相关手续。

（二）行李托运及更换登机牌礼仪

（1）着统一制服，端坐或站立于工作台内，神情专注。

（2）当乘客到达服务台前时，首先向乘客表示热情的欢迎，并礼貌地请乘客出示车票（船票）及身份证等相关证件。

（3）核实证件后,耐心询问乘客托运哪些行李,并耐心为乘客办理行李托运。若需要更换登机牌,则提供更换服务。最后双手将车票(船票或登机牌)及身份证等相关证件递还给乘客,并祝乘客旅途愉快。

（三）安全检查礼仪

（1）着安检人员统一制服,端坐于工作台内或站立于工作区域。

（2）当乘客到达服务区时,首先微笑表示欢迎,并礼貌地请乘客出示车票(船票或登机牌)及身份证等相关证件。

（3）核实证件后,面带微笑并礼貌指示乘客进行安全检查。按岗位分工,分别进行箱包检查、人体检查等。

（4）安检时,耐心向乘客说明检查要求,若需开包检查则要先向乘客说明,并经允许后方可进行。如遇特殊情况,应礼貌沟通,并按规定通知相关工作人员前来协助检查。

（5）检查结束后,向乘客表示谢意并祝旅途愉快。

（四）候车(候船、候机)大厅服务礼仪

（1）随时注意保持良好的环境卫生,随时清理地面、椅面、桌面的废弃物。

（2）主动为有需要的乘客提供咨询服务。

（3）及时提醒乘客注意车(船、机)的出发动态时间,避免客人误点。

（4）及时提醒乘客:休息时,照顾好孩子、老人和物品;出发或离开时,检查自己的随身物品,带齐自己的物件,避免遗失。

二、站台迎送服务礼仪

（1）及时引导,提醒乘客站台等候时注意安全。

（2）乘客登车或船时,工作人员应按规范礼仪站姿、面带微笑地站立于车厢或通道门口,迎接宾客。

（3）客人走近时,行 15°鞠躬礼,并热情问候。

（4）左手或右手手臂自然弯曲,手指并拢,掌心微斜向上,指示乘客进入车厢、船舱或机舱。注意提醒乘客留心脚下,注意安全。

（5）若遇客人携带行李箱,可主动上前相助,帮助其跨越障碍,保证上下车(船或飞机)的通畅。

（6）若遇老人、小孩、残疾人士,应热情扶助,并主动将其带到座位旁。

（7）客人离车(船或飞机)时,应按规范礼仪站姿并面带微笑地站立于门口,送别乘客。

（8）告别,向乘客行 30°鞠躬礼,并诚恳感谢。

三、行进途中服务礼仪

（1）耐心、亲切地向乘客介绍此次车组(船组或机组)乘务工作人员情况、餐车与卫生间等位置,以及途经的主要站点。

（2）仔细检查乘客是否系上安全带（汽车、飞机）、安全就座（火车）或处于安全位置（客船），提醒乘客乘坐注意事项，并耐心解答乘客疑问。

（3）随时注意保持车厢（船舱或机舱）的环境卫生。主动为有需要的乘客提供垃圾袋。

（4）若派送报刊，应走到乘客座位旁，上身微倾，用适当的音量和语调，询问乘客需要阅读哪种报刊；对闭目休息的乘客则遵循"不打扰"原则。

（5）给客人送餐食、饮料前，应把手洗干净，认真检查餐、饮器皿是否干净。

（6）若用推车，应先将餐盒、食品、饮料等整齐、合理地摆放在推车中。推动时，动作平稳轻松，表情大方自然。途中注意观察，及时提醒乘客留意餐车的通过。

（7）若给乘客递送餐盒、食品或饮料，应小心谨慎用双手递接，并将上面有文字、图案的正面朝向乘客。

（8）若为乘客斟递茶水饮料，应注意拿稳水壶，徐徐注入，注入七分即可，留意不要溅出。

 小提示

处理溅水要及时

若因自己不小心或突遇颠簸，把饮料或茶水滴洒在乘客身上：首先，要马上诚恳道歉。其次，要迅速处理。若对方与自己为同性，则用干净毛巾或手巾纸为客人擦拭；若为异性，则将干净毛巾或手巾纸双手递与客人。紧接着，再次致歉，并重新提供服务。

7

忘却自我，通过服务他人，找到真正的自己。

——甘地

项目五　旅游酒店类岗位服务礼仪

项目学习目标

情感态度目标

1. 具有强烈的服务意识。
2. 自觉规范自己旅游酒店业工作人员的职业形象。
3. 具有团队精神、协作意识及敬业精神。

技能目标

1. 能运用职业形象的礼仪技巧，塑造专业的旅游酒店类接待服务人员形象。
2. 能运用大方得体的接待服务工作仪态技巧。
3. 能运用旅游酒店接待服务岗位的基本礼仪规范和语言沟通技巧。

知识目标

1. 了解在酒店接待服务工作中对服务环境的礼仪要求。
2. 掌握旅游接待人员、酒店接待与服务人员应达到的职业形象标准。
3. 明确旅游接待、酒店接待服务岗位的礼仪规范。

项目学习内容

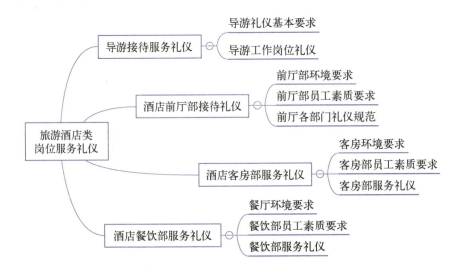

导入案例

笑迎天下客

小唐是五星级酒店前台接待工作人员。每天工作前,她都会活动一下面部肌肉和眼睛,同时给自己心里暗示:你真的很棒! 接待工作中,小唐始终保持高度的热情和责任感,热情接待每一位客人的到来。她总是面带微笑,语调柔和、细心、耐心、不厌其烦地为客人们讲解、指示,希望每一位客人都能从她的服务中获得"贵宾"的感受。小唐的优质服务得到了客人们一致的好评和赞扬。她热情的笑容给顾客的印象尤其深刻。离店时,都会微笑着向她表达谢意,夸赞她的服务好,有的客人还表示下次来还住这里。小唐由此收获了职业的获得感和幸福感,工作越来越有劲。一年后,公司派小唐去参加了高级酒店管理培训。

讨论:小唐靠什么赢得了客户和领导的认可?

案例分析

优质的服务,除了专业、高效的工作,良好服务态度是不可或缺的必要指标。服务态度不仅指服务用语礼貌,很重要的部分还表现在接待人员的专业形象上:装扮规范、仪态大方、微笑服务、目光礼貌等都是服务态度的重要因素。

此案例中"她热情的笑容给顾客的印象尤其深刻",可见,"笑迎天下客,天下客自来"的道理不虚。坚守"客户至上"的服务原则,调整好服务心态,小唐的个人情绪控制非常到位。因此,小唐在工作时能够完美展现出个人的工作能力和水平,带给客人美好的入住体验,赢得了客人和领导的一致认可,可谓个人、客人、酒店"三丰收"。旅游酒店类职业人员必须强化服务意识,学会调整心态,学会调整表情、语调和体态等,用优质服务给公司带来知名度和美誉度。

旅游酒店类职业人员的礼仪修养,贯穿旅游接待、酒店接待服务的全过程,也贯穿宾客从到来到离开的所有过程。旅游酒店类职业人员是与客人接触最密切、接触时间最长的群体,其服务质量和服务态度的好坏,直接关系到客人乃至社会大众对所在酒店或旅行社的评价和选择。因此,旅游酒店类职业人员掌握和运用好接待服务礼仪,是与客人建立良好的关系、顺利完成工作任务的基本保障。

7

项目实施

任务一　导游接待服务礼仪

一、导游礼仪基本要求

(一)保持清新整洁的仪容

(1)女导游员以淡妆修饰自己。

（2）不要戴墨镜面对游客讲解。

（二）着装规范整洁
（1）工作中，应穿着适合职业环境且较为正式的服装。
（2）佩戴导游标志。
（3）服装要与手持的导游旗和谐一致，要使本团的游客和周围的人群鲜明地感受到导游员的职业形象。

（三）仪态举止端庄大方，充满活力
（1）用手势时，动作规范，不要过大或过多，更不要唾沫横飞。
（2）注意不能当着游客打哈欠、伸懒腰、掏鼻孔、挖耳朵、脱鞋纳凉等。咳嗽和打喷嚏时，应当用手帕捂住口鼻并面向一旁，尽量避免发出大声。

（四）礼貌交流，耐心解答
交谈是导游员同游客交往的普遍形式，也是导游员与游客进行沟通的重要环节。导游员在与客人交谈时应做到：表情自然大方，有亲和力；语音、语调柔和而轻松；态度和蔼，耐心解答。

对游客的提问，尤其是频繁提问，要有耐心，并给予及时解决。如果心中有不同意游客所说的意见和观点，不要和游客争论，最好是耐心倾听，温和地表示听懂了他的话。对游客一定不能表现出妄自尊大、目中无人的样子。

交谈内容应符合导游规范，不宜涉及客人的个人隐私。

（五）遵时守约，言而有信
爱惜时间、遵守时间，是尊重游客的表现。

导游人员必须及时将每天活动的时间安排清楚地告诉给每个游客，并且随时提醒；自己要按照规定的时间提前到达位置，等候客人。

（六）照顾细致，服务周全
（1）尊重游客的信仰和习惯，服务严谨。最好能在接团前就能了解到这个团队人员的宗教信仰、风俗习惯和个人禁忌，以便在日后注意安排。
（2）注意照顾老人、小孩、残障人士和女士。在突发事故中，应先照顾老人、小孩和女士，对待残障人士要进行特殊服务。表现出关心、体贴，而不是同情、怜悯。
（3）对待重要客人，要重点关注，接待要有分寸。
（4）对游客在旅游过程中的特殊要求尽量满足，但根据有关规定不允许办理的事情应有礼貌地婉言谢绝。
（5）对旅游过程中发生的各种差错和事故，先礼貌道歉，然后冷静处理。

二、导游工作岗位礼仪

导游员的工作范围广泛,头绪纷繁。游客们有着千差万别的旅游动机、兴趣爱好和要求意见,游览时不同的时空条件和游客的情绪变化,都使得导游工作更加复杂、烦琐,也更具挑战性。

为了让游客们满意,导游人员必须在迎接欢送、导游讲解、带客购物、处理特殊要求和突发事件等工作全过程中,做到规范化的礼仪服务。

(一)迎接服务礼仪

1. 掌握基本情况

认真核实、掌握旅游团的基本情况,确认迎接工作的每一个细节。

(1)认真把握好时间、地点和目的地这三个基本情况,包括人数、姓名、性别、年龄、国籍、民族及领队情况等。

(2)了解该团的费用标准和住房情况。

(3)掌握该团的游览日程和行程计划。

(4)熟悉抵离时间、航班车次、接站地点等信息。

(5)随时保持与旅行社内勤人员或领队的联系,及时了解、核实旅游团的行程是否有新变化、新情况。

(6)熟悉景点介绍。旅游团如有专业交流、考察、参观、交谈等安排,须提前认真阅读、准备有关专业活动资料。

(7)全陪,要认真熟悉沿途城市有关历史、地理、风土人情等多方面的情况。地陪,要适时核对接待车辆、就餐安排、交通购票、住房等落实情况及接团的物质准备。

2. 接站服务礼仪

(1)了解游客乘的航班或车次到达的准确时间,并随时关注机场或车站发布的最新消息。导游员须提前到达机场或者火车站。

(2)注意查看现场的人流环境,戴好胸卡,举起导游旗和接站牌,准备迎接游客的到来。

(3)游客抵达后,要主动持接站牌上前热情迎接,要和客人或领队共同核实:实际抵达人数、名单、行李件数及特殊要求等。

(4)游客全部到齐后,引领前往乘车地点,辅助客人上车,待游客落座后,要认真清点人数。

3. 致欢迎辞的礼仪

致欢迎辞是导游与游客们沟通的第一座桥梁,体现着导游员的知识水平、风度气质和服务态度等,是赢得良好印象的关键。好的欢迎辞可以给游客留下热情、友好、亲切的感受,能尽快缩短导游与游客的心理距离。

规范的欢迎辞通常包括以下几项内容:

(1)问候。首先向团队客人问候,并代表旅行社向游客表示欢迎。

(2)自我介绍。介绍自己的姓名和职务,介绍参加接待人员的姓名和职务。如在旅

7

游车上,还应介绍司机的姓名及他所驾车的牌号。

(3) 交代行程计划。简单介绍游览安排计划、当地风土人情和浏览目的地的基本情况,使游客心中有底。

(4) 表明态度。表明自己愿竭尽全力为客人服务。态度真挚、言辞诚恳。

(5) 祝语。祝愿客人旅途愉快,并表达希望得到的合作、支持和谅解。

注意点:欢迎辞在形式上并没有固定的模式。导游员可根据不同的服务对象、环境,采用风趣式、感慨式等多种表述形式。

4. 游客入住服务礼仪

(1) 导游员在引导游客下车前后,都应该对游客进行必要的提醒:带好自己的随身物品,尤其是贵重物品;注意安全。

(2) 引领游客进入酒店后,帮助客人办理住房登记手续。分发房卡后,导游要同时将自己房号告诉客人。将客人送至房间后,适时带客人去餐厅用餐。

(3) 行李到达后,要核对客人行李件数,协助将其送至客人房间,同时查问客房情况,若出现行李丢失、被盗、破损等现象,要及时与有关方面交涉、处理。

(4) 向客人核对要确认的机票、车票,收取办票所需的签证、护照等,并向客人询问有无其他委托事项。根据客人要求,尽力提供帮助。须转交内勤办理的事宜,要做到收交及时、交代清楚。

(二) 带团游览服务礼仪

让客人玩得开心、游得尽兴,是导游工作的基本职责。

1. 浏览途中的礼仪规范

(1) 出发前,导游员应在游客用早餐时向客人表示问候,并了解客人身体情况,重申当天活动日程、旅游须知等。

(2) 带客游览过程中,导游员要认真组织好客人活动,做到服务热情、主动、周到,讲求效果。合理安排旅游线路,合理分配景点停留时间,确定景点介绍的侧重点。

(3) 全天活动结束后,在返程途中,导游员要向客人宣布第二天的活动安排、出发时间、地点等。

(4) 抵达酒店后,导游员要主动向领队(全陪)征求意见。对白天遇到的问题,与领队和客人共同协商解决。

2. 讲解服务的礼仪规范

(1) 讲解基本要求是:正确、简练、清楚、生动和灵活。

(2) 针对游客的文化层次和欣赏习惯的差异,导游员应准备不同版本的解说词。力求深入浅出、生动形象、博古通今、妙趣横生,激起客人的观赏兴趣,不可只游不讲。

(3) 讲解时,目光要巡视全体游客,不可仅注视一两个人;面部表情要亲切自然,使对方如沐春风;姿态端正、优美,给人以充满活力而又落落大方的感觉。在旅游车上讲解时,应面对游客,而不能背对游客。

(4) 回答客人的提问时,需要导游员运用自己的智慧和知识,灵活应变地选择不同的回答方法。

小技巧 •••

答问技巧：诚、度、避

导游人员在答问时,应做到:

(1)"诚",即诚实地回答问题。

(2)"度",即回答了游客的问题之后,要适可而止,不要随意做出进一步的引申和发挥。

(3)"避",有些客人提出的问题很刁钻,使导游员在回答问题时左右为难,这时应以静制动或以曲折含蓄的语言予以回避。

3. 带客购物的礼仪规范

导游员引导游客购物,是一项既有意义又有难度的工作,社会各界对此十分关注。应注意以下的礼仪规范:

(1)了解游客的购物要求,合理安排游客的购物。

(2)要做到正确引导游客购物,了解游客的购物心理,合理安排游客的购物,有针对性地提供服务和帮助。

(3)要引导游客到旅游定点商店购物,并郑重告诫游客不能购买小商小贩的物品。告诫时要态度诚恳,话语自然,内容准确。

(4)导游人员应该严格遵守导购职业道德,客观真实地介绍产品,尊重游客做出的选择。

(5)引导游客购物要讲求方法,处理好购物和观光游览的关系。

(三) 欢送游客礼仪

1. 行程前

游览活动结束前,要提前为游客预订好下一站旅游或返回的机(车、船)票,并提醒游客带好行李及随身物品、完结酒店相关消费费用。

2. 行程结束

在结束了所有计划安排的景点游程后,导游应礼貌、诚恳地向游客致欢送辞。其内容包括:对游客表示感谢,并表达依依惜别之情;回忆总结游览景点;征求游客意见,期待下一次重逢。

3. 送行时

为客人送行时,应使游客感受到导游的诚恳、热情、礼貌和修养。主动询问客人是否还有来不及办理、需要自己代为解决的事情,并及时帮助其解决。待游客踏上返程后,方可离开;若自己还有其他事须处理,不能等候很长时间,应向客人说明原因并表示歉意。

任务二　酒店前厅部服务礼仪

前厅部是酒店的"门面"。前厅部的服务,贯穿酒店对客人服务的全过程,由此决定了

7

宾客对服务的满意程度;同时,前厅部也是酒店管理的"神经中枢"和信息中心。因此,对前厅部工作人员的素质及接待服务礼仪有较高的要求。

一、前厅部环境要求

(1) 大堂入口处要有气派、有吸引力,有迎接客人的气氛。

(2) 大堂宽敞舒适,其建筑面积与整个酒店的接待能力相适应。

(3) 空气清新,温度保持在 23℃ 左右,湿度保持在 50%～60% 为宜。

(4) 各类图文标识清晰易见,休息区等配套设施完备。

(5) 灯光明亮、柔和。

(6) 装饰大气、美观,地面美观、清洁。

(7) 背景音乐适宜,音量适中,有良好的隔音效果。

(8) 总服务台外观流畅,台面高度及宽度适宜,台面整洁、清爽。

二、前厅部员工素质要求

(一) 具有良好的职业道德

在严格的规章制度的监督制约下,前厅部员工还必须自觉加强品行修养。

(二) 具有良好的服务意识

前厅部员工对客人的要求要敏感,反应要快,并能及时向上级或同事准确地传达信息。

(三) 具有较高的职业素养

1. 具有敬业乐业精神和认真负责的工作态度

自觉关心和维护酒店利益。在服从指挥的前提下,还要有一定的灵活性和创造性。

2. 勤学好问

注意知识的积累和运用。前厅部员工应该对金融、历史、地理,本地的风景名胜、风土人情、交通、通信,一些国外风俗、宗教等方面的知识,有不同程度的掌握和了解。

3. 具有流畅的语言表达能力

前厅部员工在汉语表达上要能做到以普通话为基本用语,发音准确、音调适中、音质好、表达流畅并具有相应的理解能力。此外,还应掌握一至两门外语,并使其中一门外语达到能与对方自由交流的水平。

4. 精神饱满,举止得体

前厅部员工因工作需要,要具有大方、亲切的外部形象。在岗时,不得信步转来转去,不得将手插在口袋里或抱在胸前,不得扎堆聊天。

(四) 具备综合应变能力

前厅工作人员应该首先丰富自己的经验和知识,掌握一些与人交谈的技巧,具有较强的交际能力、适应能力和应变能力。

客人们来自四面八方,性别、国籍、职业、年龄、受教育程度、职务、入住目的等不尽相同,造成客人需求的差异。这就要求前厅部服务人员具有设身处地为对方着想以及缓和突发事件形成的紧张气氛的能力,有针对性地根据具体情况具体分析、及时处理,为客人排忧解难,提供优质服务。

（五）较强的记忆能力

前厅部员工应在实践中逐步摸索,总结经验,找寻规律,努力使自己具有较强的记忆能力,特别是对时间、人名、人的特征等,能够迅速、准确地记住,以利于服务工作的顺利进行。

三、前厅各部门礼仪规范

（一）礼宾部服务礼仪

1. 热情迎宾

（1）见到宾客光临,不应以貌取人,而要一视同仁。应主动上前亲切问候,对宾客到来表示热忱的欢迎。同时用手示意客人进入酒店大厅。如非自动门或旋转门,要为客人拉开饭店正门。拉门时应精力集中,以防出意外。如果客人行李较多,门卫应帮助客人提拿行李,待进入大厅后,再以手势示意行李员过来转交给他。

（2）要注意疏导车辆,保持酒店大门前交通畅通。宾客乘坐的车辆抵达酒店时,要热情相迎。待车辆停稳后,如是大客车,应主动上前招呼引导,并站在车门一侧负责维持交通秩序;如是出租车等小汽车,应待客人付完车款后,协助拉开车门。必要时用另一手遮挡车门框上沿,为客人护住顶部,以免客人下车时头部碰撞到车顶框。

谨慎护顶:为客人开门护顶时,要注意几点。信仰佛教和信仰伊斯兰教的客人,因教规、习俗所致,不能为其护顶。迎宾员可观察客人的着装、言谈举止、外貌,通过工作经验判断其宗教信仰。如一时无法判断,则可将手抬起,但不护顶。

（3）若遇老、弱、病、残障客人,应先问候,征得同意后予以必要的扶助,以示格外关心。但如果客人不愿接受特殊关照,也不必过分勉强。

（4）宾客的各种行李物品要轻拿轻放,团队行李则要集中摆放,以免丢失或错拿。要及时核准数目,切忌只顾图快而野蛮装卸,对易碎和贵重物品尤其要加以爱护。

（5）当团体宾客抵店时,应主动向各位宾客致 15°鞠躬礼或是点头礼,切忌为省事而造成只顾前不顾后的场面。遇到宾客先致意的情况,应及时还礼。

（6）为表达对每一位宾客的诚意,应对同行的宾客都致以问候。问候时精力要集中,要注视宾客,不要左顾右盼。

（7）如遇气候不好或逢雨雪天气,应主动为抵店客人撑伞遮挡。

（8）主动帮助客人提携行李物品,但当客人要自己提物品而不愿接受帮助时,要适可而止,尊重客人个人意愿,禁止硬性争夺客人物品。

2. 领宾入店

（1）陪同宾客到总服务台办理住宿手续时,如不是特殊需要,行李员应站立于客人后侧,并保持一定距离,随时准备提供服务。

（2）行李员陪送客人登乘电梯时，应礼让客人后先行入梯，侍立于电梯开关一侧，以手挡电梯门边框，以免夹挤客人。电梯内，行李员站立在操作面板附近，以便应客人需求操作电梯，行李应尽量靠边放置，方便客人通行。到达所需楼层时，应示意请客人先步出电梯，不要抢先或与客人并肩挤出。

（3）如需陪同客人进入楼层时，应先与楼层服务人员打好招呼。

在引领客人时，应走在客人斜前方左侧2~3步处，将右后侧走廊中间位置让给客人。如若对面来人，应停下脚步，侧身礼让对方先行，绝不可与客人争先抢行。进入客房时，应先打开灯，并扫视一下房内，待确认无误后，再请客人入内。

进入客房，应将行李物品按要求摆放在行李架上，并核对行李件数，在向客人介绍房内设施后，应及时道别、退出房间。离开房间时，应轻轻将房门带上。

3. 送客离店

询问宾客行李物品件数并予以认真清点后，应及时稳妥地运送并安放在车上。

（1）如是团队行李，应按客人入房时的分房名单收取，行李员应核对每个房间入出酒店行李件数，装车后应与陪同核对行李数量，并在团体行李进出酒店登记簿上签名备查。

（2）散客的行李物品放置好后，不要急于离去，应向客人作交代。待宾客准备启程时，应致"祝您旅途愉快""欢迎再次光临"等欢送词与宾客道别，并将车门以适度力量关好，注意不要夹住客人的衣、裙等物品。待车辆启动时，应向客人挥手告别，面带微笑，目送客人离去。

（3）遇到客人需要乘坐出租车时，应帮助联系。尊重等候的出租车的排列顺序，不要擅自有意或无意打乱正常的排列次序，以免造成不必要的误会和麻烦。当出租车司机不懂外语时，应尽量帮助翻译。

如碰巧赶上暂时无车，应先安慰客人，再设法多方联系。联系时如需要打电话，尽可能当着客人面进行，让客人觉得你确实是急他所急，正在尽力帮助他解决困难，同时也给他留下接待人员办事令人可信的印象。

（二）总服务台接待人服务礼仪

1. 问讯服务礼仪

（1）站立服务，精神饱满，举止自然大方，精力集中，做好随时接待客人的准备。

（2）对每位客人都必须彬彬有礼，一视同仁。如果是接待老年人、残障人士或是儿童，接待人员有必要提醒各个部门请他们给予照顾和帮助。

（3）热情主动，微笑相迎，有问必答，百问不烦，口齿清楚，用词得当，去繁就简，表达高效。不敷衍搪塞客人，不要不懂装懂。

（4）遇到客人犹豫不决、拿不定主意时，可以适时介入，应客人要求，热心为客人提供信息，当好参谋。但要注意热情适度，只能当参谋，不要参与决策。

（5）作为接待问讯人员，在任何情况下都不得讽刺、挖苦和讥笑客人。得理也让人，不得与客人争辩，更不允许语言粗俗、举止鲁莽。

2. 总台接待服务礼仪

（1）主动热情，面带微笑，问候每一位来店宾客。先说欢迎语，再说问候语，然后询问客人需要。

（2）接受客人预订，应耐心、详细询问客人抵离店日期、时间以及所需房间类型、数量和特别要求，主动、热情向客人介绍酒店的各类产品。

（3）在接待宾客住宿时，应仔细验看宾客的有关证件，确认后双手递回，以"请"字当头，"谢谢"收尾。办理客人入住登记手续应尽量做到准确、快捷。

（4）当重要宾客住进客房后，按照惯例，应予以特殊关照。总服务台接待人员可在部门经理授意下，用电话征询宾客的意见，用"祝您愉快""有事情尽管吩咐"之类客气的问候，表示酒店对贵宾的重视和关心。

（5）应对客人的姓名、身份及消费情况保密。

（6）热情帮助，诚信接待。

对于临时来店住宿的宾客，如遇当天已无空房的情况，要向客人做出解释，并主动向客人推荐其他相关的酒店。如有可能，可当着客人的面打电话与其他酒店联系，设法解决。必要时，可同时协助客人联系出租车送行，还应热情欢迎客人以后再来，勿让客人产生被冷落感。

对原来已通过各种方式预订过房间的宾客，要尽全力取信于对方。在双方商定的时间内，一定要按照酒店对客人的承诺，保留房间，不能将房间随意转给其他人，以免预订过房间的客人到达后，因无法满足其需求而导致店方工作被动，造成不良影响。

3. 总台收银服务礼仪

（1）宾客离店前在总台付款结账时，接待人员要出示事先整理好的结账单，当场与客人核对。对于一些客人逐项核对账单上项目的做法，不要不以为然，流露出不耐烦的神情。对于有些因事急于离店的客人，服务人员在例行手续的同时，应从尊重客人的愿望出发，尽量加快办理速度，同时解释到位。

（2）宾客结账完毕，要向宾客致谢，欢迎再次光临。致谢时一定要满怀诚意，不要有气无力，也不必声调高扬，应面带微笑，发音有愉悦的节奏感。

（三）大堂副理服务礼仪

酒店提供的服务应努力追求尽善尽美，但实际情况千变万化，总会有不够周到的地方。如果客人有什么不满之处，一般会去找大堂副理投诉。处理投诉所需的条件和要做的事情很多，尊重与重视就是安抚客人、合理处理投诉的基本因素之一。

（1）当客人前来投诉时，应站起来相迎，请客人就座后，方可坐下。如果客人执意就是要站着说话，那么大堂副理也应该站着。

凡是前来投诉的客人，都是有原因的，带着不满情绪，有时甚至火气很大。为有助于事情的解决，不管客人情绪多么激动，都必须保持冷静，以自己谦和的态度感染客人。这样做能使客人渐趋平静，将问题和要求完整地予以表述清楚。

（2）面对前来投诉的客人，必须高度重视，要排除干扰，精力集中，以慎重、富有同情心的态度，面向客人，认真倾听。

不要一面听着客人的投诉，一面还在抓紧时间做与此无关的事情，这是明显对投诉的客人缺乏尊重的表现。而这种失礼的举动，往往会使客人感到根本就不被重视，容易激化

7

矛盾。

（3）对于客人所反映的问题，要详细询问，并当面记录下来，以示郑重。

如果当场能够答复或解决的，就不要含糊其词或有意拖延。可在自己的职权范围内，提供解决问题的多种办法，供客人选择参考。

如果一时解决不了，或是超过了自己的职权范围，也不要扯皮推诿，而应采取措施，或是向主管上司汇报，或是通知有关部门及时采取行之有效的措施。此间，还应不断就问题解决过程中的信息反馈，设法通知投诉的客人。待问题解决后，应及时与客人取得联系，并进一步征求意见，以示尊重。

（4）处理客人投诉时，要有热情和积极的态度。面对满怀希望要求解决问题的客人，如果只是轻描淡写地说上一句"好了，这件事我知道了，你回去吧。"或只是说："就这样吧，我们研究研究。"这种消极的态度，在某种程度上会使客人更加沮丧，认为问题解决无望，会使事态进一步扩大。

（5）处理投诉时，应以宽容的态度对待客人，无论酒店方是否有过错，都应先向客人表示安慰并致歉。处理问题时应转换角色设身处地为客人考虑。切忌与客人争执。在坚持原则的前提下，尽量维护客人的自尊，哪怕错在客人，也尽量使用委婉的语言向客人表明。

（四）电话总机服务礼仪

电话总机是酒店内外信息沟通联络的通信枢纽。话务员每天要处理成千上万个电话业务。在日常服务中，话务员虽然不曾与客人直接谋面，但大多数客人都是通过声音的传播留下对酒店的第一印象。

1. 语言礼貌规范

饭店总机话务员每天都要与客人打交道，使用的语言一定要礼貌、规范，要持之以恒，习惯成自然。说话伊始，敬语当先。如"您好，这里是某某酒店，请讲"。

2. 反应迅速

应该做到铃声震响，迅速应答，不耽搁不拖延。左手接听，右手提笔记录。

3. 服务热情

电话总机话务员的礼貌服务有自己的独到之处，对客服务都集中体现在自己的嗓音上。酒店总机话务员应具有音质甜美、圆润、悦耳的特点。讲话时，吐字清晰、发音准确、口齿伶俐，能有意识地控制音量和讲话速度，特别要注意语气、语调。

 小链接

带着微笑去接电话

美国贝尔电话公司要求自己的总机话务员要"带着微笑的声音去接电话"。纽约有一家酒店，请求贝尔公司帮助他们提高电话服务质量。于是，检查电话的咨询人员戴上耳机，坐在酒店总机旁边监听，把典型的不文明的电话录下音来，然后放给话务员本人听，以促进她们改变语言和态度。

4. 语言简练明了

在工作中用词要得当,语言要简练,不要拖泥带水。要提高服务效率,力使线路在正常情况下的畅通。在保证质量的前提下,以自己快捷的服务,节省客人的时间。

5. 服务要耐心

(1) 对讲话不清楚的客人,忌不耐烦,更不能置之不理,或是干脆在似听清未听清的情况下将错就错,把电话随意拨转出去。应委婉地请客人再重复一遍,如:"对不起,先生,请您再重复一遍好吗?"

(2) 遇到老年人或语言表达不畅、沟通不利的客人,尤其应耐心,可以适当放慢语调,安慰对方不要着急,慢慢讲清。

(3) 对客人解释时也要有耐心,尤其是当客人有急事,而恰逢分机占线不能接通时,更要耐心解释清楚,使客人谅解。如:"对不起,某某房间正在占线,请您稍候一下好吗?"或是"对不起,某某房间正在占线,请您过一会儿再打来好吗?"

(4) 如果外线电话要求接某某房间,而该房间的电话铃响几遍之后仍不见回音,话务员可以告诉对方"对不起,某某房间没有人接电话"。不能电话铃响几遍无人接就不作任何解释将电话挂断。

(5) 对于客人的留言,要细心不怕麻烦,做好记录。

(6) 对于来电话查询的客人,应热情相待,在可能的情况下,尽自己的努力去办,而不能随便一句"不知道"或"我不管"来打发客人。即使通过努力却未能满足客人的要求,也应该主动向客人解释清楚并致歉。

(7) 对于拨错号的客人,同样应以礼相待,而不能训斥对方。

6. 叫醒服务要负责

话务员的工作还有一个重要任务,就是叫醒服务。如果客人有这方面的要求,话务员就应该认真做好记录,到了时间,应通过电话叫醒客人。

在按响客人房间的电话铃时,注意不要为图省事而按个不停,应稍停片刻再继续,以给客人醒来和拿话筒的时间。一般五分钟左右再叫醒一次,如仍无人应接,就应立即打电话通知客房服务员实地察看。这样做,一是不要因叫醒客人的工作不彻底而耽误了客人的行程,二是防止意外发生。

7. 严守话务秘密

话务员不得将工作期间与客人的通话内容私自泄露给他人。

任务三　酒店客房部服务礼仪

客房是宾客临时的家,是客人在饭店中逗留时间最长的地方。客房的清洁程度、安全状况、设备与物品的配置、服务项目是否周全,服务人员的服务态度和服务水准如何等,都是客人所关心的,直接影响着客人对酒店的印象和取舍。

一、客房环境要求

(1) 设备齐全,使用方便、舒适,具有安全性。

（2）客房内清洁、卫生，物品的放置要按规格整齐划一。要无虫害、无水迹、无锈蚀、无异味；地面、墙面要无灰尘、无碎屑；灯具与电器设备、镜面、地面、卫生设备等要光亮洁净；卫生设备要每日消毒；床单、枕套等卧具，必须按照规定时间及时更换。

（3）隔音效果好，设备无噪声。

（4）灯光及照明设计舒适、安全并具有艺术性。

（5）房间设计和装饰布置和谐、美观。

二、客房部员工素质要求

（1）为人诚实，具有较高的自觉性。客房部的工作有许多都是独立运作的，如果思想意识不健康，追求物欲，经受不住考验，那是不可能做好客房服务工作的。

客房服务员在岗时，应自觉遵守有关规定：不打私人电话；不与同伴闲谈；不可翻阅客人的书报、信件、文件等材料；不可借整理房间之名，随意乱翻客人使用的抽屉、衣橱；不可出于好奇心试穿客人的衣物、鞋帽等；不可在客人的房间看电视、听广播；不可用客房的卫生间洗澡；不可拿取客人的东西，包括品尝食物等。这些都是服务工作的基本常识，也是客房部工作铁的纪律，客房部员工应该以高度的自觉性来执行。

（2）责任心强，踏实肯干，善于与同事合作。客房部服务工作的劳动强度大，而与客人直接打交道的时间少，也就是说出头露面的机会较少。这就需要客房部员工要有踏踏实实和吃苦耐劳的精神，具有良好的心理素质。同时，不少饭店按照服务规程，要求清扫客房时应两人同行、结伴互助。

（3）动手能力强，身体素质好，工作效率高。客房部服务工作的任务相对来说内容较为繁杂，体力消耗较大，工作标准要求较高，因此，反应敏捷，有充沛的精力和较强的动手能力是十分重要的。

三、客房部服务礼仪

（一）迎客服务礼仪

（1）迎客服务是客房接待服务工作的首要环节。接到总台接待客人的任务后，应及时做好迎接准备。认真检查准备接待客人的房间是否按照规定的标准及规格清扫布置及配备用品，还应根据客人的情况报告，对在风俗习惯或宗教信仰方面有特殊要求的客人，尽可能满足其要求。

（2）客人由行李员引领到楼层时，客房服务员应面带微笑，热情招呼。

（3）使客人有春风拂面、温暖心田的感觉。切忌让客人从步入楼层开始，便有犹人无人之境的感觉。

（4）对于老、弱、病、残障等宾客，应主动给予必要的关心和帮助。

（5）对于初次到酒店住宿的客人，可视情况简明扼要地介绍房间设备的使用方法、注意事项，还可简单介绍酒店的各项设施和特点。在问清客人暂时没有其他需求后，应及时退出房间，以免影响客人休息。

(二) 日常服务礼仪

（1）主动、热情、细致、周到，关心客人的每一项需要，并尽力满足客人要求。

（2）工作期间在房间内或在楼层与客人相遇时，应主动问候或打招呼。

（3）如果在过道中与客人相遇，应主动让道。不得与客人抢行，也不要从正在谈话的客人中间插过。如果手持重物，或推车需要客人让道时，应有礼貌地打招呼并向客人致歉。不可视而不见，不予理睬。

（4）进客人房间，应先敲门。轻轻敲门三声，三声为一组，每次应间隔三秒，最多敲三次，确认无人应答后方能将门打开。若客房门半开，也应先敲门，待客人同意后方可进入。若客房卫生间门关着或虚掩，应敲门询问里面是否有人。切忌擅自闯入客人房间。

（5）清扫房间，应尽量避免干扰客人，最好在客人外出时进行。

长住客房的清扫时间，应征求客人意见，按客人要求进行清扫。房间中客人的用品尽量保持原样，不随便翻动客人的文件、资料、信件，更不得随意扔掉客人的东西。

（6）时刻注意保持客房楼层安静。搬运物品要做到轻拿轻放。

(三) 送客服务工作

客房服务人员要将礼仪服务自始至终地自觉贯彻。在得知客人的离店日期后，客房服务人员要以自己的工作来帮助宾客做好离店前的各项准备，使客人在临行前仍能感受到热情的关照。

（1）客房服务员要仔细检查客人所有委托代办的项目是否已经办妥，各种账单是否结算、付清。

（2）如果宾客在次日凌晨离店，应问清是否需要叫醒服务，是否在房间用餐，同时可询问客人还需要什么服务和帮助。

（3）宾客离店前，在可能的情况下，客房服务人员应主动征求客人的意见反馈，以便不断改进未来的服务工作。征求意见时应态度诚恳，认真记录，衷心感谢。如果客人的意见与事实不符，客房服务人员也不必作过多解释。

（4）宾客离店时，客房服务人员应协助行李员提送客人的行李物品，热情将客人送至电梯口，代为按下电梯按钮，主动致意，以敬语向客人表示感谢、告别，并热忱欢迎客人再次光临。

（5）客人离开房间后，服务人员应迅速入房仔细检查。如客人有遗忘的物品应立即交还客人，如果已经来不及，应交送客房部办公室登记保存并通知客人。同时，检查房间小物品有无缺少。有时一些客人并非出于恶意，而只是为了证明曾光顾过该酒店，将小物品带走留作纪念。如果碰到这种情况，应视情节向主管报告，妥善处理。客房服务人员一般不要直接向客人交涉，以免方式不当而无助于事情的解决。

任务四　酒店餐饮部服务礼仪

餐饮部工作人员，每天需要直接与宾客接触，其服务态度、业务水平、操作技能等都要直观地反映在宾客面前，其举手投足，只言片语都有可能对宾客产生影响。客人在餐厅品尝到色、香、味、形、器俱佳的特色风味,而这一切又都是在接待人员热情、主动、耐心、周到的礼貌服务中进行的,宾客在此过程中能获得生理的、心理的满足。

一、餐厅环境要求

(1) 装饰设计具有文化性、艺术性,布局美观、合理。

(2) 地面卫生、整洁,无污渍。

(3) 餐厅内图文信息标识清晰、简洁。

(4) 各类设备设施摆放规范,无破损。餐椅、餐桌稳固、完好,无变形、破损及污迹。

(5) 各类装饰色彩与餐厅风格适宜,无破损及污渍。

(6) 菜单及宣传品设计符合餐厅风格,且规范、美观、清晰,无灰尘、污迹。

(7) 隔音效果好,背景音乐适宜。

二、餐饮部员工素质要求

(一) 要有敬业乐业的精神

餐饮部通常是由采购、厨房、餐厅、宴会厅和管事等五部分组成,工种繁多、机构庞大复杂,人员众多。餐饮部工作人员要热爱自己所从事的专业,端正工作态度,潜心钻研服务技能技巧。

(二) 树立自觉的纪律观念

餐饮部由于组织机构庞大,工序长,人员多,工作繁忙,这就要求餐饮服务人员必须牢固树立自觉的纪律观念,认真贯彻执行酒店的各种规章制度,这是统一协调做好工作的前提和保证。

(三) 要具有良好的职业形象

(1) 餐饮服务人员应按规定着装(工装)。服装要整齐、清洁,佩戴工牌标志上岗。

(2) 在个人修饰上要端庄大方,干净整洁。女性应挽发或盘发。

(3) 不得佩戴手镯手链、戒指等饰品,不留长指甲和涂抹指甲油。

(4) 仪态端庄大方。

(5) 神态要安详自然,笑容可掬,给人以热情洋溢、充满活力之感。

(四) 熟练运用专业操作技能

作为一名合格的餐饮部员工,对主要菜系应该有一个基本的了解,这将有利于更好地向宾客提供尽善尽美的服务。

饭店餐饮服务的每一道工序,每一个环节,都有特定的要求和操作标准。目前还有许多工作只能依靠手工的熟练程度和技能技巧的适时运用进行,如托盘、摆台、上菜、分菜等。

要想胜任工作,就必须努力学习,懂得各种服务的规范、程序和要求。苦练服务基本功,锻炼提高应变能力。

餐饮服务人员应做到"四勤"。

（1）眼勤。所谓眼勤，即是要眼观六路、耳听八方，即"眼里有活儿"。根据宾客的往来、进餐程度、举止行动，准确判断宾客的要求，及时主动提供服务。

（2）嘴勤。所谓嘴勤，就是要做到对用餐宾客有问必答，有呼必应，做到"人未到声音先到，热情伴随声音到"。主动向客人介绍。

（3）手勤和腿勤。所谓手勤和腿勤，是要经常在自己负责的餐桌周围自然地走走看看，及时地端茶、擦桌、换盘、送菜等。

（五）具有健康的体魄

饭店餐饮服务人员无论是站立、行走，还是托盘，都需要一定的功力，需要相当的腿力、臂力和腰力的有机协调。所以，不但要有任劳任怨的吃苦精神，还要有健康的体魄才能胜任工作。

三、餐饮部服务礼仪

酒店一般将餐厅分为中餐厅、西餐厅、自助餐厅、咖啡厅等几种类型。餐厅服务人员的工作一般分为领台、值台、账台、走菜等。为了随时适应任务变化的需要，餐厅各工种岗位上的服务人员，不仅应较为全面地掌握餐厅服务的业务技能，还必须懂得和遵守服务中的各种礼貌礼节。

（一）迎宾引座礼仪

（1）"迎客走在前，送客走在后；客过要让路，同走不抢道"，这是餐厅服务人员迎送宾客时起码应掌握的礼貌常识。

（2）礼貌迎客，并热情招呼宾客"请跟我来"，同时伴以手势。引座时，行走在宾客左前方1米左右的位置

（3）手势要求规范适度。手臂自然弯曲，手指并拢，手掌心向上，以肘关节为轴，指向目标，动作幅度不要过大过猛，同时眼睛要引导宾客向目标望去，并不时回头示意宾客。切忌用一个手指指指点点，显得很不庄重。

（4）引领入座的位置要讲究。引座应当向客人表现出诚意，在具体的引座、推荐过程中应当尊重客人的选择，使双方的意见能很好地结合起来。

① 根据客人的人数安排相应的地方，使客人就餐人数与桌面容纳能力相对应，这样可以充分利用餐厅的空间服务能力。

② 引导年老体弱的宾客用餐，应尽可能将其安排在行走路线较短、出入比较方便并且较为安静的位置。

③ 对于带小孩的客人，应尽量将他们安排在离通道较远的地方，以保证小孩的安全，同时也利于餐厅员工的服务。

④ 如果宾客是夫妇或是情侣，可以将其引领到餐厅内环境优雅僻静处就座。

⑤ 当贵宾光临时，应把他们安排在餐厅雅间就座。

⑥ 当餐厅内空位较多时，领台员可让客人自行挑选愿意去的座位。

7

⑦ 一般来说,宾客在用餐时喜欢坐在靠窗能观赏风景的座位。如餐厅内就餐客人较多,领台员只能将客人引领到靠近厨房出入口这样不大受欢迎的座位时,要对客人多讲几句表示歉意的话。

⑧ 如果来餐厅就餐的客人服饰华丽、打扮别致或相貌奇特,领台员要对其一视同仁,以礼相待,不要目盯久视,更不要惊奇窃笑、交头接耳、品评议论。

(5) 到达宾客的桌位时,领台员要主动请宾客入座。具体做法是:双手将椅子拉出,右腿在前,膝盖顶住椅子后部,待宾客入座的同时,顺势将椅子推向前方。推椅子动作要自然、适度,注意与客人的默契合作,让客人坐好坐稳。如有多位客人就餐,应首先照顾年长者或女宾入座。

(二) 点菜礼仪

(1) 客人入座以后,及时为客人端茶送水,茶水斟倒以八成满为宜,做到不滴不洒,手指切忌接触茶杯杯口。礼貌询问客人需要何种饮料。

(2) 热毛巾放在毛巾盘内用托盘为客人送上,分发毛巾时礼貌地提示客人"请用毛巾"。

(3) 若男女客人同行,则应将菜单先递给女士;若多人用餐,则先将菜单递给主宾。菜单递送应使用双手。

(4) 客人考虑点菜时,应面带微笑地站在客人左后侧,距离要适度。不可抱手或叉腰,也不可将脚蹬在椅框上。耐心等候,让客人有充分的时间选择。

(5) 客人征求意见时,做到有问必答,且答话言简意明、亲切耐心,并能针对性地为顾客推荐适宜菜品。

(6) 客人点菜时,认真、准确地记录客人所点的每一道菜品。记录时面带微笑,上半身略微前倾。若客人所点之菜今日无法供应时,要礼貌致歉,求得谅解。

(三) 席间服务礼仪

1. 按规范站立服务

要求站立于负责区域内,准备随时应答客人。

切忌倚墙斜靠,与他人聊天,在餐厅内大声喧哗,随意谈论宾客和对宾客指指点点。

2. 规范上菜程序

(1) 上、撤菜位置应选择在译陪之间。

(2) 动作轻稳,切忌将菜、汤汁溅落或滴到客人的衣服上。

(3) 上菜时要报菜名,并简要介绍其特色。

(4) 撤菜前先征求客人意见,待客人允许后方可操作。

3. 分菜

宴会分菜时,站在客人左侧,按"先主宾后主人、先女宾后男宾"的顺序,逐次分菜。

4. 斟倒酒水

斟倒酒水时,要先征得客人同意。

(1) 酒水开瓶前需先示瓶。

（2）在客人右侧为客斟酒。

（3）斟倒顺序为先主宾、主人，后按顺时针方向依次绕台斟倒。

（4）斟倒酒量，根据酒品类别决定。

5. 清理服务

如果宾客不慎把餐具掉落在地上，要及时迅速地上前清理，并马上为客人更换干净的餐具。

6. 注意事项

服务时做到"三轻""四勤"，"取菜稳、走菜准"。

一视同仁，灵活应变，为所有来宾提供主动、热情、周到、快捷、温馨的服务。

（四）个性化服务

一个能为宾客提供个性化服务的员工，需要掌握熟练的工作技能，同时还必须有丰富的文化知识、出色的沟通能力、细致的观察能力和应变能力，以真诚的服务感动客人，从而给客人宾至如归之感，对酒店留下美好深刻的印象。

（五）结账送客礼仪

（1）客人用餐完毕要求结账时，将核实无误的账单放在收银盘或收款夹内（账单正面朝下，反面朝上），送至客人面前，以示礼貌和敬意，注意保证账单的私密性。

（2）住店客人签单结账时，应立即双手送上签字笔，同时礼貌地请客人出示房卡核实，核实后双手递还房卡并致谢。

（3）客人起身离去时，及时为客人拉开座椅，并提醒客人不要遗忘随身携带物品，并礼貌鞠躬致谢，目送客人离去。

7

模块七
服务礼仪训练

随便哪个傻瓜都能达成一笔交易。但创造一个品牌却需要天才、信仰和毅力。

——大卫·奥格威（奥美创始人）

项目六　金融商务类岗位服务礼仪

项目学习目标

情感态度目标

1. 具有强烈的服务意识。
2. 自觉规范自己的职业形象。
3. 具有团队精神、协作意识及敬业精神。

技能目标

1. 能运用职业形象礼仪标准，塑造专业的金融商务类工作人员形象。
2. 能运用大方得体的服务工作仪态技巧。
3. 能运用服务岗位的基本礼仪规范和语言沟通技巧。

知识目标

1. 了解在金融商务类服务接待工作中对服务环境的礼仪要求。
2. 掌握金融商务类服务人员应达到的专业的职业形象标准。
3. 明确金融商务类服务岗位的礼仪规范。

项目学习内容

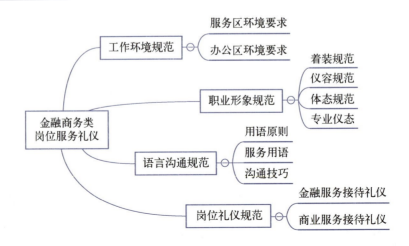

导入案例

随意散漫遭质疑

新职员小李喜欢追逐自由自在的生活方式,即使上班工作时,也喜欢凸显自己的与众不同,穿着随意,态度散漫。

一天,客户张总来到公司,准备办理业务。刚进门,就看到负责接待的工作人员小李,敞着外衣,松着领带,摇头晃脑走上前来接待,张总不觉皱了皱眉头,心里涌起不信任感:这小子,看样子就一点儿不专业,如此散漫随意,这家公司怎么用这样的工作人员? 难道经营不善? 稍一迟疑后,就转身离开了。

讨论:小李为什么丢掉了客户?

案例分析

专业的服务,体现了公司的服务品质、公司的实力和影响力。从事专业服务的每一位职业人员,在具体服务接待中都是公司的"形象代表"。职业形象不仅展现了职业人员自己的个人文化水平、工作能力和专业素养,更代表了所在公司的服务水平、管理水平,以及公司的实力。

金融商务类职业人员的专业形象,应该给客户以端庄大方、稳重可靠、值得信任之感,让客户相信职业人员所代表的公司实力和品牌,相信自己的选择是正确的,为后期顺利开展服务工作打下良好的基础。

案例中,小李没有做到装扮规范、仪态端正。由此,让客户张总产生担忧,担心其所代表公司的服务质量和实力,最终做出了放弃在这家公司办理业务的决定。

当今的金融商务服务市场上,竞争激烈。任何一家金融商务服务企业都不是唯一的卖主,而客户的选择余地却是越来越广阔。

服务经济时代,是一个容错率低,选择更多的时代。对于任何一家金融商务服务企业来说,能否使顾客满意,能否赢得更多、更忠诚的客户,决定着企业在激烈竞争中的成败。今天的客户服务比以往任何时候都重要。如果企业的服务不能满足客户多元化的要求和期望,他们就会另寻别家。所以,当今的企业无论规模大小,产品服务无论简单或复杂,优质的客户服务已经成为企业参与竞争必备的有效法宝。

7

项目实施

任务一　工作环境规范

服务区和办公区的环境,是金融商务服务企业进行商务服务、处理日常事务、商务洽谈与交接的场所。宽敞明亮、干净整洁的环境,会给人们一种心理暗示:这家企业管理有序、有实力,工作人员素质高、服务好。客户就会因感觉舒适产生愿意停留的意愿。

无论是企业的服务区环境,还是企业的办公区环境,都有其应遵循的礼仪规范。

一、服务区环境要求

(1)建筑装修、装饰美观大方,色彩符合金融商务服务企业的文化要求。

(2)服务区场所正面醒目处,应悬挂金融业务许可证、工商营业执照等。

(3)服务设施齐备,布局合理。

客户休息区、服务公约牌、便民措施提示牌、利率牌、业务种类指示牌、客户书写台、意见簿、暂停服务提示牌、服务监督电话号码、公告牌、宣传资料架等服务设施应齐全,摆放有序,使用方便安全。显示的日历和时间应保持准确。

(4)墙面台面洁净无尘,地面干净无杂物。

(5)工作台、服务台或柜台应放置统一规格的标识牌、工号牌、书写笔、老花镜等工作需要用品,有条件的可放置盆栽花卉。工作台面上只允许放置工作用具,不要放置个人用品。椅背上不能搁置衣服、领带、雨具等物,个人物品应统一放置在柜子内。

二、办公区环境要求

(1)分区明晰,有规范而严密的组织层级和架构。

(2)办公区布置要大方、美观、明亮,保持各自工作区的相对独立和不受干扰,以利于工作的进行。

(3)配套完善,各种设备和用品配置合理,使用方便、安全,布局整齐、美观。

(4)环境舒适。通道无阻碍,安全便捷;地面、墙面干净,窗明几净;色彩清雅,绿植花卉装点适度;室内安静,无超标噪声;空气清新,温度和湿度适宜。

知识链接:
办公桌摆放

任务二 职业形象规范

在金融商务类服务工作中,每一位职业人员的个人形象都代表着其企业的形象,同时,也体现着金融商务类职业人员的个人修养、工作能力和审美品位。

一、着装规范

金融商务类职业人员着装应遵循"TPOR"原则,着装既要符合其所处的时间(time)、地点(place)、场合(occasion),又要符合自己任职的角色(role),这样才能很好地体现出职业人员的身份、品位和职业素养。

知识链接:
中国银行业
柜面服务
规范

> **课堂互动**
>
> 一般金融商务类服务工作中,男士、女士应该怎样规范着装?
>
> 提示:
>
> 一般金融商务类服务工作中,职业人员必须规范自己的着装。
>
> 男士:穿着整洁、挺括的西服套装。

遵循西服穿着的规范：注意"三个三"原则；内里不着高领及深色内衣、花色毛衣；按规定结好领带；注意袜、鞋的搭配；衣兜不能塞得鼓鼓囊囊。

女士：穿着职业套装、裙服或单色连衣裙。

基本规范是：款式简洁、大方；剪裁合身、长短得体；颜色以单色为好，以黑色、藏青色、灰褐色、深灰色、灰色为上选颜色；穿着时，要注意衣裙和袜、鞋的搭配。

饰品：佩戴饰物要符合身份，搭配得当，精致典雅，以少为佳。

佩戴标有姓名、职称或职务的工作牌，是身份的标志。既方便客户辨认、问询和监督，也是上级检查工作、员工自我约束的需要。

二、仪容规范

(一) 头发的修饰

1. 发型得体

金融商务类职业人员的发型应简洁大方，长短适当。

在接待客户的工作期间，不允许随意将头发披散开来，应将其束起或盘挽在脑后给人以端庄、精干的印象。

2. 清洁干爽

金融商务类职业人员应自觉将头发梳理整齐，定期清洗和修剪。

3. 慎重染发与选择配饰

金融商务类职业人员应考虑职业的约束性。不宜将自己的头发染成夸张的颜色。原则上应佩戴统一的发网或饰品。

(二) 面部修饰

1. 面部清洁、自然

保持面部、牙齿的清洁，保证口腔没有异物和异味。

2. 修饰清新、淡雅

(1) 男士：每日剃须修面。

(2) 女士：每日洁面，不用气味浓烈的护肤品，淡妆上岗。

3. 注意点

(1) 注意维护面部的妆容，并防止皮肤感染。

(2) 佩戴眼镜时，应注意保持眼镜的清洁。

(三) 肢体修饰

1. 手部修饰

(1) 保持手部的干净、卫生，养成勤洗手的好习惯。

(2) 工作期间，不允许留长指甲、涂抹有色指甲油。

7

2. 四肢修饰

金融商务类职业人员应着装规范,不露肩,不光腿。

不允许暴露文身,不允许皮肤粘贴彩绘。

三、体态规范

工作岗位上,务必要高度重视体态语言的正确运用,使自己的体态语言文明礼貌、优雅大方,有效地表达自尊敬人、训练有素的专业性。

(一) 站姿

服务接待时,金融商务类职业人员应保持规范站姿,目视服务区或客户。

因工作需要站立时间较长时,除标准站姿外,根据不同情况,可以选择不同的站立姿势。

(二) 坐姿

(1) 轻松文明、端庄优雅大方。

(2) 落座轻而稳,尽量避免发出声音。礼貌让座,起、坐有礼。

(三) 行姿

行走时,姿态应轻盈自然,步幅适度,步态稳健,给人以大方自信之感。

(四) 蹲姿

下述几种比较特殊情况,可采用蹲姿。

(1) 整理工作环境。即对自己的工作岗位进行收拾、清理时。

(2) 捡拾地面物品。

(3) 有必要的情况。如与儿童交谈,或整理自己的鞋袜等。

(五) 表情

正确运用表情,给客户真诚、热情、轻松、愉悦的美好感觉。

1. 眼神

眼神自然平和,接待服务中要真诚友好、专注有神。

2. 微笑

微笑是一种“世界通用语言”,是一种高水准的服务。工作中,职业人员的微笑能提升亲和力,表达自信与尊重。

3. 注意点

(1) 重视表情交流技巧。要重视与客户的表情互动,忌讳不看情境、不分对象地一味微笑和目光注视。

（2）在握手、介绍、递接名片、指引方向等需要使用手与手势时，注意与表情和其他体态的配合使用。

四、专业仪态

（一）迎送
站姿规范，恭迎恭送。根据具体情况，一般采用鞠躬礼或握手礼。

（二）引导
用手掌式指示手势，横摆示意引导方向。

（三）递接物品
递送物品时，双手掌心向上，送至胸前高度递出。
接收物品时，双手，掌心向上，迎向对方递出物品。

任务三　语言沟通规范

金融商务类服务工作，离不开语言的交流与沟通。愉快的语言沟通与交流，能使人心情舒畅，也有利于金融商务类服务目的的达成。

一、用语原则

（一）准确
注意选词和用词的恰当，高效地向客户介绍产品和信息。

（二）规范
词义准确，表达到位，且通俗易懂。

（三）亲切
（1）目视、微笑交流。
（2）敬语当先。
（3）多用询问句式。

二、服务用语

（一）普通话服务
为使来自五湖四海的客户都能顺利地接受我们的服务，应采用国家统一的工作用语——普通话。

（二）使用礼貌服务用语
接待服务中，需要经常将礼貌服务语言挂在嘴边。

7

三、沟通技巧

沟通不仅是一种科学的工作方法,也是一门艺术。掌握和运用正确的沟通技巧,才能有效地进行交流与合作。

(一)表达尊重,一视同仁

平等与尊重,是职业礼仪的基本原则。金融服务类职业人员在对待客户时,应该以礼相待、平等相待,不厌其烦,才能赢得客户的尊重与信任。

(二)用"心"倾听

认真倾听客户的意见和建议,适时表现出关切与重视,能体现金融商务类职业人员的专业素养和沟通能力,也更容易得到客户的谅解、理解和认可。

(三)委婉说"不"

对于客户的提问或要求,不要回避或回绝,最好立刻正面回答或解决,不要拖延。尤其是客户情绪激动甚至言词极端时,不宜采用直接否定的语句。对于不在自己职责范围内的工作,可请示后回应,或请客户到独立接待室休息,请相关人员前来提供必要的帮助。

任务四 岗位礼仪规范

一、金融服务接待礼仪

(一)金融类服务应掌握"四个一"原则

1. 客户第一

要以客户为中心,以客户满意为标准,整合金融企业的所有服务要素,组织规范化服务活动。

2. 信誉第一

客户把家庭财富交给金融机构打理,正是出于对金融机构的信誉。从某种意义上说,金融机构经营的就是信誉。组织规范化服务活动的目的,就是更好地为客户服务,从而提升企业的美誉度。

3. 效率第一

客户来金融机构,是要解决实际问题的。在时间就是金钱的今天,对大多数客户来说,效率比什么都重要。员工的礼仪再规范,环境再优美,若不能提供有效用的服务,一切努力都是白费。

4. 安全第一

服务中的安全主要包括财务安全和人身安全。安全服务对于高风险的金融企业尤为重要,这就要求工作人员不折不扣地执行有关规章制度和规范化服务的操作程序。

(二)岗位服务礼仪

金融类职业人员在日常接待客户工作中,通过恰当的举止、规范的形体语言和可亲的有声语言,表达对客户的尊重与重视,以利于顺利开展金融服务工作。

1. 银行服务岗位接待礼仪要求

(1)主动迎接客户。迎接客户时,鞠躬致意,微笑问候,表达"欢迎光临"。

大堂服务人员应在见到客户的第一时间作出反应,主动上前问候、询问业务需求,得到确切答复后做出具体指引。对老、弱、病、残、孕等特殊情况客户,给予优先照顾,提供人性化关怀服务。

柜员在接待客户时,应面带微笑,有目光交流。客户向自己走来时,要起身相迎,主动问候和问询:"您好!请问,您需要办理什么业务?"向客户礼貌问候,规范接交客户的单据、证件、现金等物品。

(2)双手接递。交接钞、单、卡、折或有关证件时,应起身,掌心向上,双手自然接交。对需要帮助的客户指导填单,给予必要的提示。

(3)主动提醒客户当面点验钱款。客户离柜前,必须主动提醒其在柜台前点验清楚,避免发生纠纷。

(4)对非受理范围内业务主动引导。对不属于自己职责范围的业务,应主动告知或请大堂服务人员引导客户至相关窗口(区域)办理。

(5)送别客户,体贴提示。柜员办结业务,应向客户提示是否需要其他服务,微笑提示客户带齐各类物品、保管好财物,并向客户告别。大堂服务人员应主动向离开服务区的客户鞠躬致谢,礼貌告别。

(6)岗前准备。提前10分钟到岗,检查仪容仪表是否符合基本要求;检查工作台是否清洁;检查工作必需品是否齐全;检查机器设备是否运转正常。

课堂互动

表7-1　银行柜面接待的基本礼仪规范实践

活动内容	操作标准及要求	评价方式	
岗前准备	1. 保持良好心态、精神饱满、面带微笑 2. 自检,做到仪表整洁、仪容端庄、仪态大方 3. 整理好工作的柜面,保证柜面整洁,各项单据齐全	小组内自评	
		小组互评	
		教师点评	
服务中礼仪要求	1. 具有良好职业形象,符合岗位要求 2. 主动起身迎客,微笑问候 3. 使用规范银行服务语言 4. 采用接待服务规范手势 5. 态度友善、耐心细致、责任心强 6. 言谈举止规范,文明礼貌服务	小组内自评	
		小组互评	
		教师点评	
礼貌告别	1. 客户离去时应提醒,有送别声 2. 微笑告别,礼貌目送	小组内自评	
		小组互评	
		教师点评	

7

2. 客户经理岗位接待礼仪要求

客户经理是展示金融机构形象的流动窗口。因此,其一举一动要显得落落大方、文明优雅,方能维护其所在金融机构的美誉度。

(1) 接待来访客人。

① 客人来访,"五步"不可少:起立、让座、倒茶、交谈、送客。② 注重细节,注意主动引导和服务。③ 如果客户要找的人不在,别的职员可以像办自己的事一样,积极为客户联系。每一位金融机构的人员都有义务让来到金融机构的客人感到满意。

(2) 拜访客户。

① 上门拜访有礼貌,事先与客户约定时间;② 做好个人仪容仪表准备;③ 带齐资料、文件和书写工具;④ 要遵守拜访单位安全保卫规定。如进单位大门时要登记;⑤ 无论门开着还是关着,进房间前都要敲门;⑥ 进出时,要尽量和在场的每个人打招呼;⑦ 需要时,主动呈上名片,建立联系。递、接名片用双手。⑧ 适时礼貌告辞。

3. 保险业务服务岗位接待礼仪要求

保险业务服务岗位的主要职责是准确、高效地为客户办理业务,并提供客户满意的服务。保险业务服务岗位在柜面接待的礼仪规范如下。

(1) 客户来到柜台办理各类保险业务,在距离客户3米以内时,柜台服务人员应目视客户,面带微笑,主动问候客户,并请客户坐下。

(2) 客户递交过来保单、申请书、证件等物品时,服务人员需双手接过。

(3) 服务人员需迅速按照客户需求办理相应业务,做到热情、耐心、细心。

(4) 客户办理业务过程中,服务人员如果需要称呼客户时,应使用"某某先生/女士"等礼貌的称呼,让客户感受到被尊重。

(5) 客户办理业务过程中,服务人员如果需要暂时离开座位时,应主动告知客户,可以说"对不起,我需要离开一会儿,请您稍等"。回来后,服务人员须向客户致歉,如"对不起,让您久等了"。

(6) 业务办理完毕后,需要客户签名时,服务人员应双手递出单据,并请客户核对后在指定位置签名确认。

(7) 如果客户办理的是比较大额的现金业务,服务人员须主动为客户提供信封、袋子等。

(8) 客户离开柜台时,服务人员应礼貌地与客户道别,如"再见"。

4. 证券业务服务岗位接待礼仪要求

(1) 平等待人,热情相迎,亲切招呼。对事先约定的客户,应提前做好接待准备;重要宾客的来访,应事先向领导汇报,并准备好相关资料;接待突然来访的客户,应马上放下手头工作,起身相迎,热情招呼。

(2) 接待时,应在客户的一侧或对面坐下,认真倾听客户陈述,做记录。在客户陈述后,重复客户陈述的要点,与客户确认。

(3) 对客户所提出的问题,可以立即答复的,应当场答复;不能给予确切答复的,应说明原因,并请客户留下联系电话,明确答复时间,将记录以书面形式提交给有关部门或领导协助处理,并及时回访。

(4) 对已确认联系过、可以直接介绍给有关部门或领导的客户,应亲自引领;若工作繁忙,应告知客户明确的行走路线,不得简单推诿。

(5) 若接待交谈中,电话突然响起或有紧急事务须处理,应先向客户道歉,说明理由,暂时中断彼此交谈。接听电话应长话短说,尽快结束;处理急事应迅速、果断,情况允许的话,也可以请同事代为处理。避免客户等待时间过长。

(6) 若在接听电话时有客户来访,应点头微笑,示意对方坐下。通话结束后,应先向对方致歉。

(7) 在接待中,对于声音过高或情绪激动的客户,应及时用手势暗示对方保持安静,以免干扰他人。

(8) 服务结束后,应礼貌送客。

二、商业服务接待礼仪

商业服务职业人员在具体接待工作中,应做好营业前的准备、售前服务、售中服务和售后服务等各环节的礼貌接待服务工作。

(一) 营业前的准备

包括做好柜台内外的环境卫生,检查自身的仪容仪表,等等。做到柜台清洁,货品整洁。工作人员做到仪表整洁、仪容端庄、仪态大方,给顾客一个整洁、干净的良好印象。应检查售货时各种用具,还应检查货架、商品是否摆放整齐,是否达到错落有致、层次分明、相互衬托、整齐美观的效果。是否对已售缺的商品进行及时提货、拆包、分装、陈列。检查价格标签,是否与货品相符。

(二) 售前服务

在岗位上,坚持站立服务,做到站姿端正,行姿自信,精神饱满,面带微笑,精力集中,随时准备迎接顾客的光临。

当顾客走近柜台停留时,应热情接待,主动问候,致以礼貌用语,如“欢迎光临”或“我能为您做点什么吗?”

(三) 售中服务

1. 主动服务

顾客在选购商品时,应主动予以介绍,主动询问顾客的需求,主动当好顾客的参谋,主动帮助挑选商品,主动帮助顾客解决问题。让顾客有时刻被人关注和重视的感觉,处处体现顾客至上的精神。

2. 诚信经营

在介绍商品时做到实事求是,既不夸大其词、隐瞒缺点,也不以次充好、以劣抵优,不言而无信、欺骗顾客,禁止对顾客进行诱导、误导或强买强卖。

3. 诚恳待客

（1）接待顾客时，要做到一视同仁：买与不买一个样，买多买少一个样，生客熟客一个样，本地客外地客一个样，大人小孩一个样，内宾外宾一个样，男女老少一个样，买与退一个样。

（2）当有多位顾客时，营业员应当有先有后、依次接待、平等待人。边接待边兼顾招呼，在接待第一位顾客时，对其他顾客则微微点头示意，以示尊重和关怀。每换一位顾客，应礼貌地致歉："对不起，让您久等了。"

4. 有问必答

为顾客解答疑问要做到百问不厌、百挑不嫌、有问必答，帮助顾客做好"参谋"，提供最优质的服务。

5. 耐心细致

顾客购物总爱挑选比较，特别是需要试穿的商品，如：衣服、鞋等。营业员给顾客拿递商品时，动作要轻、快、稳，不能扔、摔，以免引起误会。顾客反复挑选，营业员要百拿不厌，应说"没关系，如不满意，我再给您换一款比较一下"，以示服务耐心、诚恳。

6. 当好参谋

营业员在工作中应该从顾客的利益出发，一切为顾客着想，详细介绍商品的产地、价格、质量、性能、特点、用途、使用方法和保存方法，为顾客当好参谋，从顾客的角度去引导正确消费。

7. 服务周到

顾客购买商品后，应主动帮助检查完好情况，进行包装、包扎，方便顾客携带。当顾客离柜时，要鞠躬致谢道别："谢谢光临！""请走好，再见！"

（四）售后服务

当需要送货、安装或者上门维修等服务时，应为顾客做好预约登记，最好留存联系方式，并按照约定时间、地点准确无误地完成售后服务。售后服务同样应该热情、细致、周到，让顾客满意。

当顾客要求退货时，若理由正当、合理，应按规定程序予以办理，态度应该同样热情，不推诿。不能购买时热情相待，退货时就冷面以对。如遇特殊情况不能退货的，应做好相应的解释工作，求得客户的理解。

在接到顾客投诉时，要做到耐心热诚，及时认真地做好记录；迅速调查核实；礼貌地处理投诉；及时回复客户。维护好消费者的合法正当利益。

总之，金融商务类接待服务岗位的礼仪规范，是企业服务质量构成的基本要素。员工的服务行为，不仅是自身素质、文化修养和工作能力的外在体现，更是企业良好形象的具体展现。强化服务意识，提高服务质量，就必须从金融商务类职业人员的规范化服务抓起。

模块七
能力训练

能力训练

　　学习完本模块所有项目任务后,请扫描二维码完成模块七能力训练,并在教师带领下讨论。

7

模块八
商务礼仪训练

德厚者流光,此言良不欺。

——李处权

项目一　商务礼仪认知

项目学习目标

情感态度目标

1. 用礼仪传递商务信息,展示良好的职业素养。
2. 培养对商务礼仪的敏感度,自觉提升个人商务人员的礼仪素养。
3. 培养有礼有节的工作态度。

技能目标

1. 能把握好商务礼仪的适用范围。
2. 掌握基本的商务礼仪素养要求。
3. 掌握商务礼仪内涵。

知识目标

1. 掌握基本的商务礼仪概念。
2. 了解商务礼仪的职业定位与适用范围。
3. 从商务礼仪读懂职业素养要求。

项目学习内容

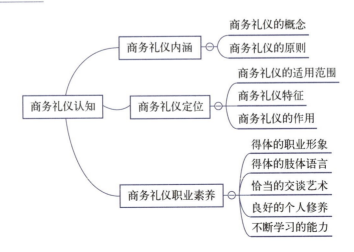

导入案例

　　小袁是一名学历背景佳、业务能力强的财税专家,能从专业的角度给予用户很好的建议,在公司里属于业务能力拔尖的职员。但她去到客户单位提供直接会面服务时,客户单位的主管领导却常常无视她的反馈与建议,以至于小袁完全无法在客户单位发挥自己的才能,她为此很苦恼,却并不知道问题出在哪里。

　　小袁画像:年龄26岁,身高157厘米,体重43千克,爱穿休闲服,套头卫衣、牛仔裤、旅游鞋、背双肩书包、扎马尾辫。给人的印象:机敏可爱,像高中生。

　　讨论:为什么小袁在客户单位无法得到认可与重视?

案例分析

　　职场上的职业人员除了工作业务能力之外,个人的职业形象、素质修养、职场礼仪都影响他人对职业人员的职业能力判断,作为一名合格的职业人员,必要的商务形象塑造是很重要的一张“名片”。一般而言商务形象要能体现职业能力与干练的特质,具有专业可信度和外表说服力。

项目实施

任务一　商务礼仪内涵

　　“商务礼仪”是“礼仪”的一个细分,主要体现在各类商务活动中,在各类商务活动中又从个人、团队、企业等多纬度展示出来。从个人来看,商务礼仪体现一个人的职业精神与个人素养;从团队来看,商务礼仪展现企业文化和企业精神;从企业来看,商务礼仪体现企业形象。因此得体合理、有礼有节的商务礼仪是商务人士在商务活动中看重并应该遵循和展示的基本行为准则,而且良好的商务礼仪对促进个人、团队、企业的商务活动起到正向作用。

一、商务礼仪的概念

　　商务礼仪是职业人员在从事各种商务活动时,为了体现组织及个人形象以及对活动对象表示友好与尊重,通过一些程序和行为准则去规范和约束商务活动的一系列行为方式,用以维护企业与个人形象。商务礼仪体现一般礼仪的特征,但比一般礼仪要更商务化,内容更丰富,同时比一般礼仪更具有程序化和可操作性。

　　商务礼仪具体表现在:① 个人形象,如个人素质、形象、气质、谈吐、礼仪;② 交往礼仪,如电话礼仪、见面礼仪、邀约礼仪、馈赠礼仪;③ 工作礼仪,如接访礼仪、服务礼仪、名片礼仪;④ 商务活动,如谈判、签约、庆典、展会、宴会。

8

训练:“商务礼仪商”测试

二、商务礼仪的原则

礼仪有其约定俗成的一些原则,这些原则是为了更好地促进社会文明进步,因此礼仪中有很多体现思想品德的基本准则,例如:友善尊重、真诚守信、适度等。商务礼仪在这些基本准则之上,还增加了互惠互利、整体协调等原则。

(一)友善尊重原则

友善尊重是礼仪的首要原则,也是商务礼仪的核心原则。

尊重包括自尊和对他人的尊重。"自尊"对内体现在自重、自爱,自我信心的坚定,以及个人自我评价里对信心、能力、本领、成就、独立和自由的获得;对外体现在人人平等、不卑不亢、热情有节、真诚、照顾他人情绪、允许他人表达思想、不窥探他人隐私等方面。尊敬和关心客户是一种至高无上的礼仪,也体现了职业人士的良好个人素养。

(二)真诚守信原则

商务活动是建立在经济利益之上的一种行为,真诚守信有利于树立个人及企业形象、口碑和品牌,同时商务活动越来越注重其长远效应。如果违背诚信原则,就有可能给合作方留下不良影响以至在行业中留下不良口碑,进而影响到个人及企业的整体形象,甚至失去众多商业合作机会。而好的商业形象则有益于双方建立长期合作关系,互惠互利,获得最终利益更大化。

(三)适度原则

在商务交往中,除了有效沟通,"度"的把握是很重要的一环。度,即适度,交往中既要彬彬有礼又不能显得过于冷傲或谦卑,既要热情大方,又不能过于轻浮。讲究的是言谈举止及情感的适度,表现在言语及行为上即亲切友好、尊重客户、端庄自重、分寸得体、处理恰当。

任务二　商务礼仪定位

商务礼仪基于一般礼仪,但又高于一般礼仪,它除了涵盖一般礼仪应有的规范之外,更多地加入了由商务活动需要而衍生的更具有针对商务活动的其他礼仪规范。例如座次安排礼仪,适用于正式商务场合,但如果是家人朋友之间,排座次反而显得失礼。

一、商务礼仪的适用范围

规范的商务礼仪主要体现在三个场合。一是商务活动中的初次交往。礼仪对初次交往双方第一印象的形成非常重要,在这一场合主要体现个人素养和对人际距离的把握。二是公务交往。公务交往中"个人符号"为隐性,代表"公司的执行"为显性。在此类活动中如庆典、发布会、商务会议等,需做到着装规范、仪式流程规范、环节细节妥帖得体,能够维护好企业形象。三是涉外交往。涉外交往需注意国家、民族、文化背景等差异,了解并尊重风俗民情,不触碰对方禁忌。

二、商务礼仪特征

商务礼仪除了体现一般礼仪基础特征之外还体现如下特征。

(一) 标准化

商务活动中有很多流程都形成了一种规范,即标准化要求,强调整个活动环节,尤其是待人接物的标准。它虽不像法律具有强制性和法制约束性,但它能体现活动规格、接待是否得体周到等,如果不遵守商务礼仪便会在商务场合中贻笑大方、失了礼数、丢了体面。

(二) 普遍化

当今是商业交互频繁的社会,无论地域、企业性质、个人或团队、企业内外部沟通与交流,商务活动已紧密植入到商业社会的各环节,只要有人类活动的地方,各式各样的商务活动和相应的商务礼仪就存在着。

(三) 差异化

经济全球化背景下,不同人种、不同文化之间的交流碰撞频率很高,不同文化背景下的礼仪文化自然也就不同。商务礼仪注重因人而异,尊重不同的文化背景,注重差异性,应根据不同的对象使用不同的礼仪规则。

(四) 发展性

商务礼仪主要内容源自传统礼仪,在其基础上发展变革,具有极强的变化性和时代适应性。科技在发展、时代在变化,新兴事物层出不穷,新兴互联手段不断出现,例如原来的电报、传真,到现在的 E-mail、可视电话、在线会议等,新的商务场景赋予商务礼仪更多新鲜内容。商务礼仪也须契合时代,补充新的规范和操作准则。

三、商务礼仪的作用

商务礼仪对于商务活动的重要性不言而喻,商务礼仪的作用主要体现在个人素质的提升与企业形象的维护,有利于顺利开展商务交往。

(一) 有利于商务人员个人素质的提升

商务活动是人类活动中的一种,市场的竞争最终是人之间的竞争,优秀品德的加持将极大延展企业的生命力。商务礼仪有利于指导商务人员提升个人素质修养,培养和树立良好的个人形象。

(二) 有利于个人、企业、组织形象的维护

在各类商务活动的接待、拜访、宴请、社交等环节,如能表现得得体而诚挚,为个人以及组织树立诚信、尊礼、高效的形象。具有良好形象与口碑的个人或组织,很容易获得社

8

会各方的信任和支持,就可以在激烈的竞争中获得人气支持。

(三) 有利于良好人际互动沟通的建立

商务交往中,人们彼此影响、互相作用于对方,语言、表情、形体等都能传递信息。"世事洞明皆学问,人情练达即文章。"遵循商务规范中的礼仪,有利于更好地向对方展示诚意与获得好感,创造更多合作的可能。

(四) 有利于商务交往行为的规范

礼仪最早源于对活动中专门程序的规范化,基本的功能就是规范各种行为。商务活动是人类活动的体现之一,如果不共同遵守一定的规范,就容易引起不必要的矛盾与冲突,商务礼仪有利于规范和约束双方的言谈举止,营造良好合作氛围。

任务三　商务礼仪职业素养

商务活动中的商务人员其职业素养由个人工作能力和综合素质两部分构成。个人工作能力是硬实力,是工作的基础,综合素质是品德、品质、修养的综合体现,是工作的软实力,二者相得益彰,相辅相成,缺一不可。作为一名合格的商务人员应展示出优秀的职业素养。

一、得体的职业形象

一个人的形象在社会发展及个人人格发展上扮演着极其重要的角色,会影响他人及自我的个人定位。在与人交往时,我们要明确自己的角色定位,同时把握好自己的形象展示。商务职业人员的个人形象由六要素构成。

(一) 仪表

仪表,即外观,一定要保证干净、整洁,尤其是头部和手部。发型保持整齐,头发不油腻、无过多发胶、无头屑。手部整齐干净、无黑色污垢。服装平整、无线头,身上无异味。

(二) 表情

表情自然,与语言配合得当,体现友善与温和,不要有明显攻击性和敌意。

(三) 言谈举止

说话音量适中,使用普通话,对外交流使用英语,谈吐有教养、内涵,使用礼貌用语;举止优雅有风度,大方而文明,体现自信,展示修养,行、坐、站、卧体现应有的仪态。

(四) 服饰、饰品

服装饰品应得体,体现商务素养,色彩、款式搭配应合理,不夸张,不哗众取宠,少而精是标准。

　　一名合格的商务职业人员日常应在仪表上注意保持干净整洁、无异味、头发长短适中，不应经常调整发型及颜色，妆容清新、淡雅得体、自然而生动，不矫揉造作，着装大方干练，体现职业性，不夸张前卫。装饰品宜少不宜多，起点缀作用即可。

　　男士头发长度以6厘米以内为佳，发不过颈；女士不梳披肩发，前额头发不遮眼，庄重场合可暂时将头发盘成发髻。男士西服保持"三色原则"（即全身颜色限制在三种之内）和"三一定律"（即腰带、鞋子、公文包颜色协调统一）。女士商务着装以套裙为佳，忌暴露，忌色彩斑斓。

淡妆化妆步骤与重点

　　提示：

　　步骤：清洁—润肤—涂敷粉底—眼妆—腮红—修饰唇部—喷涂香水。

　　重点：清洁皮肤与滋润皮肤，选择雅致自然的妆容。

二、得体的肢体语言

　　仪态体现个体的内在品质、能力、知识。优雅的举止、潇洒的风度能让人眼前一亮，记忆深刻。人际交往中常常可以通过一个人的仪态去判断其人品、学识、能力和修养。好的仪态是一种无形的名片。

　　在日常交往中，人们通过语言交流信息，在说话的同时会配合着面部表情、身体的姿态、手势，协助传递信息与力量。交谈双方因此会同时接收到"有声"和"无声"两部分信息，而且"无声"的肢体语言常常会更加真实地反映说话者的内心想法。肢体语言的作用会超过自然语言交流的本身。

　　只有通过不断的训练与打磨，才能达到仪态的美化，做到站姿端正、挺拔、具有稳定感。仪态训练的要点是：① 身体与地面成垂直线，头正、颈直、肩平、收腹、提臀、双手自然下垂、身体重心放在两脚之间，有站如松之感；② 坐姿庄重大方、不耸肩、不弯曲脊背、头部不要前伸，耳朵应对应在肩膀上方，不瘫坐在椅子里、不跷二郎腿、不抖腿，有坐如钟之感；③ 走姿速度适中、头正颈直、腹部用力、身体重心稍前倾，跨步均匀，不摇摆，迈步时两腿间距离适中，具有韵律感，不走"内八字"和"外八字"；④ 眼神明亮、真诚恳切、面带微笑、亲切温馨；⑤ 手势与语言配合准确，使表达更具有感染力与说服力，展现出自信、自尊、积极、阳光、进取的仪态美。

　　平常每天靠墙3次，每次10分钟，有利于背部挺拔、姿态端正。

　　动作要领：后脑勺、肩胛骨、臀部、小腿肚这四个部位紧贴墙壁，抬头挺胸，双肩同高呈水平线，手臂自然下垂，后脚跟并拢，收紧腹部肌肉、大腿内侧肌肉，保持这个姿势10分钟。

三、恰当的交谈艺术

　　职业人员应选择恰当的语言表达形式，善于运用技巧贯穿语言之中，交谈中体现较好

8

的思想文化修养,会选择适当话题引发交谈兴趣,能根据不同对象使用不同的说话方式,具有随机应变的智慧和较好的语言文字驾驭能力。

四、良好的个人修养

职业人员应遵守公德,对社会有责任感,表里如一、真诚友善、谦虚恭敬,待人接物自然大方,能尊重和听取他人不同意见,平和公正、不急躁、不粗暴、不自负,注意细节、彬彬有礼,不以职业、地位、权势压人,对人热情而有分寸、使人感到温暖又不贸然打破人际距离,善解人意、宽容大度,能在是非原则问题上,保持清醒与正直。

五、不断学习的能力

职业人员应能跟上形势变化、适应形势要求,具有将理论与实践相结合的能力,能自我要求、自我约束,不断提升个人能力与素养,能结合工作需要开拓新的学习领域,能从他人身上学习与自我对照、自我反省,实现自我教育、管理与提升。

课堂互动

麦克尔的办公室雇用了一位没有介绍信的小伙子,麦克尔的伙伴很好奇为什么麦克尔会做出这样的决定。麦克尔告诉他的伙伴说:"他来到我的办公室,轻重合适地叩了门。在我允许他进来后,他在门口先将鞋上的泥蹭掉,然后进门脱帽致礼并轻轻地关上了门,他是多么的细致和懂礼啊。我为了检测应试者而故意丢在地上的书,只有他捡起来放在了我的桌上,其他应试者无人做到;他在与我的交谈中,语言恳切而温和有礼,并且思维敏捷、条理清晰,而且他的头发、指甲、衣服都修饰得干净整洁,这么多的细节不都是他最好的介绍信吗?"

讨论:

1. 该案例给了你什么启发?

2. 为什么说修养体现在细节,细节展示素质?

贫而无怨难,富而无骄易。

——《论语》

项目二　商　务　接　待

项目学习目标

情感态度目标

1. 用礼仪传递商务信息,展示良好的职业素养。
2. 培养对商务礼仪的敏感度。
3. 积极主动对待接待工作。

技能目标

1. 能按照办公室接待礼仪规范要求进行接待。
2. 能按照商务会谈接待礼仪规范要求进行会务接待。
3. 能运用商务馈赠礼仪要求。

知识目标

1. 了解一般商务接待流程。
2. 了解办公室接待礼仪规范。
3. 了解接待、馈赠的礼仪规范。

项目学习内容

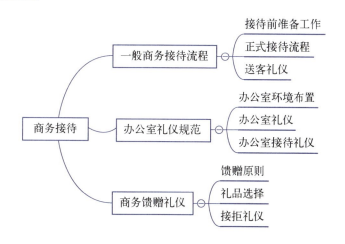

导入案例

在一个商务会议上,与会人员进行名片交流,某公司代表豪放地将个人名片以甩牌形式随意扔至对方面前。这一动作引起其他代表团成员的不满,大家纷纷拒绝与该代表进行恳谈。

讨论:该公司代表的行为犯了哪些禁忌?

案例分析

名片是自我介绍信,是社交联系卡,具有自我介绍、自我宣传、维持联系等作用。名片应由职位低者向职位高者递送,男性先向女性递名片;互赠名片时应面带微笑,注视对方,将名片正面朝向对方;如果彼此是坐着的,应起立或欠身交换,互道"十分荣幸"等。拿到名片后应妥善放置,不可不看即放入口袋或放置桌面不收或把玩名片。

项目实施

任务一 一般商务接待流程

商务接待在商务活动中非常频繁,是商务活动中非常重要的一个环节,企业集团内部、企业与企业、企业与客户、企业与相关领域合作单位等都是商务接待的对象,商务接待也是商务职业人员的一项经常性工作内容。商务接待讲究周到、热情、严谨、细致、妥帖、得体的接待有利于增进双方感情,增进合作机会;不当的接待会给商务活动的开展与进行带来极大的不利影响。

一、接待前准备工作

(一) 了解接待对象与接待内容

了解与掌握接待的主题,接待规格,参会人员人数、性别、职位、来访目的与要求,人员到达日期时间,到达交通工具(汽车、火车、飞机)、是否需要派车接送以及是否要安排酒店住宿。

(二) 制订接待方案

根据接待信息,设计接待方案,一般包括组织分工、人员名单及联系方式、住宿伙食标准和食宿预订、交通工具配备、活动环节设置、日程安排、费用支出等。根据来访者的具体情况,制订相应接待规格。

(三) 环境准备

根据接待内容,选择合适场地,体现相匹配的会议规格。重视场所的明亮程度,光线柔和不过强或过暗;室内空气清新,茶水备妥,室内设备摆放合理,不影响人员活动。注重软环境的布置,色彩应典雅、简洁,适当点缀绿植。

(四) 物质准备

茶点要有针对性,宜选择客人喜好食用的水果和点心,大型水果最好切成小块摆盘,并配备好果叉和纸巾,不宜选择会导致发出太大咀嚼声的食品。如果需要仪器设备,应提早检查电源、插座、设备等是否运行良好,一般应备有电脑、显示屏、音响、无线装置、激光笔、话筒等。标语与座位铭牌应根据需要进行设计准备,标语要张贴在醒目的位置或来宾必经之路。会议资料提前备好,会议资料袋一般包括笔、空白纸张或软皮本、相关会议资料。

(五) 接待人员准备

(1) 仪容整洁,服饰干净、平整、大方、得体,女士应淡妆,不佩戴过多首饰,发型及发色不突兀夸张。

(2) 仪态端庄,目光自信明亮,面带微笑,举手投足稳重,语气温和、态度热情、语速恰当、语言得体。

(3) 明确职责,尽职尽责,行事稳重,一丝不苟、杜绝差错、灵活应变。

二、正式接待流程

(一) 迎候客人

根据客人等级匹配相应等级迎接人员,确保客主双方身份对等、人数对等,若身份对等人员因身体或工作原因不能出面接待,应委派副手或身份相近的人员出面接待,同时在合适的时候向来宾作出真诚可信的解释与说明,表达对来宾热情的欢迎及己方极大的诚意。主方应在客人到达前到场等候。客人出现后,要面带笑容,快步迎上,使用正确、温馨的问候语寒暄致敬。

(二) 引导客人

引导手势与语言正确配合,视线随引导手势方向移动,手势要有一定力度不可软绵绵。行进过程中注意提醒客人阶梯、障碍物等,保证客人安全。门厅开启时要注意门是内开还是外开,无论是哪种,不要急着放手,应用手抓住或用身体抵住门,手和嘴配合做出"请"的语言和动作。待客人经过后,再轻轻关门。

(三) 开展活动

根据接待方案开展接待活动,注意好礼宾次序的安排,例如:宾客排序次序、会议座次、乘车座次、就餐座次、发言次序等。同时精心组织和推进活动进度,做到言谈得体、善于倾听、以茶待客、随时关注和了解客户意图与要求,及时跟进解决问题和调整补充。随时保持与各工作组之间的衔接。

分工明确,责任到人。沟通协调中不要出现多头负责现象,对待客人提出的问题与要求,实行"首问责任制",即不管是不是你的负责范围,由你去问询清楚后回答客户或直接

8

请相关负责人来协调解决，而不是直接将客户推给其他人让其自行去找相关人员解决。

 **课堂互动**

令访客不悦的服务表现有哪些?

提示：

（1）客人到访，继续忙自己的工作，无视来访者。

（2）爱理不理，甚至以厌烦的表情和态度与来访者交流。

（3）看人下菜，以到访者外表而采取不同态度。

（4）语速快，言语间缺乏耐心。

（5）与人交谈，不看对方，无眼光交流，甚至背对来访者。

（6）到访者问询时，不迎候，仍与同事嬉笑聊天打闹。

（7）使用错误身体语言，如：双手抱胸或手指对方。

（8）看报、精神萎靡或持续盯着来访者并使用打量眼光。

三、送客礼仪

接待工作应善始善终。俗话说，迎人迎三步，送人送七步。送客也是非常重要的一个环节，此环节的圆满完成将留给来访者美好的印象与回忆。以下几点为常见送客礼仪。

（1）如有需要，提早为客人预订好返程车、船、火车、飞机票，并交给客人。

（2）提醒客人带好随身物品。

（3）根据需要，将客人送至电梯口、楼下、单位、酒店门口或机场车站，握手话别，待客人离开或远去后再转身返回。

（4）可根据需要对来宾进行赠礼，赠礼时注意对方的文化习俗，宜选择具有象征意义的精致礼品，不需要过于贵重的礼品。

（5）重要客人或外宾应到客人住宿处去迎接并陪同一并前往机场、车站送行。如有需要，可举行专门的欢送仪式。

任务二　办公室礼仪规范

办公室是日常公务办理的场所，来访、交接、洽谈等都会在这里密集发生，办公室接待流程和一般接待流程基本一致，但发生场所相对固定，有应遵循的准则。

一、办公室环境布置

（一）布局合理

办公室是企业的门面之一，办公室布置讲究高雅、宁静、整洁、安全。办公室一般设有办公区域、文件柜、电话机、设备位，部分办公室还设有沙发、茶几。

办公室布置要有明确醒目的铭牌，办公桌、文件柜、设备位设置合理，工作动线明确，不会对他人工作造成干扰或影响工作人员通行。人多的办公室，办公区域可用隔板进行分隔，创造独立办公区域。办公室里如有沙发，应远离办公桌，以免谈话影响工作人员。

办公室墙面可适当悬挂地图或与公司相关的图片进行文化布置，还可摆放绿植、鲜花进行点缀。适度的办公室绿化能将员工的满意度提高 15％，建议选用以绿色为主色调的植物装点，绿色可以给人舒适的感觉，有利于调节人的情绪，不要摆放颜色过于鲜艳或香味过浓的花草。

（二）环境达标

办公区域整洁卫生，不宜堆放积压物品，需定期处理办公室里的废弃物，以保持窗明几净。室内应无异味，常开窗换气，室内禁烟。房间采光和光线源布置须合理，窗玻璃定期擦洗，柜体玻璃门保持洁净、透明。办公室的地面要保持清洁，水泥地面要常清扫、擦洗，地毯要定期吸尘，以免滋生尘螨等寄生虫。

电话机使用频繁，最易藏污纳垢，需定期清理，建议用专用清毒液进行擦洗，使其无污垢和细菌。办公室绿植养护技巧：将一粒阿莫西林碾碎加入水里稀释，将水浇入泥土可防止根部腐烂，使其保持葱绿之色。

（三）物品摆放礼仪

办公桌物品应摆放整齐。文具应插入笔筒后放在桌面上，可多备几种类型的笔（自来水笔、圆珠笔、铅笔等）。电话机是办公室必备用品，也是办公室饰物之一。电话机的摆放位置应以便于接听为原则，一般放在办公桌左右前缘。文件柜通常靠墙摆放或者可以兼具隔断功能，但应保持稳定，确保安全。摆放位置要便于工作人员拿取查找和整理资料。柜内文件目录清晰，定期清理，重要文件应妥善放至保险柜保存以防遗失。

二、办公室礼仪

（一）树立职业形象

无论男女职员，都应做到仪表端庄、仪容整洁。职业形象既要恰当得体，又要讲究分寸，与办公场所的气质、环境以及所从事的工作性质相协调。如企业有统一着装要求，就按企业统一制服着装。无统一制服企业，男士可着西服、衬衣，扎领带，穿深色皮鞋，夏天避免在办公室穿拖鞋、短裤和背心。女士可着西服套裙或连衣裙，不能穿暴露、过透、过紧的超短裙，袜子不可有破洞。发型均以保守为佳，男士不留长发，女士淡妆。

（二）言谈举止得体

面带微笑，主动问候，保持良好坐姿、站姿、行姿。不大声讲话，接电话时声音适中，谈话时手势适度，不指手画脚，谈话时注意与他人身体保持 1 米左右距离，用语文明、谨慎、有分寸，不议论是非长短，玩笑适度，在办公区域不干与工作无关的事。

（三）遵照工作规范

严格遵守公司规定，执行公司工作纪律守则，工作积极主动，工作作风踏实认真，严

8

谨,与同事和平共处,有合作精神,重视团队合作,不越级报告,在办公场所公私分明,不将私事带入办公室,遵守公德,注意电、水、纸张等的节约。

办公室不良习惯有哪些?

提示:

(1)公物私用。办公室中的电话、打印机、信封信纸、笔和其他办公用品等都只供办公使用。不可因私使用,甚至携带回家。

(2)上班迟到。严格遵守上班纪律是每位商务职业人员应遵守的基本准则,上班迟到会使你显得缺乏敬业精神,同时给同事和领导留下不好的印象。

(3)穿着暴露。职场应体现职业精神,个性化、私人化服装不应在职场上展示(追求员工个性文化的单位不在此列),大胆、前卫、暴露等服装不适合作为商务人士的职场选择。

(4)闲聊闲逛。在办公室因工作需要进行交流是正常的,但应把握好分寸,不应在工作场合过多聊与工作无关的事,或窥探他人隐私做八卦传播者,否则会留给人无所事事的工作形象,也会影响其他同事的工作进度。

三、办公室接待礼仪

办公室接待礼仪基本同一般商务接待礼仪,但因接洽发生在办公室内,相较一般商务接待礼仪应注意以下几点。

(1)办公室的门不要关闭过紧,以免来访者误会无人在岗。

(2)接待来访时,应做好来访记录,必要时进行复述,以保信息正确。

(3)办公室如有沙发和茶几,可展开临时谈话,如谈话时间会较长,应安排在专门的会议室。

(4)开关门注意力度,不应用力开关门,避免撞击发出巨大声响。

(5)如有寻衅者,接待人员应保持高度冷静与沉着,及时将事端制止在萌芽阶段或迅速与保卫和公安取得联系,控制局面。

知识链接:
名片

任务三　商务馈赠礼仪

礼物承载着情意,在人际交往中表达多种情感,如感谢、敬重、祝贺,馈赠也是商务礼仪中的一个重要交往内容,对促进交往、联络感情、加深友谊等都有帮助作用。

一、馈赠原则

(一)目的明确

商务活动馈赠礼物主要是为了与商务伙伴交往时创造更多、更好的互动契机,拉近商务伙伴彼此之间的关系。礼物馈赠一般围绕"交往""酬谢""巩固维护关系"等主题,通过礼物来表示感谢、联络感情。

(二) 投其所好

馈赠礼品因是为了与受礼者增进感情,因此在礼物选择上要考虑受礼者的兴趣、爱好等,投其所好,体现送礼者的用心,让接受者感受到你为此花了心思。

(三) 轻重恰当

礼品的价值不是仅以金钱来衡量的,礼品重在情谊,要轻重得当,结合自己国家、企业的文化和特色来考虑礼品的纪念性、思想性、艺术性等因素,让对方能够愉快接受为宜。

(四) 时效合宜

合适的时机能让人印象深刻,也能让受礼者更坦然。时机选择主要关注两点,一是送礼的时间,二是送礼时的场景氛围,也可称机会。赠送要在时机恰当时进行,同时要注意频次适中,不宜过于频繁或间隔太长时间,时间或频次不当都会让受礼人产生送礼人功利性太强或有意怠慢等不好想法。

(五) 注意禁忌

因国别、民族、文化的区别,同一件礼物在不同的地方可能会有不同的寓意和内涵。在馈赠时要充分考虑客户的国家、地区、民族习俗差异,注意礼品小细节,避免忌讳和引起厌恶。在我国,送礼时要特别注意礼物名称和其他词语是否存在谐音问题,如"送钟"与"送终"、"梨"与"离"。

二、礼品选择

(一) 宜选礼品

宜选具有宣传性、纪念性、针对性、艺术性、独特性、时尚性的物品,能体现精巧、趣味、实用、新颖、特色等特性为佳。在赠送前,对礼品应妥善包装,精美的包装能使礼品更具有艺术美感,体现高雅的情调,还能反映馈赠者不俗的艺术品位。商务常用馈赠礼品一般有:鲜花、健康用品、生活实用品、民族文化特产、公司产品。

(二) 忌选礼品

忌选粗制滥造物品或带有非自我宣传但含有其他商品广告的物品、现金礼(证)券、涉国家或商业机密物品、不道德物品,这些范围的礼品常会使得受礼人对馈赠人的目的、品位、品德等产生不良印象。除了精心包装,礼品赠送时还可以附上祝词与签名的小卡片,礼品上不要保留价格标签,赠送鲜花应注意其花语的意义。

8

三、接拒礼仪

(1) 有礼相赠时,应立即起身,面向对方做好准备。

案例:和平尊

（2）接受礼物时应大方、沉稳，不要显得过于激动或目不转睛盯着礼品。

（3）面带笑容，双手"迎接"，同时口头上要认真恭敬地表示谢意，如说"谢谢""让您破费了""真漂亮，我非常喜欢"等。

（4）时间充裕时可当即打开礼品包装，对礼品进行赞赏，但打开包装动作要文雅。

（5）拒收礼物也应态度温和，可通过婉言相告或直言缘由，如果大庭广众下不好推拒，可先暂时接受，事后立即归还。

课堂互动

在伦敦工作的李小姐带着一束由红玫瑰和黄玫瑰相间的捧花去医院看望她的雇主琳达女士，琳达看到捧花却由开心瞬间转到愤怒，这是为什么？

提示：

玫瑰一般是送给亲近的女性，表示爱慕和亲近之意，红玫瑰花语是"我真心爱你"。黄玫瑰在英国却象征亲友分离。

课堂互动

日本的一家事务所需扩建厂房，近郊有一块土地非常合适，而且有好几个竞争者也想购入这块地，可是事务所却一直无法与该土地的所有者——一位固执的老太太达成协议，因为老太太无论什么条件也不卖。

直到一个下雪天，老太太进城购物经过该事务所，为了不让事务所总是来叨扰自己，决定再去和事务所的负责人讲清楚让他们彻底死心。老太太准备推门进入时，看到自己沾满泥水的木屐，又犹豫了。刚准备退出来，一位年轻的职员出现在门口，带着真诚而温暖的微笑，倾身道："欢迎光临！"职员看到老太太的窘态，立即说道："您稍等。"便回转屋去找拖鞋，不巧正好没有了。于是职员马上把自己的拖鞋脱下来整齐地摆在老太太身前，笑着说："真是抱歉，请穿这个好吗？"老太太很犹豫。职员鼓励道："别客气，您穿。我没有关系的。"等老人穿好鞋，职员才问道："老太太，请问我能为您做些什么？"得知老人的来访意图后，该职员像女儿般扶着老人上楼。

故事的最后，老人家因为该职员的温暖与善意改变了主意将地卖给了事务所。在她看来，她并不缺钱，她只想把地交付给值得信赖的人，而该职员的善良与体贴让她觉得这家公司是可以信任的。一直谈不下来的交易因该职员亲切友善的举动无意被促成，这真是一个奇妙的事情。

讨论：

上述案例体现商务人员接待时应具备哪些修养和展示那些素质？

> 成功的谈判,双方都是胜利者。
>
> ——尼伦伯格

项目三 商 务 谈 判

项目学习目标

情感态度目标

1. 提高对商务谈判礼仪的敏感度。
2. 正确对待竞争与合作。

技能目标

1. 能根据商务谈判基本流程,分享礼仪规范要点。
2. 掌握基本的商务谈判礼仪技巧。

知识目标

1. 掌握商务接待基本流程。
2. 了解商务谈判环境布置。
3. 了解商务谈判语言艺术。

项目学习内容

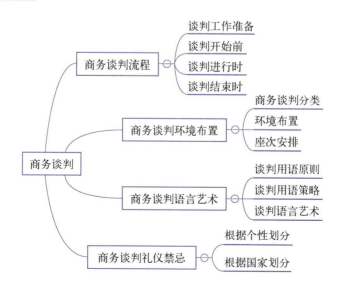

导入案例

　　上海甲公司引进外墙防水涂料生产技术,乙公司与丙公司报价分别为 22 万美元和 18 万美元。经调查了解,两家公司技术与服务条件大致相当,甲有意与丙公司成交。在终局谈判中,甲公司安排总经理与总工程师同乙公司谈判,而全权委托技术科长与丙公司谈判。丙公司得知此消息后,主动大幅度降价至 10 万美元与甲签约。

　　讨论:

　　1. 如何评论甲公司安排谈判人员的做法?

　　2. 如何评论丙公司大幅度降低的做法?

案例分析

　　这是商务谈判战术中典型的兵不厌诈战术。在这个商务谈判中,甲公司采用了兵不厌诈战术,让丙公司认为自己无意和他合作,主动降价。最终甲公司以比期待更低的价格达成交易。丙公司中计,这在商业谈判中是不可取的。没有坚持自己的底线。

项目实施

任务一　商务谈判流程

　　商务职业人员在商务活动开展中常常因各自的利益、发展与需要,需与其他商务对象就某问题进行有组织、有计划的协商与洽谈,在此过程中彼此互相争取各自利益最大化,同时又求同存异,寻求到一个最佳契合点,最终达成某项协议。

　　从事件表面角度来看,这是一场人与人之间的合作与较量,从深层次角度看,这是一场涉及目标、方针、策略、技巧、法律、眼界、胸怀的非常有技巧性的谈判活动。谈判事件的成败会有诸多影响因素,抛开市场供需、产品本身、业务发展等这些硬指标,商务谈判中的思想、行为、礼仪也会对结果造成直接影响。一个优秀的谈判者,不仅要精通商务知识,还要有勇有谋、知晓礼仪、善于沟通,同时掌握好商务谈判相关流程、学会控制自己的言谈举止、掌握好商务谈判中的关键要点,才能在商务谈判中占据主动、应对自如,以保证在商务谈判中尽最大可能完成计划,达成既定目标。

　　谈判由人主导,双方常常会出现据理力争、面红耳赤、冷局僵局等情况,立场冲突是谈判的本质,但谈判的终极目的是"寻求合作、互补长短",因此在谈判中通过商务谈判礼仪来规范行为,对传递信息、增进感情、树立形象都有实际的帮助与指导意义,把握好"合作、互长"这个核心点,所有的相关事宜均可以由此出发进行谋篇布局。

一、谈判工作准备

谈判前要做好以下准备工作。

（1）根据谈判事宜确定谈判人员，谈判双方代表一般应身份职务相当、人数相当。

（2）常用长方形或椭圆形谈判桌，场地、设备应提前布置和调试妥当。

（3）做好技术性准备，制订好谈判计划、谈判目的和谈判策略，对谈判内容做充分准备。

（4）准备好谈判相关资料。

（5）谈判人员仪容仪表要体现正式、庄重、整洁，要具备良好思想及心理素质。

（6）应对谈判对手的谈判成员、谈判风格、谈判方案、真正决策者、对方朋友圈、合作伙伴与业务进行了解，做到知己知彼。

商务谈判礼仪规范原则是商务谈判礼仪的共同理念和宗旨，共同理念和宗旨是我们在进行每一项商务活动时应该遵守的共同法则。商务谈判礼仪的基本原则是：① "尊敬"原则，即以礼待人、体现平等、互敬自重、待人友善。② "真诚"原则，即珍惜形象与声誉、恪守真挚、诚实守信，建立良好口碑，促成长远效益。③ "谦和"原则，即善于倾听，乐于接受他人的提议、虚怀若谷、平易近人、张弛有度，有原则、不过分谦虚与妥协，有较强的人际关系调节能力。④ "宽容"原则，即有较强的自控能力与容纳意识，豁达大度、心怀坦荡、眼界宽广高远，能理解对方立场，有高洁的品格和态度。

二、谈判开始前

（1）谈判是商场的战争，但仍要尽可能创造友好、轻松的谈判氛围。

（2）迎接规格一般根据谈判人员的身份和目的来确定，一般按常规标准进行接待。除非有特殊的需要可调整规格。

（3）双方见面时，应互作简要介绍，态度自然大方，不应面露傲慢、不屑等表情。

（4）谈判人员应再一步了解和确认本次谈判的目标和策略，拥有资料的真实性、客观性，谈判的程序安排等，保持清醒的头脑和缜密的思维，不因道听途说或虚假情报而意气用事，丢掉客观冷静的决策判断。同时对自己可决策的权力范围和级别要弄清，在遵照执行上级要求与指令的同时，保证自身有一定的可浮动谈判权力，以应变谈判时一定范围的情况变化，为己方争取到更有利的结果。

三、谈判进行时

谈判一般分为 5 个步骤，互相探询、商谈、小结、继续洽谈、结束或重建洽谈，根据谈判效果进行推进直至最后达成一致或谈判失败。

（1）礼敬对手。保持应有的礼貌、诚意，保持耐心与冷静。

（2）平等协商。报价明确，恪守信用，以理服人，有问题开诚布公商谈，依法办事。

（3）互惠互利。求同存异，通过洽谈使双方互利共赢，也为日后进一步合作奠定基础。

（4）善用语调。一般情况下，语音语调应音量适中、语调平稳、中速，但可适当通过语速、语调、音调的调整，加强表达效果。

（5）善用和读懂身体语言。语言具有欺骗性，但肢体语言有时会透露真实想法，要善于观察。

8

把握谈判中坐姿传递的信息。在谈判中，不同的坐姿传递着不同的信息：笔直的坐姿，表示对对方或对说话有兴趣，同时也是一种对人尊敬的表示；弯腰曲背的坐姿，是对谈话不感兴趣或感到厌烦的表示；斜着身体坐，表示心情愉快或自我感觉优越；双手放在腿上，是一种等待、试探的表示；一边坐着一边双手摆弄手中的东西，表示一种漫不经心的心理状态。

作为客座去进行商务谈判时，需"入乡随俗、客随主便"，主动配合对方的接待安排，对非原则性问题采取宽容的态度。在商务谈判期间，应尽可能准时参加主方安排的各项活动，通常在约定的时间点前五分钟左右到达约定地点，在适当的时间以适当的方式对主方的接待表示感谢。如需到主方公司公务拜访或者进行私人访问都记得提前预约，不做不速之客，以保证谈判工作的顺利进行。

四、谈判结束时

比较重要或规模较大的商务谈判如达成一致，都应举行签字仪式。签字仪式一般有以下流程。

（1）签字仪式会场准备，签字桌、文具、旗架等。

（2）准备协议文本，文本要做好审核、校对、装订、盖章等。

（3）确定参加人员，一般应双方人员数量相等，职位大体相等。

（4）双方入席签约，主签代表入座，配备助签人员进行签字位置指引，双方签字后互相交换文本再签字，全部完毕后，双方同时起立，交换文本，并互相握手，其他人员鼓以热烈的掌声表示祝贺。

任务二　商务谈判环境布置

商务谈判又叫商务会谈，双方为了各自的利益，进行有计划、有组织的双边协商与讨论，在不断的磋商中达成一致，因此商务谈判环境的布置与座次安排就应根据谈判类型和形式的需要来确定。

一、商务谈判分类

（一）主座谈判

在东道主所在单位或所在地举行的谈判，通常东道主具有主场优势。

（二）客座谈判

与主座谈判恰恰相反，在谈判对手所在单位或所在地举行的谈判，显然谈判对手更具有有利优势。

（三）主客座谈判

在谈判双方所在单位或所在地轮流进行的谈判，因都分别占据过主场优势，因此相对公平。

(四) 第三地谈判

在不属于谈判双方所在单位或所在地的其他地方开展的谈判,相较上述三种,就更为公平,受到地区干扰较少。

二、环境布置

商务谈判环境布置对人的精神、心态、状态等都会有显著影响,不良的环境会让在场者感到压抑、无法凝聚精力,注意力和反应速度都受影响。一个良好的环境有利于双方谈判的顺利进行。

(一) 光线

自然光源、室内光源都是要考虑的对象,要呈现明亮而柔和的特点。

(二) 温度

要保证室内空气清新,可通过开窗换气、空调设备、净化机等调整室内温度、湿度和空气质量,一般温度在 20～26℃、湿度在 40％～60％为宜。

(三) 家具陈设

家具、门、窗、装饰、窗帘等色彩要协调,保持和谐一致性。室内家具、物品应陈设合理,空间留白恰当,不影响人的活动。

(四) 声响

为保证谈判的顺利进行,所选地点应保证室内宁静,不受外界车流、人声、脚步、施工等噪声干扰。

三、座次安排

谈判一般以"双边谈判"和"多边谈判"为主,正式谈判落座的形式也非常正规,讲究双方或多方的对等与平衡。"双边谈判"多采用横向式和竖向式,"多边谈判"多采取自由式和主席式。

(一) 横向式

如图 8-1 所示。

(二) 竖向式

如图 8-2 所示。

(三) 自由式

顾名思义,即各方人士自由就座,不须提前进行正式座次安排。

8

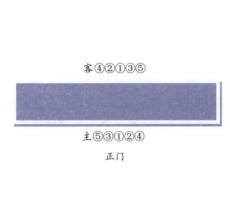

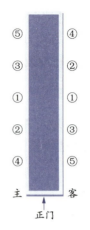

图 8-1 横向式谈判座次   图 8-2 竖向式谈判座次

（四）主席式

面向正门设置一个主席位，供各方代表进行发言时使用，其他座次一律背对正门、面对主席位就座。

任务三　商务谈判语言艺术

商务谈判是一场有智有勇的角力竞争，中间涉及谈判双方的策略、机智、观察判断、魄力、语言艺术等，内中大有乾坤，尤其是语言，因内涵丰富，反映人的谋略，又具有可塑性，常常是商务谈判人员重点学习和训练的地方。

一、谈判用语原则

（1）将己方观点、立场准确传达给对方，使对方明确了解我方态度。

（2）用语准确，根据不同对象使用相应用语。

（3）具备语言组织的灵活性。

二、谈判用语策略

（1）有的放矢、目的明确地表达观点，不使用模糊、啰唆的语言。

（2）根据不同的谈判场合、谈判内容、谈判对手，充分考虑谈判对手的性格、情绪、习惯、文化以及需求状况的差异，选择有针对性的不同语言方式。

遇到性格直爽、脾气急躁的对手，运用简短明快的语言；而慢条斯理的对手，适合倾心长谈；性格开朗爱说的对手，适合运用具体肯定的语言；思维缜密严谨的对手，适合运用少、精、准的语言；对于武断坚定的对手，运用"一针见血"的语言。

（3）使用易于被对方接受的委婉用语，少用"不，不行"这样的直接否定，换成如"您说得在理，我觉得这个方案在您说的基础上略调整第二项会更合适"。在照顾对方面子的同时，不露痕迹地提出自己的观点。

（4）善用手势、眼神、表情等无声语言，来制造谈判氛围，形成想要的效果，例如恰到好处的沉默可以让对手感到压迫。

（5）具备灵活的语言应变能力，与应急手段相结合可将劣势稳住，保持住心理优势得以扭转乾坤。

三、谈判语言艺术

善用妙语、幽默、巧妙应答等形式，可为自己解围、回避不愿回答又必须回答的问题，又可活跃和调节会场气氛，保证谈判的顺利。

（1）使用模糊用语，如：基本上、几乎、据我所知等，来避重就轻。

（2）使用幽默含蓄用语，避开对方锋芒，增强辩论力量或缓解紧张气氛。

（3）使用条件式用语，可以设定一个语境氛围，让对方进入你的设计圈，如：你要一个鸡蛋还是两个鸡蛋？大部分人都会忘了还可以选择"不要"。

（4）使用渐近式用语，话题从易到难一步步推进，慢慢打开局面，减少一开场因锋芒太露导致场面僵化。

任务四　商务谈判礼仪禁忌

商务谈判要注意谈判对象的特点、个性、地区、文化等信息，在了解的基础上理解与尊重对方，避免正面对撞或产生误会而使谈判难以为继。

一、根据个性划分

（1）对于喜欢掌控权力的谈判对手应避免对他形成支配与控制，不应采取压迫性策略。

（2）对于喜欢采取进取式的谈判对手应避免不接受他的参与和直接对他否定，同时应设置一定难度让他不能轻易得手。

（3）对于善于建立关系的谈判对手应避免主动进攻，对他的热情不能掉以轻心。

（4）对于优柔迟疑的谈判对手应避免在空间和心理上过分接近他，要给予他相对充分的时间，不催促不强迫。

（5）对于沉默寡言的谈判对手应避免以沉默对沉默或强行和他深入接触。

（6）对于固执型的谈判对手应避免急于求成，应保持耐心详细进行阐述。

（7）对于情绪善变型的谈判对手应避免自顾自话，应察言观色，找准他的兴趣点，把握时机。

二、根据国家划分

以下为部分国家一般谈判习惯与礼仪禁忌。

（一）美国

注意守时，不可早到和晚到。应直接表述观点，谈判中不要采取迂回、暗示等方式。注重实际利益，提出方案应公平合理，不要尝试因友情而去通融让步的做法，法律意识强，非常注重合同法律性并对合同条款的细致准确要求高。

8

(二) 日本

要非常注重礼节和礼貌,不要急于求成,保持耐心和微笑,找出谈判中的关键人物,日本人不喜欢直接拒绝人,爱用模棱两可的语言,要认真体会其真实意图。同时应花大力气去建立与他们的私人关系。

(三) 加拿大

赴约要准时,最忌失约。对方不喜欢讨价还价,不愿做薄利多销的生意。谈论话题可与滑雪、冰球等相关,话题不要比较加拿大与美国,不要对讲英语和讲法语的两部分加拿大人现象发表意见。日常生活不要赠送百合花,在加拿大百合花与亡灵相关。

(四) 英国

崇尚准时和守时,喜欢按计划办事,谈判中言简意赅,属稳健型,讨价还价余地不大,喜欢风险小、利润少的交易。重视合同的所有细节,会仔细推敲。与英国人交流时避免讨论皇室、政治、宗教,安全话题为天气。鲜花不能送双数和13枝。

(五) 法国

在宴会上继续谈生意,会引起法国人的极大不满。法国人容易因朋友关系而影响生意。喜欢用小生意先试探等建立信誉和友谊之后再进行大宗交易。法国人对别人要求严格,对自己比较随便。

(六) 德国

十分注重礼节、穿戴、称呼,求稳心理强,不喜欢"一锤子"买卖,希望长期保持合作关系。德国人效率高,准备周详,注重细节,力求完美,时间观念强,契约精神强,履约率高。

(七) 俄罗斯

注重个人关系基础,喜与熟人做生意,礼节性极强,喜欢按计划办事,一旦实际谈判与计划有差距就极难达成协议。忌讳别人送钱,忌讳说他们小气,忌讳讨论有争议的政治话题。

课堂讨论

做房产销售的比利先生手上有一块接近火车站、交通便利但紧邻木材加工厂的A地块待售,因木材加工厂的噪声影响,导致该地块成交难度较大。某天有位顾客来电询问有哪些可售地块并提出了自己的报价,从价格和地段需求来看,A地块非常符合这位顾客的要求。比利先生登门拜访这位顾客,将地块情况进行了详细说明,并特意明确有木材加工噪声干扰。不久,顾客到达现场考察,对该地块非常满意,并且由衷地说:"您是一个坦诚的人,没有像其他人一样只说好听的,您把缺点都告诉我,您值得我信任,这个噪声对我来说不算什么,这块地我要了。"

讨论:从这个案例可以发现谈判交易中我们要注意哪些要点呢?

> 朋友因时而变,知者随世而制。
>
> ——《盐铁论》

项目四　国际商务礼仪

项目学习目标

情感态度目标

1. 用礼仪传递商务信息,展示良好的职业素养。
2. 培养对国际商务活动中礼仪规范的敏感度。
3. 主动为开展国际商务事务储备知识。

技能目标

1. 能运用国际商务礼仪原则,掌握事物要点。
2. 能按照国际商务礼仪规范开展相应工作。

知识目标

1. 了解国际商务礼仪原则与特点。
2. 了解国际商务礼仪活动中的注意事项。
3. 了解国际商务礼仪禁忌。

项目学习内容

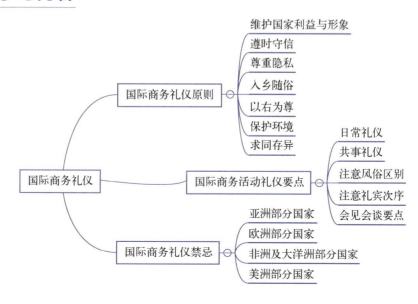

导入案例

我国一家企业与美国一家公司经过漫长的艰苦谈判终于达成了一笔大生意,双方对结果均十分满意,并决定举行正式签字仪式。中方为此做了精心准备,同时还邀请了市管领导和新闻媒体。当双方即将开始签字仪式时,美国公司却叫停了仪式,指着签字桌上立在左边的美国国旗和在右边的中国国旗,愤怒地表示中方贬低美方。

讨论:美国公司为何大动肝火?

案例分析

在国际礼仪中,常是以右为尊,原则上讲究"右尊左卑""右高左低",这一原则与我国"以左为上"的原则正好相反。案例中,就是因为旗帜摆放位置的不当让美方感受到敌意,故而叫停了仪式。一般而言,作为主方的公司应礼貌地抬举合作方,给予对方尊重和重视感。

项目实施

任务一　国际商务礼仪原则

"一带一路""人类命运共同体""全球经济一体化",这些都表明目前国与国之间的交流互动密集频繁。国际商务礼仪是涉外商务过程中必须遵照的礼仪规范,它是在长期的国际交往中逐渐积累下来的,是国际通行的专用性礼仪规范。在国际交流互动频繁的如今,只有优秀的专业知识、商务技能、语言能力是远远不够的,必须要具备和通晓与各国其他商务人士相处交流的国际商务礼仪规范,并共同遵守国际商务礼仪才能更好地加强国际之间的交往与合作,对个人及企业的涉外工作起到成功的推动作用。

2019年,世界上已有77亿人、200多个国家和地区,这些国家和地区里又有数不胜数的不同民族,因此在涉外活动中,我们需要求大同存小异,遵守约定俗成的一些共同的礼仪与规范,在这些礼仪规范里,应特别注意遵守七大原则。

一、维护国家利益与形象

国际交往,首先代表的是国家形象、国民形象,只要来往者以合法身份,实施真实且善意的商业与交流目的,均应热情欢迎,不应排斥。任何组织和个人在尊重他国的利益和尊严的基础上都必须时刻谨记维护本国的利益和尊严,像外交官一样谨言慎行,不忘祖国的利益高于一切。保持从容得体、不卑不亢,遵守当地规则、有礼有节。

二、遵时守信

遵时守信既体现了个人的道德品质,又从一定程度体现了对对方的尊重。遵守约定,信守承诺是每一个商务职业人员应有的个人素养,对于建立个人及企业公信力,取信于人都有很大帮助。商业形势变幻莫测,因此不应轻易承诺,应深思熟虑后再说话,《论语》中说"三思而后行",考虑清楚之后再行动,承诺了就应说话算数,意思表达要准确,不要让人产生歧义与误解。

遵时守约有技巧,时间约定不宜在休假日或休息时刻,约定后应按时赴约,正点时间到场最得体,不能赴约时要及早告知并解释致歉。

三、尊重隐私

对西方人来说,年龄、收入、家庭状况、政治见解、健康状况等均属个人隐私,在国内,人们常常在寒暄中问起"最近忙什么事呢?""你哪一年出生的呀?""对某某形势怎么看啊?"与外国人交往时对这些内容的探究就有可能触及对方的个人禁忌或行业的秘密,因此谈话时应主动回避此类话题,避免引起他人的难堪、尴尬、愤怒,以保证尊重其个人隐私,照顾到对方的心理。

四、入乡随俗

世界上各个国家、地区和民族,都有各自的语言、文化、宗教、习俗,这种差异不以人的意志为转移,只因人、因地而异。对外交往时,要有对当地文化、风俗的了解,入境问禁、入乡随俗,有宽广的胸怀,充分尊重对方风俗习惯,不妄议、不诋毁、不嘲笑。

五、以右为尊

在国际礼仪中,涉及位次的排列通常是以右为尊,讲究"右尊左卑""右高左低""右客左主",这一原则与我国"以左为上"的原则正好相反。

六、保护环境

许多国家地广人稀,自然生态原始,人与自然和平相处,在国际交往中,注意遵照当地法律、公共秩序,严于律己,加倍注意不在公共场所吸烟、不在公众场合喧闹、不随地乱扔乱吐、不捕杀动植物等,以免因不拘小节而触犯禁忌。

知识链接:
中外商务礼仪主要差异

8

七、求同存异

各国都有各自的礼仪与习俗,在这种差异性下的国际商务活动,可按三种方式开展。第一,"以我为主",即依旧采用本国礼仪;第二,"兼及他方",即在采用本国礼仪的同时适当采用交往对象所在国现行礼仪;第三,"求同存异",即在了解和尊重交往对象所在国的礼仪与习俗基础上按国际通行礼仪惯例执行。

任务二　国际商务活动礼仪要点

一、日常礼仪

(一) 遵时守约

遵时守约,是国际交往中极为重要的礼仪。要有约在先、要如约而至、要适可而止,活动结束应适时离开,不能按时赴约要提前取消并向对方进行解释和表示歉意。

(二) 尊重老人、女性

尊重老人、妇女,西方国家年长者讲求独立,忌被称呼"老",对年长者要给予敬意,但不要做不必要的搀扶与照顾,以避免给对方造成"他已老"的暗示,不用奉承对方年龄。对女性要体现"女士优先"。

 小技巧

> 进出门,主动为女士开关门。
>
> 马路上行走,让女士走人行道内侧。
>
> 狭窄过道相遇,应侧身站立让女士先行。
>
> 上楼梯走女士后,下楼梯走女士前,以便女士摔倒时及时搀扶。
>
> 最好不要在女士面前吸烟,应先征询女士的意见。
>
> 用餐落座,男士要为女士移开椅子,待女士入座后,再将椅子移进桌子。
>
> 当女士手提重物品时男士要主动上前协助。
>
> 公共场合发言按国际惯例开场:"女士们,先生们,大家晚上好。"

(三) 遵守公共秩序

遵守公共秩序,公共场合不高声谈笑,不高谈阔论,如公共交通车上、餐厅,尤其是庄严肃穆的场合,一定要保持绝对安静。在公共场合吸烟应根据场合规定执行,剧场、博物馆、会议厅、有些地方的酒店房间都是禁止吸烟的。在私人领地吸烟要征询主人意见。行走时忌排成一排阻挡和妨碍他人行走,排队候车应保持人际交往距离。

(四) 不过分自谦

中国人内敛、含蓄、委婉,常自谦自贬,不自我肯定。但与外方人士交往时,应正面、客观、阳光地展示和肯定自己,不说客套话,以避免外方人士的误解。

(五) 着装得体

在正式、严肃和隆重的场合,应着正装,正装为深色和上下同色同质的礼服和西服,也可根据场合、季节、各个国家的传统习惯等来选择着装。参观游览时可着便服。进入室内场所须摘帽,脱大衣外套,男士在任何时候都不在室内戴手套、帽子、黑色墨镜,与人握手时也应摘手套、墨镜。在房内临时接待到访客人时,也应换装接待,不能穿睡衣、拖鞋接待客人。

二、共事礼仪

(一) 相互尊重

尊重各自的文化、国家背景,不强人所难,应相互协商,学会聆听,并用点头、手势、语言进行互动交流,不随意打断对方谈话,或妄加批评、指责。

(二) 注意细节

不在对方休假时找他们洽谈公务,外方人士讲究工作的独立性,不要指望热情的互帮互助,不要主动干涉他人工作。

大多数西方国家,圣诞节和复活节前后两周一般不安排或少安排业务洽谈;北欧国家、英国、加拿大、法国等都有在每年 6 月至 8 月休假的习惯;一些国家有下午不办公的习惯。不少国家对数字"13"和"周五"非常忌讳,如恰巧某月的 13 日正好又是周五,一般不会安排相关商务事宜。

(三) 不打听隐私

与外方人士共事做到"9 不问",即收入不问、年龄不问、婚姻不问、工作不问、健康不问、经历不问、信仰不问、习惯不问、住址不问。女士很喜欢讨论衣服、首饰,但忌讳问价格与质地。男士的汽车、家具等价格也不要触及,这与他们的喜好和收入有关,也属隐私。

(四) 注意称呼

男子称先生,已婚女子称夫人或女士,未婚女士称小姐,婚姻状况不明的也可称小姐或女士。如果知道头衔或职务,就在先生或女士前加上姓名、头衔、学位等,如:某某议长先生、某某教授、某某中尉先生。

三、注意风俗区别

到达一个地方,应首先掌握当地的禁忌、风俗、法律规定,不要把自己的习惯与风俗带入社交中,应按当地习俗来办。

不少国家有付小费的惯例,当服务人员为您提供服务后相应要给予适当费用以示感谢。付小费通常用现金支付,放在菜盘、餐盘、杯底或床头,也可使用不找零的方式付小费。小费一般使用小额现钞,不宜使用硬币。小费的付费标准以恰当为佳,就餐、娱乐可以按个人消费的 10% 左右支付,乘出租车按车费的 15% 支付,住宿常常会在账单中直接列出标准,一般为总消费的 10%～15%。通常还有一些情况须付小费,如门童 1 美元、客房服务 1～2 美元、行李员 0.5～1 美元/件、保洁服务 0.5 美元。各国情况略有差异,以当地情况为准。

虽然不少国家有付小费的惯例,但有的国家付小费反而是对他工作水平的否定,例如在新加坡,付小费代表其服务质量很差。另外,对公职人员,如警察、海关检查员、政府机关工作人员等绝不可以付小费,否则会有贿赂公职人员之嫌。

四、注意礼宾次序

(1) 按身份与职位高低安排礼宾次序。

(2) 主席台排座以前排为尊,后次之,同排中者为尊,两侧次之。

(3) 两人并行,右者为大;三人并行,中者为大,右侧次,左侧更次。

8

（4）室内就座，面对门口中间位为尊。

（5）汽车就座，后排右座为尊，中座次，左侧更次，前排司机旁最次。

（6）名单排列如无特别要求时，汉字按拼音首字母顺序或笔画多少排序，第一字相同情况下则比照第二个字，以此类推，姓名两者相同时，单名排在双名前。英文按字母顺序排序。会议、赛事可按回执时间或抵达时间排序，多见于参展团、运动队。

五、会见会谈要点

座次安排要合理，双方国旗勿忘记。场地布置要精细，标识卡片须双语。会谈时必要人员须留下，其他人员须撤离。商务洽谈要保密，不可随意说出去。

✎ 课堂互动 •

在国际社交场合，着装是否要体现当地文化？

提示：

国际社交场合有国际通用的着装"PTO"原则，即与场合（place）、时间（time）、目的（objective）相符。

任务三　国际商务礼仪禁忌

礼仪受国别、宗教信仰、民族特征、文化背景等因素影响，在与不同国家的人进行商务活动时要了解对方国家的商务礼仪，因地制宜。

一、亚洲部分国家

（一）日本
日本人很重视名片，初次见面，名片先行，互相鞠躬。日本人盛行送礼和回礼，但送礼者与受礼者不见面，一般通过第三方服务方送上门。忌数字"4"和"9"以及有荷花图案的礼物。

（二）韩国
韩国人业务洽谈习惯在咖啡室或类似地方，身份高低、年龄大小等级规矩严格，与不了解的人来往需要双方都尊敬的第三者进行介绍与委托才能达成信赖。公司拜会必须事先约好并准备好名片，不喜欢数字"4"，会谈时间约10～11点或14～15点为宜。

（三）新加坡
新加坡人十分讲究礼节，洽谈商务时，忌跷二郎腿，或脚挂鞋子晃来晃去，这种行为必然引起对方反感，交易会当即告吹。另外需注意卫生环保。

（四）泰国

泰国人重视商品质量,喜欢真诚、友善的合作对象,爱面子,在乎别人对自己的看法,不喜欢大庭广众之下与人争执。与商界人员打交道穿衬衣打领带即可,与政府人员打交道宜穿西装。与泰国人交往不要随意摸他人的头,这对他们是大忌。交换名片、交接物品用右手,左手被认为是不洁净的。不用红笔签名,那代表死亡。忌跷腿和用鞋底对着别人,这被认为是侮辱性的举止。

（五）印度

请印度人参加社交活动时要一并邀请他们的妻子,初次访问应事先约定并穿西服,忌时间观念不强。印度人表示同意或肯定的动作是摇摇头,喜欢看到实物进行选择,宜准备多样品。忌触犯其教规、吹口哨、谈论对方妻儿。

二、欧洲部分国家

（一）芬兰

重视握手礼,谈判地点一般定在办事处,芬兰商人邀请你洗桑拿是一种极大的认可。芬兰人时间观念强,忌讳迟到。新年、复活节、独立日、圣诞节等节日忌谈生意。

（二）英国

没受邀请不要随意到家拜访,如受邀,应带鲜花或巧克力到访,鲜花不选双数和 13 这个数量,不选菊花和百合花。不带条纹领带,不讨论皇室,不统称英国人为“英国人”,可具体称呼其“不列颠人”或“苏格兰人”等。不交叉握手或干杯,交谈时双方距离不要太近。

（三）俄罗斯

不称呼俄罗斯人为“俄国人”,有职务、军衔的人最好以职务、军衔相称。忌用左手接触别人和递送物品。

（四）法国

商务交往中常用“握手”的见面礼。商务活动有政府官员到场更利于商务活动的进行。法国人对提交的材料十分重视,合同签订后常会继续修改,不喜欢不爱讲话的人,对愁眉苦脸者难以接受。忌过多地谈论个人私事。

（五）德国

时间观念强,不喜欢拖拉、不守纪律、不讲卫生的人。多用尊语称呼,用“您”代表尊重,用“你”表达平等。德国商人很注重工作效率。同他们进行商务洽谈时,忌无关紧要的闲聊或闲谈。德国北部地区的商人,重视自己的头衔,称呼他们的头衔并同他们热情握手,会使对方格外高兴。8 月份是大多数企业休假时间。德国人喜欢鲜花,但忌送郁金香,因其代表“无感情之花”,意味着“绝交”。

8

（六）瑞士

给瑞士公司寄信,收信人一栏要写公司的全称,不要写公司工作人员的名字,如若写个人名字,这封信只会由收信人本人开启,如果本人不在,这封信永远不会被打开。瑞士崇拜老字号,如果你的公司是一家老字号,最好在标牌上体现出来。

（七）意大利

意大利人交往时喜欢近距离,但不喜欢盯视,手轻捏下巴表示不感兴趣,时间观念略差,正式场合着三件式西装。忌数字"13""17"和"星期五"。

三、非洲及大洋洲部分国家

（一）埃及

上层人士倾向于使用欧美礼仪,晚宴一般到晚上十点半之后才开始,埃及商人时间观念较差,很少能按约定时间行事。忌食猪肉,送礼和受礼时用双手或右手。下午三点至五点不买卖针。

（二）澳大利亚

时间观念很强,须提前预约再赴约。喜欢在酒吧谈生意,谁先提议喝一杯就谁请客。澳大利亚人周日须做礼拜,不要在周日约他们打球。澳居民有很多是移民的后裔,商谈方法也要因人而异。他们对商品质量要求非常严格,质量不达要求会立即索赔。不喜欢在价格讨论上过多浪费时间。商务活动时间为 3 月至 11 月,其余时间为休假期,圣诞节和复活节前后一周不安排商务活动。

四、美洲部分国家

（一）美国

与美国人进行商务洽谈,可直截了当地进入正题,不爱转弯抹角,不必过多礼貌、客套及握手,穿着打扮可以随意,但不要穿睡衣、拖鞋会客,衣服注意细节和整洁,时间观念强,一般不送名片,只有要保持联系时才递送名片。

（二）加拿大

宜穿保守式西服,因法裔、英裔等较多,商务风格截然不同,谈生意时要因人转变交际方法,对法裔可以尝试用几句法语。忌讳白色百合花。

（三）巴西

巴西人对时间和工作比较随意,对方未提起工作时,不要主动先谈工作,不要对巴西人使用我们常用的"OK"的手势(大拇指与食指连成圈,其他三个手指向上支出),因为这个手势代表粗俗与猥亵。

(四) 墨西哥

常用礼节是握手礼,墨西哥人赴约会以迟到 0.5 小时为礼节风度。

课堂互动

　　1. 可以与外商在餐桌上谈生意吗?

　　提示:不同国家的商人,习惯不同。例如:美国人喜欢在早餐或午餐的餐桌上约谈生意,而澳大利亚商人就忌讳在餐桌上提及与生意有关的事情。

　　2. 李明应邀到德国客户家做客,为显示心意特意买了一束白色郁金香和一盒巧克力,结果却引起了德国友人的不快。

　　讨论:德国朋友为什么会不高兴呢?

能力训练

　　学完本模块所有项目任务后,请扫描二维码完成模块八能力训练,并在教师带领下进行讨论。

模块八
能力训练

8

模块九
社交礼仪训练

人无礼则不生,事无礼则不成,国无礼则不宁。

——荀子

项目一　社交礼仪认知

项目学习目标

情感态度目标

1. 激发对社交礼仪学习的好奇心和兴趣度。
2. 加强对社交场合的认识,树立良好、规范社交礼仪意识。

技能目标

1. 能发现和关注身边的社交礼仪现象。
2. 能够用正确的眼光和态度看待社交场合。
3. 学会辨别不恰当的社交礼仪做法。
4. 能有意识地培养社交兴趣。

知识目标

1. 了解社交礼仪的作用及重要性。
2. 了解社交礼仪的起源和发展。
3. 掌握社交礼仪的运用原则和禁忌。

项目学习内容

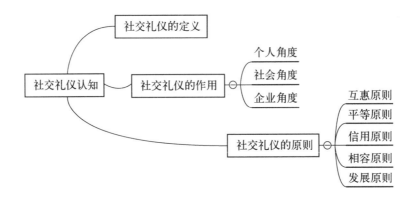

导入案例

女士"不"优先惹不快

在一个晴空万里的日子里,秘书小陈,身着得体的制服,迎向刚刚驶来的一辆高级小轿车。司机熟练地将车停在公司门口。小陈看到后排坐着两位男士,前排副驾驶上坐一位外国女宾。小陈以优雅的姿态先为后排客人打开车门,做好护顶姿势,并目视客人,礼貌地问候对方。接下来,小陈迅速走到前门,准备迎接那位女士时,却看到女宾一脸不悦,小陈有些茫然了……

讨论:小陈着装得体、姿态优雅,且也为客人打开了车门,为什么外国女宾却一脸不悦呢?

案例分析

小陈在服务接待中不仅动作规范、姿态优雅,也注意了接待礼仪问题,但忽略了"女士优先"的原则。在西方国家,人们重视"女士优先"的原则,有修养的男士为了体现自己的绅士风度,在各种公共场所都会礼让女士。因此我们在接待工作中不仅要了解、掌握常用礼宾常识,更应学习、掌握好对外交往中的礼节礼貌问题。

当今世界已成为一个开放的世界,国际合作与贸易交流日趋频繁。交际是一种参与竞争的手段,也是人们适应对外开放、开拓局面的一种本领。现代化的社会、现代化的生产方式、频繁的对外交往要求我们不仅要具有良好的业务素质,而且还要具有丰富的交际礼节常识。

项目实施

任务一　社交礼仪的定义

社交礼仪是指在人际交往、社会交往和国际交往活动中,用于表示尊重、亲善和友好的行为规范和惯用形式,社交礼仪在当今社会人际交往中发挥的作用愈显重要。其定义包含以下几层内容。

(1) 社交礼仪是一种道德行为规范。它是对人的行为进行约束的条条框框,告诉你要怎么做,不要怎么做。如你到他人办公室办事,进行前要先敲门,若不敲门就直接闯进去是失礼的。社交礼仪比起法律、纪律,其约束力要弱得多,违反社交礼仪规范,只能让别人产生厌恶,但不能对你进行制裁,为此,社交礼仪的约束主要靠道德修养的自律。

(2) 社交礼仪的直接目的是表示对他人的尊重,尊重是社交礼仪的本质。人都有被尊重的高级精神需要,在社会交往活动过程中,按照社交礼仪的要求去做,就会使人获得尊重的满足,从而获得愉悦,由此达到人与人之间关系的和谐。

(3) 社交礼仪的根本目的是维护社会正常的生活秩序。没有它,社会正常的生活秩

9

序就会遭到破坏。

（4）社交礼仪要求人们在人际交往、社会交往活动中遵守。这是它的范围，超出这个范围，社交礼仪规范就不一定适用了。如在公共场所穿拖鞋是失礼的，而在家穿拖鞋则是正常的。

任务二　社交礼仪的重要性

当今社会，一个人养成有教养、有素质的礼仪是非常重要的。良好的社交礼仪能够更好地包装自己，在别人面前留下良好的印象，有利于促进双方在交谈中达成共识，从中受益。

一、个人角度

从个人角度看，良好的社交礼仪有助于提高人们的自身修养；能够帮助个人顺利地走向社会，能够更好地树立起自身的形象，在与人交往中给人留下彬彬有礼、温文尔雅的美好印象。

二、社会角度

多学社交礼仪，可以免除交际场上的胆怯与害羞。它可以指点交际场中的迷津，可以给人平添更多的信心和勇气；知礼懂礼，有助于获取信息、有益于信息交流，是适应现代信息社会的需要。社交是人与人之间交流的必需，利用社交，就能从对方那里获取你所需要的信息。

三、企业角度

礼仪是企业文化、企业精神的重要内容，是企业形象的主要附着点。大凡国际化的企业，对于礼仪都有高标准的要求，都把礼仪作为企业文化的重要内容，以塑造单位形象，提高顾客满意度和美誉度，并最终达到提升单位的经济效益和社会效益的目的。

社交礼仪教育可以进一步提高我们的礼仪修养，培养应对酬答的实际能力，养成良好的礼仪习惯，具备基本的文明教养。人人讲礼仪，让文明之花遍地开放，那么我们的社会将充满和谐与温馨。

社交的重要性，也可以说是社交的功能与作用。综合来讲，人们从事社交活动主要目的有以下三点：① 增进感情。社交上的投入将带来感情上的收获，如我们与亲戚朋友在一起休闲娱乐。② 建立关系。社交在很多情况下是建立诸如商业合作、感情姻缘等关系的纽带。在建立关系的过程中，记得要有利于增进彼此之间的关系，避免忘记。③ 充实自我。丰富人生的阅历和人性情感。

任务三　社交礼仪的原则

一、互惠原则

社交是生活中不可避免的一堂课，学习好的社交方式是自己在交往生活中互相取利的直接方式。

二、平等原则

社交是在双方互相尊重地位平等的基础上发展的。

三、信用原则

信用是人和人之间敞开心扉的基础，一个拥有高信用度的人会在社交中得到更多收获。

四、相容原则

与人交往中难免会遇到矛盾与不和谐的地方，这就需要互相包容。有时退一步，可能会化解一场危机。

五、发展原则

与人社交就是一个与人发展的过程，需要持续不断地进行了解进而加深关系。

课堂互动

你知道英国的社交礼仪禁忌吗？

提示：

1. 不能加塞

英国人有排队的习惯。在街上，你可以看到他们一个挨一个地排队上公共汽车、火车或买报纸，而加塞是一种令人不齿的行为。

2. 不能问女士的年龄

英国人非常不喜欢谈论男人的工资和女人的年龄，因为每一位女士总希望能够永葆青春，没有什么比一句"你看上去好年轻"更好的恭维了。

3. 不能砍价

在英国购物，最忌讳的是砍价，英国人不喜欢讨价还价，认为这是很丢面子的事情，他们认为一件商品的价钱合适就买下，不合适就走开。

> 知识使人变得文雅,而交际使人变得完善。
>
> ——乔·富勒

项目二 宴会、茶会、酒会

项目学习目标

情感态度目标

1. 在宴会、茶会、酒会等社交场合,树立良好社交礼仪意识。
2. 灵活运用宴会、茶会、酒会礼仪,建立良好的人际关系。

技能目标

1. 能够在宴会、茶会、酒会中找到合适的话题。
2. 能正确地在宴会、茶会、酒会中使用餐具和文明用餐。
3. 能够在宴会、茶会、酒会中灵活应答社交话题和尴尬话题。
4. 能够在小组合作的基础上,举办一次小型宴会。

知识目标

1. 了解宴会、茶会、酒会等场所社交礼仪。
2. 了解宴会、茶会、酒会中的着装要求,并能指出其区别。
3. 了解在宴会、茶会、酒会中所要遵循的原则和禁忌。
4. 列举宴会、茶会、酒会中的恰当的社交话题,并能对该话题进行交流。

项目学习内容

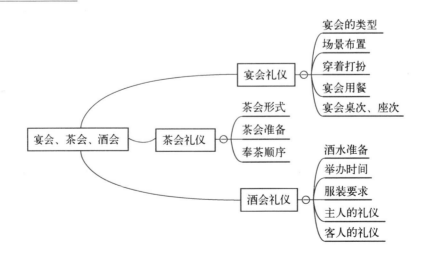

 **导入案例**

婚礼仪式真该这样吗？

　　某酒店正在举行婚礼，在司仪的主持下，新郎跪下身向岳父岳母敬茶。一名旁观者小声地评价："跪都没有跪相，摇摇晃晃的，茶都要洒出来了。"另一人接口道："这种礼节很久不用了，现在又开始时兴起来。"第三人不禁问道："什么时候废除的呢？"……

　　讨论：

　　1. 你认为新郎的敬茶礼仪运用得体吗？ 如果不得体，请给新郎提出建议。

　　2. 宾客在宴会上对新郎进行评价，合适吗？

案例分析

　　饮茶礼仪：上茶时，倒的第一杯茶不宜过满，以杯身的三分之二处为宜。新郎为岳父岳母即长辈敬茶时更应该注意细节，表示对长辈的尊敬。"新郎跪都没有跪相，摇摇晃晃，茶都要洒出来"是十分失礼的表现。而其他宾客作为客人，在沟通中应注意技巧，批评是为了让人进步，而不是针对他人，在宴会上批评的行为是对新郎的不尊重，应该在私下与新郎合理沟通。因此，这样的社交事件是失败的。

　　宴会、茶会和酒会活动是常见的社交活动，也是交往活动中不可缺少的重要组成部分，又因活动内容、活动对象的不同而具有特殊性和复杂性。商务人员通过此类活动的举办能够协调各种业务关系，增进各界朋友的友谊，加强各方的感情联络，促进各方关系的良好发展。

项目实施

任务一　宴会礼仪

一、宴会的类型

　　从规格上分：国宴、正式宴会、商务宴会、便宴、家宴。

　　从餐别上分：中餐、西餐、中西合餐。

　　从时间上分：早宴、午宴、晚宴。

　　从主题上分：欢迎宴会、答谢宴会。

 **课堂互动**

你知道不同宴会的区别吗？

　　提示：

　　1. 中餐宴会：中国传统的、具有浓郁民族色彩的宴会。遵循中国饮食习惯，饮中国酒，食中国菜，用中国餐具，行中国传统礼节。

2. 国宴：国家元首和政府首脑，为欢迎外国元首与政府首脑或庆祝重要节日而举办的宴会。宴会厅悬挂国旗、奏国歌，菜单和席卡印有国徽，盛大隆重，礼仪严格。

3. 正式宴会、商务宴会：为了某种商业联系而举办的宴会。场合正式、礼仪职场化。

4. 家宴：常见的一种便宴。在家中以私人名义举行，一般人数较少，以宴请朋友为主，不讲究严格礼仪，菜多少不限，宾主席间随意交谈，轻松、活泼、自由。

二、场景布置

常见的几种主题宴会有婚宴、小型商务宴会和庆典宴会等三种，接下来让我们一起分析和探讨三种主题宴会的现场布置。

(一) 婚宴

婚宴见证和记录着一对新人步入人生另一个阶段的最重要的时刻。因此一个浪漫而难忘的婚典仪式是最隆重且必不可少的，婚宴的所有焦点都应集中在新娘新郎身上。

1. 中式婚宴是最传统的婚宴形式

如果宾客以中、老年为主，则适合选择中式婚宴，中式婚宴举办的时间因各地的风俗不同而不同，可选择在中午或晚上。一般是宾客围坐一个大圆桌，品尝各种美味佳肴，亲朋欢聚，其乐融融。宾客的座席应以桌号为序，注明每桌的宾客有哪些，并注明哪些是女方亲友，哪些是男方亲友。通常情况下，男方亲友和女方亲友分开来安置，将熟人安排在同一桌。婚宴的现场一般以喜庆吉祥的红色、浪漫的粉色和华贵的金色为主色彩，色调应艳丽、纯正、和谐，通过背景板、餐台布、餐巾、座椅（套）、地毯、装饰纱幔等物件颜色的合理搭配，可以获得所希望的婚宴气氛。婚宴的灯光也要随着婚宴的进行而变化，新郎新娘进入宴会现场和切蛋糕时，现场灯光调暗，用舞台聚光灯和追踪灯突显新人，用餐时则将灯光调亮。

2. 西式婚宴

适合跨国婚礼或时尚新潮的年轻的宾客群，西式婚宴通常在星级酒店里举办，华丽的厅堂、考究的环境、高质量的音响、一流水准的美味使得西式婚宴显得浪漫与华丽。西式婚宴完全采用分餐制，宾客的座位安排可以是圆桌，也可以是长条桌。在色彩上，一般用白色和粉红、粉黄色等浅色调来装饰，色调柔和淡雅，以表示优雅、纯洁、善良。为营造一个温馨浪漫的气氛，婚宴现场可以播放一些舒缓浪漫的西洋爱情音乐，但音量不能像中式婚宴那么大，否则会破坏美好浪漫的心境。

3. 自助婚宴

自助婚宴的最大的特点是随意，宾客可以在轻松愉快的气氛中自由选择适合自己口味的美味佳肴。自助婚礼可以在室内举办，也可以在室外进行，最常见的是室外草坪婚礼。室外草坪婚礼以时尚浪漫为主题，既简洁时尚又浪漫环保，突出个性化，烘托神圣而浪漫的气息,因此深受新人们的喜爱。室外草坪婚礼应突出喜庆、轻松、活泼、浪漫的气氛,因此在草坪上可以布置1～3个鲜花或气球拱门,用鲜花、白纱、气球等装饰婚礼舞台背板;在通向婚礼舞台的草坪上一般铺设红色地毯,新人可以踏上红地毯走向观礼台,接受人们的祝福。草坪自助餐台和桌椅直接设在室外,可用圆桌或条形台。蓝天、白云、阳光、鲜花、翠绿如茵的草坪衬托出热闹的婚礼现场,充满了喜庆、欢乐、祥和、浪漫的气息。

(二)小型商务宴会

商务宴会是商务人士聚集在一起联络感情、交流信息、商洽合作机会的场所,因此这类宴会一般由商会或专业机构主办。商务宴会普遍是安排在大宾馆或户外,以鸡尾酒会或冷餐会的形式举行,有时还可选择在游艇或高尔夫球场内举办,因为游艇或高尔夫球可能是大家共同爱好的东西,这样便使严肃刻板的商业活动变得闲适、亲切,可以促进宾客之间进行深入沟通和交流。一般商务宴会的特点是高品位、奢华气派、轻松,在这样的环境下,商务人士才能真正获得放松。商务晚会一般可以携带伴侣或子女出席,并安排现场演奏音乐,人们可以在舞池里翩翩起舞。为体现衣香鬓影、香槟撞击、灯红酒绿的华丽气氛,现场的布置一般以酒红色、金色、玫瑰色等色彩为基调,室内的彩色灯光也可略暗。

(三)庆典宴会

比较常见的有企业周年庆典宴会、开业庆典宴会、毕业欢送宴会、新春联谊会、庆功答谢宴会、颁奖宴会等。一般来说,庆典宴会规模较大,气氛热烈兴奋,人们在共襄盛举的同时,分享着成功的喜悦,表达由衷的祝福与感谢。庆典宴会形式可以活泼多样,既可在宽阔的宴会厅内举行,也可以在室外进行,在室外举办的好处是使宴会更加活泼自由,拉近人们之间的距离。庆典宴会的形式可以多种多样,中餐宴会、西餐宴会、自助宴会、鸡尾酒会等都可以采用。宴会现场可用鲜艳的红色、黄色、橙色、金色等颜色来表现欢庆、喜悦,现场装饰可略为夸张,使客人一进入宴会厅便被包裹在流光溢彩之中,心情骤然开朗舒畅。庆典宴会一般还会安排讲话、致辞或文艺表演,因此事先要布置和装饰好舞台,舞台的背景板通常要用醒目的文字标示出宴会的主题或名称。用餐时,宴会现场还需不间断地播放欢快、喜庆的音乐以渲染气氛。

三、穿着打扮

(一)女士

1. 服装
在不同的场合女士的着装可有所不同,在宴会上女士着装一般以礼服为主。

2. 鞋子
选择参加宴会的鞋子,首要的是要与服装以及妆容搭配,一般以高跟鞋为主。

3. 配饰
(1)手包:手包是女士参加宴会必不可少的装饰品,它既可以让整体感觉看上去不那么单调,又可以放零钱以及手机等小件物品。

(2)首饰:严格来说,在较正规的宴会上,女士佩戴首饰是一种礼貌的表现。当然首

9

饰的佩戴不应过多,旨在起到修饰、搭配的效果。原则上少而精。

4. 发型

好看的礼服再配上精致的发型,才能显得完美。参加宴会的发型一般以盘发为多。

5. 妆容

从某种严格的意义上来讲,女士化妆代表着一种正式、庄重、礼貌的行为。

一般来说,化妆有晨妆、晚妆、上班妆、社交妆、舞会妆等多种形式,浓淡程度都存在差别。因此,化妆的浓淡要根据不同的时间和场合来选择,而宴会妆则可比生活妆稍显浓艳。

(二) 男士

男士参加宴会的穿着主要以西装为主。一套合身的西装会使整个人看上去干练,有气质。男士的头发不宜过长,妆容也不宜过分修饰。

四、宴会用餐

(一) 就座礼仪

就座时,身体要端正,手肘不要放在桌面上,不可跷足,与餐桌的距离以方便使用餐具为佳。餐台上已摆好的餐具不要随意摆弄,将餐巾轻轻放在腿上。

(二) 刀叉礼仪

使用刀叉进餐时,从外侧往内侧取用刀叉,要左手持叉,右手持刀;用左手拿叉按住食物,右手执刀将其锯切成小块,然后用叉子送入口中。

(三) 其他注意事项

(1) 每次送入口中的食物不宜过多,在咀嚼时不要说话。

(2) 喝汤时不要啜,吃东西时要闭嘴咀嚼。不要舔嘴唇或咂嘴发出声音。如汤菜过热,可待稍凉后再吃,不要用嘴吹。

(3) 吃鱼、肉等带刺或骨的菜肴时,不要直接外吐,可用餐巾捂嘴轻轻吐在叉上放入盘内。

(4) 不可在餐桌边化妆,用餐巾擦鼻涕。用餐时打嗝是最大的禁忌,万一发生此种情况,应立即向周围的人道歉。

(5) 不可在进餐中途退席。如有事确需离开应向左右的客人小声打招呼。

(6) 饮酒干杯时,即使不喝,也应该将杯口在唇上碰一碰,以示敬意。当别人为你斟酒时,如不要,可简单地说一声"不,谢谢!"或以手稍盖酒杯,表示谢绝。

五、宴会桌次、座次

举办正式宴会,应当提前排定桌次和席次,或者只排定主桌席位,其他只排桌次。桌、席排次时,先定主桌主位,后排座位高低。

（一）中式宴会的桌次安排

中式宴会通常8～12人一桌，人数较多时也可以平均分成几桌。在宴会不止一桌时，要安排桌次。其具体原则是：

1. 以右为上

当餐桌分为左右时，以面门为据，居右之桌为上（如图9-1所示）。

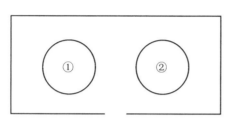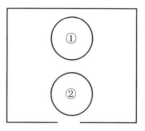

图9-1　以右为上　　　　　　　　图9-2　以远为上

2. 以远为上

当餐桌距离餐厅正门有远近之分时，以距门远者为上（如图9-2所示）。

3. 居中为上

多张餐桌并列时，以居于中央者为上（如图9-3所示）。

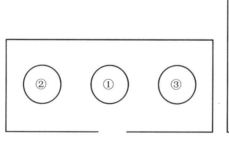

图9-3　居中为上

4. 交叉排列

在桌次较多的情况下，上述排列常规往往交叉使用（如图9-4所示）。

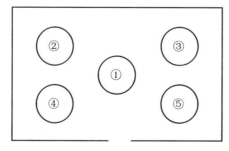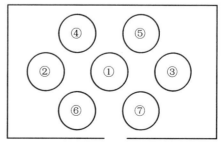

图9-4　交叉桌次

9

(二) 西式宴会的桌次排位

西式宴会的餐桌习惯用长桌，或是根据人数多少、场地大小自行设置（如图 9-5 所示）。

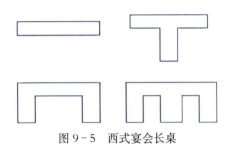

图 9-5 西式宴会长桌

任务二 茶 会 礼 仪

茶会是一种用茶点招待宾客的社交性聚会形式，茶会礼仪是指人们在各种茶会活动中应遵守的礼仪。茶会既属于宴请的一种形式，又属于会议的一种，因而它具有宴请和会议两种功能，从而在形式上较为自由，在气氛上更为融洽。茶会的目的主要是交流思想、联络感情、洽谈业务、开展公务。与会者一般为同单位的人士、同单位的顾问、社会上的贤达、合作者中的伙伴，以及其他各方面的人士。

一、茶会形式

(一) 品茶会

一般庄重、高雅的茶友间相聚多用品茶会。

(二) 茶话会

单位集体座谈某种事项用茶话会。

(三) 音乐茶座

娱乐、消遣性聚会宜安排音乐茶座。

二、茶会准备

(一) 茶叶

茶叶的分类为红茶、黑茶（普洱茶）、绿茶、乌龙茶（青茶）、黄茶和白茶，根据茶会人员喜爱准备相应茶叶。

(二) 茶壶

茶杯要用有柄的，不要用无柄茶杯。目的是避免手与杯体、杯口接触，传播疾病。

材质上：陶质器皿以江苏宜兴的紫砂茶具为佳。不要用玻璃杯，也不要用热水瓶代替茶壶。如用高杯(盖杯)时,则可以不用茶壶。有破损或裂纹的茶具是不能用来待客的。

(三)布置

布置要得当。品茶会布置要有地方特色,对茶叶和茶具的准备和摆设都有讲究。茶话会则比较随便一些,可加摆糖果、瓜子等。

三、奉茶顺序

先为客人上茶,后为主人上茶。先为主宾上茶,后为次宾上茶。先为女士上茶,后为男士上茶。先为长辈上茶,后为晚辈上茶。

斟茶的礼仪:在斟茶时要注意每杯茶水不宜斟得过满,以免溢出酒在桌子上或客人衣服上。

茶会主持和茶会时机

提示:

一般来说,茶会就座比较自由,讲话也不要求有严格的顺序,可随感而发,即席发言。当比较生疏的客人发言时,主持者应介绍发言人的身份,以便大家有所了解。

奉茶的时机,通常是在客人就座后,开始洽谈工作之前。如果宾主已经开始洽谈工作,这时才端茶上来,免不了要打断谈话或为了放茶而移动桌上的文件,这是失礼的。

任务三　酒　会　礼　仪

酒会,又称鸡尾酒会。鸡尾酒是一种由多种酒加上果汁、香料等配制而成的混合饮料。鸡尾酒会规模大小不一。规模较大的,要发请柬(一般不须回复);规模较小的,电话邀请就可以了。

一、酒水准备

鸡尾酒会以酒水为重。供应的各种饮料,通常有葡萄酒、香槟、威士忌、杜松子酒、伏特加等。略备一点小食品,如点心、面包、香肠。

二、举办时间

鸡尾酒会通常在下午 5～7 点举行,国际上大多在大型活动前举行鸡尾酒会,有限时的,也有不限时的。宾客可以略有迟到和早退(但不宜过分)的自由,席间不设"主宾席"和座位。酒会打招呼时,左手拿杯子,右手握手。

三、服装要求

风格：介于正式服装与晚礼服之间。

款式：女士裙长随流行而定，有一件式、两件式、三件式，可配上闪亮的首饰，可搭配围巾，穿高跟鞋；男士穿深色西装。

四、主人的礼仪

分工合作，专人负责留意门口，欢迎客人，指引宾客安放衣物，注意场中应酬寒暄。

五、客人的礼仪

（一）了解酒会的餐序

一般顺序为：开胃菜、汤、热菜、点心、水果。

（二）取食有度

顺时针方向拿，多次少取，全部吃完，记得用左手拿饮料，不要占着餐台使别人没机会接近餐桌，不要开怀畅饮，不要大呼小叫对别人劝酒。

（三）话题

交际意义远远大于酒会的饮食意义，不可矜持不谈，对旧友主动打招呼以显亲切，对于想要结识的新朋友，要自我介绍（交换名片）。谈话时，不要心不在焉，左顾右盼。

（四）注意事项

若提前离开，告辞不应引人注目。

如何品红酒?

提示：

观色：酒瓶包装、握住杯脚或杯底，倾斜 45°，对着白色的背景，观察酒的外观和颜色。

摇晃：速度流得越慢，酒质越好。

闻香：先呼吸一口室外的新鲜空气，然后紧握杯脚，把杯子倾斜 45°，鼻尖探入杯内闻酒的原始气味。将酒杯旋转摇动后，迅速闻酒中释放出的气味。

品尝：喝之前不要吃过甜的食物，让酒自然流在舌头上，打两个滚。回味。

若舍郑以为东道主,行李之往来,共其乏困,君亦无所害。

——《左传》

项目三　出行与出访礼仪

项目学习目标

情感态度目标

1. 具备良好的出行礼仪,展现个人形象和素质。

2. 重视出访礼仪的恰当运用对融洽关系、展现国家形象的重要作用。

3. 尊重出访当地民俗风情。

技能目标

1. 在出行中,能够文明乘机及入住宾馆。

2. 能够辨别不恰当的出行礼仪,并指出不妥之处。

知识目标

1. 掌握出行、乘机、宾馆入住等礼仪礼节原则。

2. 掌握出行、乘机、宾馆入住等礼仪礼节要求。

项目学习内容

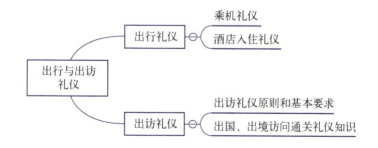

✎ **导入案例**

小 W 的美国之行

　　小 W 是某知名电器公司的一名销售助理,由于部门经理出差,本次陪同企业老总出差美国考察市场的任务就落到了小 W 身上。小 W 之前从来没有出过国,对于此次出行,他非常期待。接下来是他这次旅程中的表现。

　　(1) 机场吃早餐。由于航班定在早上 9:00,候机时,他买了一个汉堡。吃的时候,汉堡渣掉在了候机室的地毯上。被领导指出后,小 W 未能立即意识到自己的行为有损个人形象,反而径直跑到垃圾桶边,对着垃圾桶吃汉堡……

　　(2) 飞机上大睡。13 个小时的飞机旅途是辛苦的,随行的领导身体也不是很好,而小 W 一路呼呼大睡,一次也没有问过同事或领导是否需要帮助,连最起码的礼貌都没有。

　　(3) 取行李。下飞机,大家纷纷走到传送带旁等待自己的行李,小 W 关注着每一个经过他身边的行李包,但他很不确定。最终小 W 错提了他人的行李……

　　讨论:如果你是小 W,你会怎么做?

案例分析

　　乘坐飞机,必须遵守有关的乘机礼仪。唯有如此,才会使自己的旅行既饶有兴味,又不会有失身份。乘坐飞机,如欲确保平安、舒适、顺畅、准时抵达目的地,必须具备一定的有关乘坐飞机的知识,并据此提前做好准备。准备工作主要有选择航班,购买机票,打点行李,等等。如果有同行人,特别是陪同领导出差,就要照顾到领导的需求,案例中的小 W 在整个行程中不但没有照顾领导需求,更多的是展现了自身素质不高的一面,以至让领导对他的评价大打折扣。因此,掌握乘机礼仪是非常有必要的。

　　随着我国对外开放水平的不断提高,越来越多的人会选择火车或者飞机出行,特别是一些国际性大企业和涉及外事的活动,一般都会采用飞机这一交通工具。乘车、乘机礼仪不仅仅是一种个人行为,更会产生一定的对外影响。一个公司、社会团体的代表在对外场合的言谈举止,不仅关系到本公司、本社团的形象,还影响到买卖、交易的成败,有时甚至会影响到国家的荣誉。

项目实施

任 务 一　出 行 礼 仪

一、乘机礼仪

(一)乘机前注意事项

(1) 通常航班起飞前 45 分钟停止办理登机手续,因此要预留足够的时间提前抵达机场。

（2）上机时不得携带有碍飞行安全的物品。

（3）登机时应当认真配合例行的安全检查。

（二）登机

（1）进入机舱后，应将登机牌交给乘务员过目，以便为你指引座位，或让乘务员带领你入座。

（2）入座后，要查看自己的手提计算机和手机是否关机，以免干扰航空信号。

（3）飞机起降时，座椅靠背务必放直，收起小桌，并将安全带扣紧。

（4）在飞机上不要谈论乘务员和撞机等空难事件。因为乘飞机的人或多或少都对空中飞行有一些恐惧心理，此时谈论会非常惹人讨厌。

（三）下飞机

（1）下飞机前，要归还飞机书报袋内的杂志。

（2）飞机降落、信号等未熄灭前不要站立，不要随意走动拿行李，应等乘务员招呼后再按次序开箱拿行李，耐心按顺序下机。

知识链接：民航旅客限制随身携带或托运物品有关规定

二、酒店入住礼仪

（一）入住登记礼仪

（1）进入酒店大堂后，首先应该到前台登记，如果你带了大量的行李，门童会帮助你搬运行李，你可以礼貌地谢过之后去登记入住。

（2）大厅和走廊是酒店生活中的主要公共场合，因此要注意自己的言行，不要大声说话和吵闹，也不要乱跑乱跳。

（二）客房服务礼仪

（1）注意保持客房清洁卫生，废弃物要扔到垃圾筐里。

（2）在房间用餐完毕，要用餐巾纸将碗、碟擦干净，放在客房外的过道上方便服务人员收拾。如果你要连续住上几天，你可以留一张纸条给客房服务员，告诉他们，床单和牙刷不必每天都换，这样的客人一定会受到饭店的尊重和欢迎。

（三）离店礼仪

（1）为避免尴尬，不要误拿走毛巾、睡衣或酒店的其他物品。如果你想要些纪念品的话，可以到酒店的商店里看看。

（2）如果不小心弄坏了酒店的物品，不要隐瞒抵赖，要勇于承担责任加以赔偿。

9

任务二 出访礼仪

一、出访礼仪原则和基本要求

(一) 遵守时间,不得失约

参加各种活动,应按约定时间适时到达。因故迟到,要向主人和其他客人表示歉意。尽量做到不失约,如确不能赴约,要有礼貌地尽早通知主人,并以适当方式表示歉意。失约是非常失礼的行为。

(二) 尊重老人和妇女

男士对同行的老人、妇女应主动予以照顾,例如,主动帮助提拿较重物品,进出大门主动帮助老人、妇女开门和关门,主动让老人、妇女先行,等等。在公共场合,男士更应礼让老人和妇女。男士对初次见面的女士,不可主动要求握手;如握手,只轻轻一握即可,不要紧握不放。

(三) 尊重当地风俗习惯

不同的国家(地区)、民族,由于不同的历史、宗教等因素,有各自特殊的风俗习惯和礼节,出访人员均应予以尊重。若不注意这些风俗习惯,会使对方误以为对他们不尊重或闹出笑话。新到一个国家(地区)或初次参加活动,应多了解、多观察,不懂或不会做的事,可仿效当地人的做法,做到客随主便。

(四) 礼品赠送礼节

原则上不赠送礼品。如确有必要赠送礼品的,需注意:

赠送礼品,不是为满足某人的欲望,也不是为显示自己的富有,而是对外方周到的安排与热情的款待表示感谢。常言道"礼轻情意重"。在选择礼品时,应尽量选择具有一定纪念意义、民族特色或具有某些艺术含量或为受礼人喜爱的小艺术品、小纪念品和画册等,并要注意访地人们的喜好和禁忌。

赠送的礼品一般要用礼品纸包装好。即使礼品本身装在盒子里,也应另加包装。礼品一般应由团长代表团组当面赠送。团长在赠送礼品时可对所赠礼品作简要介绍和说明。由于西方人的习惯是当面打开包装,欣赏一下礼品,因此,团长务必要知道内装物品的名称,避免张冠李戴,造成尴尬局面。

对方回赠礼品时,应双手接过礼品并与对方握手,同时表示感谢。

二、出国、出境访问通关礼仪知识

(一) 护照或通行证

凡出国、出境人员必须持有护照或通行证,以便接受检查,证明其国籍或身份。中国公民出入国境所持护照分为:外交护照、公务护照、因公普通护照、因私普通护照等,如到访我国香港、澳门地区应办理往来港澳通行证等。

（二）签证

护照办好后,还应申请所去国家和中途经停国家的签证。签证是一个主权国家官方机构对本国和外国公民出入国境或在本国停留、居住的许可证明。入出国境的签证分为入境、入出境、出入境和过境签证。申请前往国签证,一般是向该国驻我国的使领馆申请办理。所以,出国人员拿到护照后,还要认真、实事求是地准备必要的申请材料,提交前往国使领馆办理签证。

（三）体检

走出国门,到一个水土气候跟自己生长生活完全不同的国度,身体健康极为重要,所以出国前要对自己的身体做一次全面检查,有针对性地加强体育锻炼,养精蓄锐,做好启程准备。体检的目的还在于领取黄皮书。目前,大部分国家不需要预防针证明书,即黄皮书。但若到一些世界卫生组织指定为疫区的国家,便要求接受预防针注射,入境人员必须携带注射某种疫苗的证书,否则不准入境。

（四）机票

购买机票是出国成行的另一件大事。订票前,首先要选择好出国路线和航班,为了省钱、省时和安全,避免中转换飞机,要尽可能选择最近的路线和直航班机。中转地点要尽可能选择过往飞机较多的城市,这会提供较多的改乘其他航班的机会。一般说来,合适的衔接时间,以 2～4 小时为宜,以便有足够时间去办理中转手续或误机后办理改航班的手续。

（五）换汇

人民币是一种不能自由兑换成其他国家货币的货币。我国出国人员一般均携带自由外汇,如美元、日元、英镑。很多国家对外汇的管理很严格,有时限制外汇现钞的携带数量,入境时要登记,出境时要检查核对。国际机场,大旅馆均设有外汇兑换处,将自由外汇兑换为当地通用货币,兑换时应根据实际需要,用多少就换多少,回国时已兑换的当地货币未用完,则应尽可能换回自由外汇。

（六）保密

防止失密、泄密是出国人员应该遵守的纪律,任何人不得擅自携带国家机密文件、资料和其他物品出国。在公共场合或住室内不随便谈论国家秘密事项;写信打电话发电报不能涉及国家机密的内容,重要情况、保密程度高的事项需要向国内传递时,可通过我国的大使馆、领事馆保密途径向国内报告。在境外,常会遇到一些陌生人主动与我方人员接触,可能有进行套取秘密情报或危害人身安全方面的活动。因此遇有身份不明的陌生人主动与我方接触时,不要有问必答,不要透露工作单位、出国任务、政治面貌、下榻地址及同外交往单位人员名称等情况。

9

（七）住宿

在国外居住，最好事先预订好房间，国外各航空公司都可以办理预订旅馆房间手续。一般而言，国外旅馆不供应开水，有的旅馆房间设有冰箱，摆有酒水等各种饮料，如饮用则需付款，而且价格很高，有的旅馆饮料一拿出冰箱后无法放回，即自动记账。最好根据出访目的国的电压，自带电热杯。旅馆一般不允许在房间里换洗大量衣物，可送专用洗衣房洗衣物，要填好洗衣单，将要洗的衣物装入专门的洗衣袋，由服务员送洗衣房；如自己洗小件衣物，可在卫生间晾干。

（八）用餐

国外饭馆、饮食店的种类很多，可供自由选择。东南亚及欧美等国的中国餐馆很多。中国菜馆物美价廉，菜肴花样多，比较适合我国人员口味。小吃店供应各种饮料以及三明治，热狗之类的小吃，有的还供应各种简单的冷、热菜，这种小店经济方便，适合于简便午餐。熟食店出售烤鸡、烤牛羊肉、炸鱼虾等食物，顾客也可以在店内用餐。

（九）乘车

出租汽车一般都有特殊标志，如有"TAXI"或"T"的牌子，有的是车身喷绘了特殊的颜色等。在机场、车站、旅馆及街道上均可乘出租汽车，出租汽车都有自动计费里程表，可按表上的价钱付款，并付一定的小费。

（十）小费

在一些国家，无论在机场、旅馆，还是乘出租汽车，在饭店吃饭，都要付小费。付小费要注意场合，讲究方法，做到顺乎自然，各领其意。付小费的方式多种多样，可以把小费放在盘子下面，也可以在和招待员握手告别时放在他们手里，或把找回的零钱留下作小费，对机场车站旅馆的搬运工，则公开付小费。小费到底该付多少，各国各地不一，应根据当地习惯和各种具体情况来决定。

放松和娱乐,被认为是生活中不可缺少的要素。

——亚里士多德

一个埋头脑力劳动的人,如果不经常活动四肢,那是一件极其痛苦的事情。

——列夫·托尔斯泰

项目四　文　体　活　动

项目学习目标

情感态度目标

1. 加强对文体活动场所的认识,树立良好的礼仪观念。
2. 在文体活动中表现良好,展现个人魅力。

技能目标

1. 能辨别交谊舞会、文艺活动、体育活动不恰当的做法,并提出改进建议。
2. 能在交谊舞会、文艺活动、体育活动等活动中恰当运用礼仪,礼貌交际。

知识目标

1. 了解交谊舞会、文艺活动、体育活动等礼仪的发展与规范。
2. 了解交谊舞会、文艺活动、体育活动的礼仪要求和禁忌。

项目学习内容

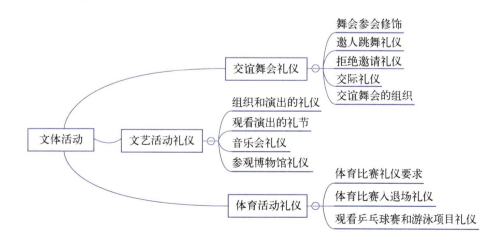

导入案例

舞美言不美

张先生与女友一起参加一个舞会,跳过几曲之后,有一个熟识的朋友过来邀请张先生的女友跳一曲。张先生因为觉得这位朋友以前有意追求自己的女友,所以不悦,暗示女友不能去。但是女友没有听从,还是笑着赴约了。一曲终了,张先生等女友回来后,指责女友不应与那人跳舞。女友表示不能接受,张先生觉得不能忍受,大声斥责女方,两人在舞厅大吵,引得别人围观,最后女友一个人离开了舞厅,而张先生在众目睽睽之下也觉得颜面尽失。

讨论:如果你是张先生,你会怎么做?如果你是他的女友,该如何处理舞会邀请?

案例分析

参加舞会,一般不邀请有男伴的女士,但因为是熟识的人,所以邀请女士共舞更符合礼节;而男士应该大度,一方面是尊重对方,另一方面也是对女友的信任与尊重。但是张先生却显得极没有风度,小心眼,而且透露出对女友的不信任、不尊重以及自己的不自信。这样的社交事件是很失败的。

随着人们生活水平的提高和快节奏的生活所带来的压力,现代人更加注重精神文明的享受,因此文化体育活动越来越受到人们的欢迎。与此同时,人们对文化体育活动的要求越来越高,需求越来越强烈,文体活动越来越重要,对社会政治和人们精神生活的影响也越来越大。文化体育活动可以振奋民族精神、鼓舞士气。文化体育活动能够传播知识、宣传科学、破除迷信、移风易俗。

项目实施

任务一　交谊舞会礼仪

一、舞会参会修饰

(一) 化妆

男士化妆的重点是美发、护肤;女士化妆重点是美容、美发,可化浓妆。

(二) 服装

亲朋好友在家里举办的小型生日派对等活动,要选择与舞会的氛围协调一致的服装,女士最好穿便于舞动的裙装或穿旗袍,搭配色彩协调的高跟皮鞋。举办者对服装有特殊要求的话,必须遵守。正式舞会可穿礼服、时装、民族服装,女士可佩戴合适的首饰,不允许戴帽子、墨镜,穿拖鞋、凉鞋、筒靴等。

你知道交谊舞类型吗?

提示:

交谊舞是起源于西方的一种舞蹈形式,又称舞厅舞(ballroom dancing)、舞会舞(party dancing)、社交舞(social dancing)。

交谊舞的分类:

第一类:现代舞(摩登舞),如华尔兹(Waltz)、探戈(Tango)、狐步(Foxtrot)、快步(Quick Step)、维也纳华尔兹(Viennese Waltz)等。

第二类:拉丁舞,如伦巴(Rumba)、恰恰恰(Cha Cha Cha)、桑巴(Samba)、斗牛(Paso Double)、牛仔舞(Jive)等。

国标舞,全称是国际标准交谊舞(International Style of Ballroom Dancing),由社交舞转化而来,是体育与艺术结合的一项体育项目。

二、邀人跳舞礼仪

(1)请舞伴时必须邀请异性。

(2)通常由男士去邀请女士,不过女士可以拒绝;女士也可邀请男士。

(3)一对舞伴只适宜跳一支曲子。

(4)如女方家人同在,应先向女方亲属点头致意,征得他们的同意后,再邀请女士。如女方有男伴,则需征求男士同意后,再与女方走进舞池共舞。

(5)自觉直接相邀不便,或把握不是很大时,可以托请与彼此双方相熟的人代为引荐介绍。

三、拒绝邀请礼仪

(一) 态度

态度要友好、自然,表现要彬彬有礼。口头拒绝时,最好起身相告具体原因,并且勿忘向对方致歉,对其说上一声"实在对不起"或"抱歉之至"。

(二) 托词

示例:

非常抱歉,已经有人邀请我了!

非常抱歉,我累了,我想单独休息一会儿!

非常抱歉,我不会跳这种舞!

非常抱歉,我不熟悉这首曲子!

......

9

四、交际礼仪

(一)叙旧

在舞会上遇到老朋友、老关系,除了争取邀请对方或其舞伴共舞一曲之外,还要尽量抽出时间找对方叙一叙,致以必要的问候,并且传递适当的信息。

(二)交友

主动把自己介绍给对方;请他人代为介绍;通过邀请舞伴的方式认识对方。

五、交谊舞会的组织

(一)时间

正常情况下,舞会最适于傍晚开始,午夜前结束。其最佳长度为 2～4 小时。

(二)场地

确定地点要考虑人数、交通、安全问题。按照常规,小型舞会,可选择在自家的客厅、庭院或是广场、公园;大型舞会则要租借俱乐部或是营业性舞厅。

(三)舞池

舞池大小要与参加人数相匹配,人均 1 平方米最佳;地面要干净平整,勿过滑过糙;灯光柔和且有变化;音响音量适度;配有适量桌椅。

除此以外,还要注意做好邀请嘉宾和接待等事项。

任务二　文艺活动礼仪

一、组织和演出的礼仪

(1) 选定适当的节目。

(2) 安排好座位,体现来宾为尊。

(3) 入席与退席,耐心按顺序离场。

二、观看演出的礼节

(1) 接到邀请应尽快答复。

(2) 观看演出应提前入场,演出正式开始不再入场,中场休息时才能进入。

(3) 演出预备铃响,观众应当立即进入演出厅,对号入座。

(4) 入场时看到熟人,点头微笑致意即可,不要大呼小叫,干扰他人。

(5) 穿戴整齐、干净,并按照请柬要求着装。为了表示对艺术家的尊重,同时也彰显自身良好的修养和内涵,一般出席音乐会的观众要求穿着比较正式的服装,比如男士们可以穿西装、打领带,女士们穿典雅的套装等。

三、音乐会礼仪

音乐会或演奏会,通常是在观众前的现场音乐表演,音乐可以是由单独的音乐人所表演的,也可以是音乐团体的集体演出,如管弦乐团、合唱团。

(一)穿着礼仪

1. 男士着装

白色或淡色的长袖衬衫搭配西服,佩戴的领带以几何图案或纯色较合适。而腰带则避免选择样式和图案过于夸张的。袜子应选择深色的,切忌黑皮鞋配白袜子。再穿上一双造型简单、鞋面光滑的皮鞋,就特别适合这种庄重正式的音乐会场合了。

2. 女士着装

女士穿着应该端庄得体,上衣讲究平整,纽扣应全部系上,裙子不宜过短,避免穿着较暴露或透明的衣服。

(二)音乐会礼仪注意点

1. 熟悉曲目

时间若不充裕,至少先熟悉主要曲目,一场音乐会的主要曲目通常是中场休息之后的第一首或整场音乐会最后的压轴曲。

2. 准时入场

最好开演前15分钟左右到场,音乐厅严格限制迟到的入场者,演出一开始即将入场的大门关上,迟到的人只能等到中场休息才可以进入。不允许中途退场。有特殊情况要提前退场的,应在一首乐曲结束时,指挥谢幕观众鼓掌的时候悄悄离开。不能携带宠物、危险品及食品入场。

3. 不要制造噪声

安静倾听是音乐会最起码的礼仪,一定要事先关闭移动电话等会发出声响的电子产品。演出进行中应保持肃静,不可交谈、打瞌睡、喝水(饮料)、吃东西、走动等。如果在演奏进行中正巧瞧见熟人,你只能坐在原位向其点头致意,万万不可离开座位,跑去大声问好、说话。等到中场休息时或者散场以后,才能向熟人尽情表达你的亲热。

4. 体态坐姿要有规矩

通常音乐厅内的空间都十分有限,分配到每个人,可供回旋的余地已经很小。这就要求观众要行为有度,不可随意超越自己的空间。

看演出时应该摘掉帽子,以避免影响后面观众的视线。在音乐会的现场,绝对不允许脱掉鞋子,随意跷腿。

5. 千万不要使用闪光灯拍照

通常,主办方为了不影响艺术家们的表演以及保护版权,将严禁观众带这类物品进场。如果获准照相,请千万不要使用闪光灯,因为闪光灯会打扰演奏者的尽情发挥。在这种情况下,演奏者是完全有权利选择退场罢演的。

9

6. 音乐会中何时鼓掌

音乐会开始时，应鼓掌迎接指挥上台。对上台演出的独奏的演员也应给予掌声鼓励。整首交响乐或整组乐曲全部演奏完毕时，才一起鼓掌。乐章之间和组曲之间不拍手。

小诀窍：若对何时该拍手没有把握，建议不妨多观察旁人，等别人先拍手再跟着拍，就不会出错了。

在全部作品结束时要鼓掌，这是显示对演奏者欣赏的时候，演奏者有可能会因观众的热烈的掌声而返场并加演曲目。加演曲目的多少很大程度上取决于听众掌声、喝彩声的热烈程度，如果你确实喜欢他们的表现，不妨鼓掌鼓得猛烈一点、热情一点。指挥家、演奏家不退场，为表达对他们的尊重，观众的掌声不应停止。

7. 安静有序地退场

音乐会结束时，听众应在座位上停留片刻，不要急于退场，待演奏者谢幕时，全场应起立鼓掌，以示尊敬。出场时，切忌大声喧哗，或者立刻评价音乐会。即使与心里想象的情景存在较大的差异、未达到自己满意的结果，也应等出去之后再做讨论。不要遗忘自己携带的物品，千万不要留下垃圾。

8. 不可随意献花

一般情况下，演出期间观众不能随意向演员献花，如有特殊情况要求以个人的名义向演员献花应事先与工作人员联系，由工作人员安排献花活动。

9. 抽烟请到吸烟区

音乐会可能会持续几个小时，一般在节目进行到一半的时候有中场休息。这时您可以留在座位上，也可以站起来或离开观众席活动。烟瘾较大的人士，可到专门的吸烟区去抽烟，也可以走出音乐厅去过烟瘾。

四、参观博物馆礼仪

博物馆是收藏、展览珍贵物品的场所。博物馆展厅优雅，展品丰富。参观博物馆，可以增长知识，提高欣赏水平。参观博物馆应讲究参观礼仪。

（一）爱护展品

博物馆陈列的展品，大多数具有较高的历史价值或艺术价值，其中一些是国宝和珍贵物品。因此，参观博物馆时一定要爱护展品，做到不抽烟、不随便触摸展品、不任意使用闪光灯拍照。此外，还应当爱护博物馆内的展台、照明等设施。

（二）文明参观

参观博物馆时应保持安静，不要大声喧哗。听讲解员讲解时要专心，不要出言不逊、妄加评论。参观者应自觉遵守博物馆有关规章制度，不要一边参观一边吃零食。人多时，不要拥挤，而应当按顺序边看边走。不宜在一件展品前长时间驻足，以免影响他人欣赏。超越他人时要讲礼貌，注意不要从他人面前经过，以免妨碍他人观赏，而应当从其身后走过。如果必须从他人面前经过，则应说："对不起，请让我过一下。"

任务三　体育活动礼仪

一、体育比赛礼仪要求

（1）遵守比赛规定，自觉维护赛场秩序，维护公平。

（2）尊重裁判，服从裁判，不在赛场上大叫大闹，不与裁判争吵。

（3）善待观众，支持记者工作，视比赛对手为朋友。

（4）比赛中双方队员发生摩擦，要克制自己的情绪，理智对待，不要采取报复手段。对抗性比赛中双方队员应宽宏大度，接受对方歉意。

（5）运动员在观众的加油声中不得过于兴奋，也不能因某些观众的不礼貌行为的干扰，便动作粗野无礼。要保持理智状态，比出高水平，赛出好风格。

（6）在双方实力悬殊时，强队不能敷衍比赛，更不能戏弄对方。

二、观看体育比赛礼仪

（一）入场礼仪

（1）提前或准时入场，对号入座。

（2）积极配合安全检查，不准携带易燃易爆等危险物品如打火机、酒瓶、凳子、刀具和易拉罐等罐装物品，不准带宠物入场。

（3）如开车前往，按规定路线行驶、停车。

（4）有序入场，礼让老弱、妇女儿童及外国朋友入场，如有需要为其引路指座。

（二）观赛礼仪

（1）稍懂规则，学会欣赏。

（2）升国旗礼，肃立歌唱。

（3）热情加油，热而不乱。

（4）尊重选手，尊重裁判。

（5）发球发令，保持安静。

（6）室内照相，闪光关停。

（三）退场礼仪

（1）比赛中，若要提前退场，在不打扰他人的情况下，悄悄离开。

（2）比赛结束时，向双方运动员鼓掌致意。退场时，按座位顺序，向最近的出口缓行。

（3）应主动将饮料瓶、果皮果核、报纸等杂物带出场外。

三、观看部分体育赛事的礼仪

（一）观看乒乓球赛礼仪

（1）从运动员准备发球开始到这个球成为死球的这一段时间内，整个赛场要保持安静，不要鼓掌、踩地板、大声讲话、呐喊助威、随意走动、展示旗帜和标语等。

（2）不要使用闪光灯拍照。闪光灯对乒乓球比赛的影响是非常大的，因为乒乓球球拍和球的碰撞是在瞬间完成的，闪光灯会影响运动员，使运动员无法判断来球的质量，从而影响到回球的质量和命中率。

（3）呐喊助威时要含蓄一些，不要将锣鼓和喇叭带进体育馆内，因为过大的声音、过激的语言会影响到运动员的心情和注意力。

（4）场馆内禁止吸烟；手机关闭或调整到震动、静音状态。

（二）观看水上运动项目比赛礼仪

水上运动项目比赛包括游泳、跳水、水球和花样游泳4个大项。

（1）游泳馆严禁吸烟，防止烟气融入水中被运动员吸入体内；不可使用闪光灯，以免刺激运动员特别是仰泳运动员的眼睛；裁判员发令时，不可鼓掌欢呼或发出噪声，以便运动员听清发令声；游泳馆内温度一般较高，可以穿得单薄些，但不要光膀子。

（2）观看跳水比赛与观看游泳比赛的礼仪基本相同。在运动员走上跳板或跳台时，应保持安静，以免干扰运动员的起跳和比赛节奏。当运动员漂亮地完成动作后，可以大声喝彩和热烈鼓掌；运动员不慎动作失误，也应给予鼓励的掌声。

（3）观看水球比赛，既要看运动员如何克服水中阻力进攻防守，也要观察运动员之间的战术配合。比赛进行中不应走动，在每节比赛结束时，方可走动。

（4）作为女子项目的花样游泳，由自由泳、技巧、舞蹈和音乐编排而成，是一种艺术性很强的项目，有"水中芭蕾"之称，观赛时，观众可以将其作为艺术表演来欣赏。当运动员完成一个漂亮动作时，可以鼓掌欢呼，表示赞赏，不必担心叫好声会盖过音乐声，干扰运动员的正常发挥。因为即使运动员潜入水中，也可以通过水下的扬声器听到音乐。

模块九
能力训练

能力训练

学完本模块所有项目任务后，请扫描二维码完成模块九能力训练，并在教师带领下进行讨论。

模块十 礼仪活动策划

道之以德,齐之以礼,有耻目格。

——《论语》

项目一 礼仪活动认知

项目学习目标

情感态度目标

1. 增强对传统礼仪文化的认知和热爱。
2. 树立知礼、行礼的良好职业素养。

技能目标

1. 能正确认识礼仪活动的意义。
2. 能辨别不同类型礼仪活动形式。

知识目标

1. 了解不同类型礼仪活动的特点。
2. 掌握不同类型礼仪活动的策划要点。

项目学习内容

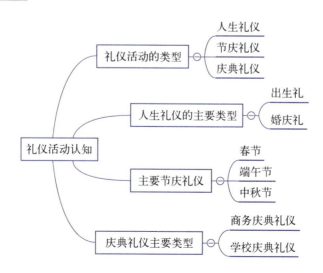

📑 导入案例

礼仪活动知多少

艾薇儿在一家策划公司上班,她是一位身材高挑、容貌姣好的职场新人。这一天,她刚到公司,王经理就走了过来……

"艾薇儿,李芳今天突然生病,公司希望你接替她完成今天 H 公司的剪彩礼仪。""剪彩? 我完全没有接触过啊?"艾薇儿有点懵,想想剪彩礼仪在学校倒是学过,可并没有实践的经验。看她为难,王经理鼓励她:"不用害怕,你只需要协助我完成现场的剪彩仪式即可。""没问题,我一定向您多学习。"艾薇儿意识到,这是经理给她的宝贵机会,欣然答应。

在到达剪彩场地之前,艾薇儿紧急求助以前学校的礼仪老师,"恶补"了一下剪彩礼仪的相关知识,但在礼仪活动开始后,艾薇儿因为经验不足,手脚忙乱。在王经理的指挥下,礼仪活动才圆满结束。下午 5 点,艾薇儿精疲力竭地回到公司,邮件通知不断响起。"艾薇儿,娟娟孩子的满月酒,就等你的策划(方案)了?""今天晚上 8 点前,公司中秋晚会的礼仪方案要发到我的邮箱。""艾薇儿,王经理让你明天把 S 公司的签字仪式方案交给他。"……

想想今天活动现场自己的表现,艾薇儿感叹道:"礼仪活动可真多啊,书到用时方恨少,看来我真要再好好补习一下了。"

讨论:以上案例中,出现了哪些礼仪活动呢? 你还能列举其他的礼仪活动吗?

案例分析

以上案例中出现的"剪彩仪式""满月酒""中秋晚会""签字仪式"都涉及了礼仪活动的范畴。案例中的艾薇儿作为一家策划公司的新人,在工作任务突然"来临"时,由于礼仪活动知识和实践经验的欠缺,导致其在接到工作时"心慌"和在现场工作中的"手忙脚乱"。在现实生活中,你是否参加过亲朋好友的生日晚宴、婚礼、学校组织的元宵晚会、开学典礼或商场的开业典礼? 其实,对于我们每个人而言,礼仪活动并不陌生。礼仪活动伴随我们的日常生活,还会出现在工作中。如果我们对礼仪活动不甚了解,也会在进入职场后跟艾薇儿一样"临时抱佛脚","恶补"礼仪知识或后悔没有更深入地对礼仪活动进行了解,感叹"书到用时方恨少"。

礼仪是对礼节、礼貌、仪态和仪式的统称。礼仪活动是"仪"的具体表现形式,如仪式、庆典和传统庆祝活动等。据东汉许慎的《说文解字》记载:"禮,履也,所以事神致福也。从示从豊,豊亦聲。"由此可推断古时的"祭祀"是一种礼仪形式,也是中国最早的礼仪活动。正是礼仪活动的出现,让华夏民族开始关注礼仪,制定礼仪规范和制度。流传至今的第一部礼仪专著《周礼》就记载了祭祀、朝觐、封国、巡狩、丧葬等活动,为人们的交往和国家的治理提供了依据。随着人类文明的不断进步,各类型的礼仪活动孕育而生,涉及内容更加丰富,涉及范围也更加广泛。进入新时代,礼仪活动愈加规范和国际化,也更富民族特色。也正因为礼仪活动的广泛性和独特作用,更多的高校和企业开始重视礼仪活动的教学和培训工作。本模块也将从礼仪活动认知、礼仪活动策划、礼仪活动主持三个方面为学习者答疑解惑,帮助学习者全面系统地掌握礼仪活动的相关知识和规范,解决礼仪活动中遇到的问题,提高综合职业素养。

项目实施

任务一　礼仪活动的类型

礼仪活动的出现是中华民族智慧的结晶,展示了古往今来华夏儿女的民俗风情和礼仪文化。随着社会不断进步,一些封建迷信、粗陋低俗的礼仪活动被摒弃,现代社会的礼仪活动更加注重文化的传承,对习俗、宗教信仰的尊重和与国际化接轨的礼仪规范。礼仪活动根据不同主题可分为人生礼仪、节庆礼仪和庆典礼仪。了解各类礼仪活动能让我们在筹备礼仪活动时抓住重点,体现个人素质修养,为企业创造价值。

一、人生礼仪

在中国历史发展长河中,中国人素来重视传统和礼仪习俗。人生礼仪是人们在尊重传统习俗的基础上,在人生中的重要时刻,共同遵守的礼仪规范。懂得人生礼仪,不仅能体现家庭成员的文化素质,更能展现来访者的礼仪修养。较常见的人生礼仪有出生礼、满月礼、成人礼、乔迁礼、婚嫁礼、丧葬礼等。

二、节庆礼仪

尊崇和传播节庆礼仪是中华民族文化自信的具体体现。节庆礼仪涵盖了丰富多彩的习俗文化,是人类文明的重要标志之一。节庆礼仪是人们在庆祝传统节日时,约定俗成、世代传承、共同遵守的礼仪。各个节庆的起源与发展、习俗与形式各异,也赋予了每一个节庆独特的礼仪文化。我们在学习节庆礼仪时要全面了解习俗,尊重传统文化,同时,在实际操作过程中更要注重体现现代与传统礼仪文化的相互交融。中国人较重视的节庆活动有春节、元宵节、清明节、端午节、中秋节、重阳节等。

三、庆典礼仪

庆典礼仪是一种喜庆文化,与社会的文明和发展有着密切联系,是人们为了表达美好诉求而采取的热烈而隆重的礼仪形式。根据主办组织的不同可分为商务庆典、学校庆典、政务庆典和国家庆典,如企业的开业庆典、学校开学典礼、政府通车仪式、大型活动开幕仪式等。学习者在组织策划庆典礼仪活动时,应该把握庆贺、庆祝的核心意义,突出庆典礼仪活动的主题设计,熟练掌握礼仪活动的工作流程、主要内容和要求等。

正确认识学习礼仪活动的意义,了解不同类型礼仪活动的特点和礼仪相关知识,不仅能让我们轻松面对职场中可能遇到的各种礼仪难题,更能够凭借自己知礼、懂礼的良好素养,帮助我们与他人沟通情感,建立良好的人际关系。不仅如此,无论是个人还是企业,懂

10

得礼仪活动的规范不仅体现企业员工职业素养,也是企业树立良好形象、提升品牌影响力的有力保障,更是社会精神文明建设的具体体现。

任务二　人生礼仪的主要类型

人生礼仪贯穿于人的一生之中的不同成长阶段,其中人们最重视的是诞生、成年、婚嫁和丧葬四大人生礼仪,此外还有人际交往中常见的贺寿礼、乔迁礼等。人生礼仪既要符合传统习俗,也要热烈隆重、文明有礼。了解不同人生礼仪的习俗、特色,有助于我们规范行为,展示文明风貌,体现礼仪修养。

一、出生礼

知识链接:
出生礼、满
月礼

出生礼是汉族传统的礼仪之一,根据各地区的不同,出生礼的习俗也不尽相同。对于每个家庭而言,孩子的出生是家庭喜事,家人庆祝添丁,亲朋好友前来表示祝贺。出生礼主要包括婴儿诞生的诞生礼、三日后的三朝礼、出生一月为满月礼、出生百天行百日礼、一周岁时行周岁礼。我国疆域辽阔,各地区所延续的出生礼也有所差异。

> **课堂互动**
>
> 参加“出生”宴要注意哪些礼仪?
>
> 提示:
>
> 仪表礼仪:穿着得体,衣服的颜色或搭配不宜过于沉重;不过分前卫、不过分暴露;不涂气味浓烈的香水。
>
> 行为礼仪:接到请帖马上回应并送上祝福;准备适合婴儿的礼物,如果送礼金应将礼金放入“红包”并在红包上写上祝福的话语;提前到达,不能迟到;入席时,应和同桌人打招呼,表示愉悦和友好。如因事提前离开,应等仪式结束或主人致辞后,打完招呼再走。

筹备“出生”宴时应了解的知识。设置请勿吸烟的告示牌;忌摇空摇篮,忌说不吉利的话;接触婴儿时应先将手洗干净,保持衣服的干净整洁;不能给婴儿喂食成人的食物或酒水;避免婴儿离音响或电子设备太近、避免强光照射到婴儿、避免使用闪光灯拍摄婴儿。

“出生宴”地点的选择:婴儿免疫力弱,尽量选择通风透气的地方,注意环境清新;避免选择嘈杂的户外,若条件有限,应给婴儿做好防护措施,防止蚊虫、强光、强风等。

二、婚庆礼

> **导入案例**
>
> “高价”婚礼谁的错?
>
> ××村的王海是一位勤劳善良的小伙子,因为家庭贫困,从小他励志发奋读书,终于考入了一所名牌大学。大学毕业后,他有了心仪的对象何美丽。两人惺惺相惜,

逐渐到了谈婚论嫁的时候,这一天,王海父母来到何美丽家提亲,希望能在今年迎娶何美丽。

何父:我们把丽丽养大也不容易,按我们当地的风俗就给8斤8两(约30万元)的百元大钞吧?

王父:我们家都是农民,我们也没那么多钱啊,关键是两个孩子幸福,礼金我们尽能力给最多可以吗?

何父:8斤8两的百元大钞已经很少了,邻居村里嫁女儿,都是一栋房,一辆小轿车,我们家丽丽条件好,如果礼金现在给不了,就等给得了的时候再来吧。

王海父母回到家,没有把礼金的事情告诉王海,而是四处筹钱,把家里能典卖的都卖了,加上办婚礼的钱,一共欠了50多万元的债务。结婚后,王海无意中听到父母聊天,得知父母为他欠下了50多万元债务,便责怪丽丽没有劝阻自己的父母,丽丽也责怪王海连50万元都不愿意为自己出,两人矛盾越来越多,不到一年便办了离婚手续。

案例分析

以上案例是一个悲伤的结局,两个相爱的年轻人因为爱情走到了一起,但因为婚嫁"风俗"而最终分离。丽丽家用嫁女的"风俗"来考验王海娶丽丽的诚意,王海父母为了孩子的幸福借钱办了婚礼,从此为这桩婚姻埋下了"祸根"。

人生礼仪的核心是表达庆贺与祝福,但通过以上案例,我们感受到有些礼仪习俗已经变成了人们金钱和情感上的"负担"。以上案例只是社会现象的一个缩影,除了结婚,中国人的人情负担还有做寿、成人、升学、丧葬等。请客或送礼也是围绕着"钱"字做文章,本应继承发扬的礼仪习俗也随着人们价值观的改变而失去了原本的意义。所以正确认识、运用人生礼仪,倡导健康向上的礼仪观念,是学习人生礼仪的意义所在。

2020年5月20日,民政部官网发布公告称,民政部近日印发了《关于开展婚俗改革试点工作的指导意见》,要求开展对天价彩礼、铺张浪费、低俗婚闹、随礼攀比等不正之风的整治,建立健全长效机制,助力脱贫攻坚,推进社会风气好转。《意见》强调,深入开展婚姻家庭辅导服务,积极倡导和推广体现优秀中华文化的传统婚礼。弘扬"风雨同舟、相濡以沫、责任担当、互敬互爱"的婚姻理念。同时,要适应现代社会家庭组织、家庭结构的深刻变化,加强以父慈子孝、夫妻和睦、兄友弟恭、长幼有序为基础的家风建设,强化孝敬父母、尊敬长辈的道德观念。

婚庆礼简单来说是新人举办婚礼的庆典礼仪。

(一) 婚庆礼仪

随着时代的变迁,现代婚庆礼仪破除了封建迷信和一些繁文缛节,更加符合现代年轻人需求。一般而言,现代婚庆礼仪有以下程序。

10

1. 订婚

男女双方两情相悦,有了结婚的打算后,男方家长向女方家提亲,合议结婚事宜。也可以摆订婚酒,邀请介绍人、双方亲属参加,向亲朋告知订婚的喜讯。但订婚并不具备法律效力。

2. 领证

男女双方达到结婚的法定年龄和相关条件,即可带上身份证、户口本等有关证件到当地民政部门登记结婚,领取结婚证。结婚证具有法律效力,婚姻关系受法律保护。如不预备办喜酒,可领证后发喜糖给亲朋好友,分享喜悦。

3. 迎亲

各地迎亲习俗不同,但其目的都较统一,即让礼仪活动隆重而热闹。现代迎亲的方式也有很多种,有传统中式或西式,还有其他个性化的迎亲方式,如自行车、卡车、铲车迎亲等,不论是哪种迎亲方式都是希望这一天成为美好而难忘的纪念。

4. 婚礼

现代年轻人庆祝结婚的形式丰富多样,如旅行结婚、水下婚礼、登山或远足结婚、教堂婚礼、户外婚礼、集体婚礼、酒店婚礼、自办喜宴等。中国人讲究礼尚往来,也非常重视子女结婚的庆祝形式,最常见的仍是酒店婚礼和自办喜宴,因此婚庆策划行业也逐渐兴起。

(二) 教堂婚礼的礼仪程序

教堂婚礼是宗教婚礼的一种,多为天主教或基督教徒选择的结婚仪式。现如今也有越来越多追求时尚浪漫的年轻人选择在教堂完婚。在举行教堂婚礼时,同样也有礼仪规范需要遵循,以天主教婚礼仪式为例:

(1) 来宾应早于新人到达前到达教堂签到,静候新人到来。

(2) 新郎、新娘分别前往教堂,神父就位,琴师奏背景音乐,宾客起立,伴郎和伴娘分两边面对来宾,戒指童将戒指交给神父。

(3) 新娘挽着父亲步入殿堂,走到新郎面前;新娘父亲将新娘交到新郎手中。

(4) 主礼神父致辞,唱诗班咏唱。

(5) 神父向新人致辞,新人许下承诺,新人交换婚戒后亲吻。

(6) 新人在新婚履历表上签名留念。

(7) 宾客向新人撒花或彩纸,祝福新人。

(8) 拍照留念。

婚庆活动是对新人成婚的祝贺和祝福,既要热闹隆重,更要给新人留下美好的回忆。参加婚礼或在策划婚礼时,切勿设计不尊重新人的低俗游戏或恶搞等不雅环节。

知识链接:
结婚周年纪念日的名称

任务三　主要节庆礼仪

一、春节

春节是中国最盛大、最隆重、最被重视的节日,是阖家团圆的日子。春节是一年之岁首,一般称为农历新年。

(一) 时间

农历正月初一到农历正月十五(元宵节)。

(二) 礼仪习俗

1. 春节日历

小年:腊月二十三北方小年、腊月二十四南方小年(祭灶节、灶王节、扫尘日)。习俗有扫尘、祭灶、剪窗花、贴春联、沐浴。

除夕:农历岁末最后一天夜晚。旧岁至此而除,另启新岁。守岁过除夕,吃团年饭。

大年初一:拜年、走亲戚。

正月十五:元宵节观灯。

2. 民间活动

舞狮、舞龙、逛庙会、行花街、赏花灯、游锣鼓、放烟花、祈福、踩高跷、扭秧歌等,广东省还有逛除夕花市的习俗。

3. 春节食物

腊八粥、饺子/水饺(交子)、年糕(年年高)、春卷/春饼(迎春)、元宵/汤圆(团圆)、糍粑、合子(和美)、油角(油润福足)。

4. 热菜讲究

全鱼(年年有余)、鸡(吉祥如意)、烧肉(红红火火)、什锦菜(好彩头)、八宝饭(团圆吉祥)。

5. 春节文化

贴春联、拜年、放爆竹(现多数城区已禁止)、十五逛花灯、猜灯谜。

> **课堂互动** ·······
>
> **策划节庆礼仪活动时应关注哪几个方面的内容?**
>
> 提示:契合节庆主题、节庆文化,主题要鲜明;关注民族特色、地域特色、文化特色、注重时代特色与节庆活动的结合;关注大众期望、大众审美,提高大众的参与度;关注市场化需求,引导市场潜在需求转化为现实需要;关注礼仪活动的理念、内容、形式的创新;关注社会效益和经济效益;关注资源、举办条件、时间、地点、规模等可实施性。

二、端午节

端午节又称端阳节、龙舟节等,传说是战国时期楚国诗人屈原的忌日,也是夏季祛病防疫的节日,2009 年,端午节入选世界非遗节日。

10

（一）时间

中国农历五月初五。

（二）礼仪习俗

1. 文化元素

纪念屈原、祈福攘灾等。

2. 礼仪习俗

各地端午习俗有异。

山东：采药、佩五彩线、剪纸、门口插艾蒿或插桃枝等。

东北：门窗上挂葫芦、树枝、艾草或扫帚、葫芦，用艾草水洗脸、带"五彩线"、吃粽子、茶叶蛋等。

陕西：挂五彩缕、香荷包，悬挂艾草，吃鸡蛋、粽子、油糕、麻花、面等。

湖北：门上挂艾叶、菖蒲，包粽子、煮盐蛋、泡雄黄酒等。

贵州：穿上新衣，到野外"游百病"（游玩），晚上回家将花草水煮开"洗百病"（沐浴）等。

四川：吃粽子、盐蛋、苋菜，乐山、新津等地在端午赛龙舟时，还举行盛大商品交易会等。

安徽：踏百草、回娘家、佩五彩丝粽、龙舟竞渡、制作糍粑、插菖蒲挂艾草、饮雄黄酒、挂香包、斗百草等。

湖南：办家宴、吃粽子、插艾草挂菖蒲、喝雄黄酒、赛龙舟、观龙舟、回娘家、唱赞词、龙舟下水、龙头上红、朝庙等。

广东：扒龙船、食粽子、插艾草、龙点睛、祈福消灾、打午时水、拜神祭祖、聚午宴、放纸鸢、洗药水澡、浸龙舟水等。

福建：煮粽水洗身、送鱼、熏黄烟、赛龙舟、兰草水洗浴、饮午时茶、祭祖、水上捉鸭子、吃桃子、粽子、煎堆、太平燕等。

广西：舞龙、舞狮、腰鼓、包凉粽等。

浙江：祭祖、赛龙舟、吃粽子、祭龙头、披红、点龙睛、悬菖蒲艾叶、饮雄黄酒、拴五色丝、吃五黄、佩香包、采百草、吃大蒜、"担端午""送节"等。

海南：包粽子、洗龙舟水、赛龙舟、祛五毒、祭祖等。

港台：香港有吃粽子、赛龙舟，还有"立蛋"与"龙舟水"里游泳等。台湾有打"午时水"（端午节中午打上的井水）泡茶等。

知识链接：端午节在国外

三、中秋节

中秋节又称团圆节，是中国最重视的传统节日之一。"中秋"一词，最早见于《礼记·月令》："仲秋之月养衰老，行糜粥饮食。"中秋节在唐朝时期变得相当重要，北宋时期正式定八月十五为中秋节。2006年中秋节列入首批国家级非物质文化遗产名录。2008年，中秋节被列为国家法定节假日。

（一）时间

中国农历八月十五。

（二）礼仪习俗

1. 饮食

月饼、桂花糕、石榴（团圆）、大闸蟹、芋头（寓意好运来）、团圆饭、饮桂花酒。

2. 神话传说

嫦娥奔月、吴刚伐桂、玉兔捣药。

3. 习俗活动

赏月：八月十五中秋节观看满月是中秋节最重要习俗，赏月节日活动自古有之。现今，中秋这一天，亲人团聚赏月也是必不可少的习俗。

观潮：在江浙一带，钱塘江观潮是最具特色的中秋民间活动。钱塘江因其特殊的地理条件和地球自转的离心力产生了涌潮，在中秋节前后，涌潮达到了顶峰，形成了气势磅礴的盛况。

放孔明灯：孔明灯又称天灯，是人们寄托美好愿望的许愿灯。人们将自己的心愿写在孔明灯上，然后点亮，慢慢看着孔明灯飘向天空。但因安全问题，一些地区放孔明灯也逐渐被禁止。

赏花灯：传统的花灯是手工做的灯笼，古人认为挂灯笼能起到辟邪的作用。现代城市里，观中秋灯会也逐渐替代了传统的赏花灯习俗。

课堂互动

如何策划校园中秋晚会

提示：考虑主题、形式、参与对象、校园文化与中秋文化等方面。

任务四　庆　典　礼　仪

导入案例

"创新"错了吗

小智是一名大三学生，也是学校学生会主席。因他创意层出不穷、办事灵活很受师生们的喜爱。这一天，夏老师让小智帮忙制作一份毕业典礼的策划方案，小智欣然接受。他非常重视这次老师布置的任务，绞尽脑汁终于完成了一份"别具一格"的方案：首先是开场舞《栀子花开》，接下来是诗歌朗诵《我们毕业了》，再接下来是歌舞……，一共安排了十余个文艺节目，压轴的节目则是校长致辞，宣布毕业典礼结束。

夏老师看了小智的方案后，摇了摇头，认为方案不过关，让他回去对照往年的形式修改。小智则理直气壮地说，现在什么都要创新，毕业典礼也该创新一回了，夏老

10

师无奈地说："我支持创新，可是你有没有了解举行毕业典礼的意义何在呢？"

讨论：请问小智的"创新"方案错了吗？

案例分析

案例中，小智是一个善于思考的学生，在当今鼓励"创新思维"的大环境下，小智确实"创新"了毕业典礼的形式，但把毕业典礼办成了毕业晚会，忽略了举办毕业典礼的初衷以及毕业典礼应有的仪式感。

在策划庆典礼仪活动时，要紧扣活动主题，了解庆典礼仪活动的目的、意义。即使是"创新"也应该抓住各类活动的特点和关键点，同时也要符合庆典活动的礼仪规范。

一、商务庆典礼仪

商务庆典礼仪活动是与商务工作有关的庆典活动，通过举办各类庆典以期达到企业的社会效应、经济效应、品牌效应，增加企业员工的凝聚力和归属感。

（一）开业庆典

开业庆典是企业在成立或者开张时，为了展示经济实力与社会地位而举行的庆祝仪式。成功的开业典礼是为企业塑造良好形象、扩大宣传范围、展现企业文化的有效途径。

庆典一般仪式有揭牌、剪彩、醒狮点睛、开香槟、切金猪等。

（二）开工仪式

开工仪式是企业工地、工厂开始正式生产、开采、动工等时刻举行的庆祝礼仪活动。

仪式：大致有奠基、破土、点火启动等。

（三）周年庆典

周年庆典是企业为了庆祝企业成立周岁的庆典。一般在企业成立一周年、五周年、十周年及五和十的倍数年份举行。周年庆典不仅是企业本身的庆典活动，也是向外宣传企业实力和规模的盛典。

仪式：文艺演出、企业文化宣传、表彰颁奖等。

（四）签字仪式

签字仪式是企业与企业、企业与政府之间签署合同时举行的仪式，是一种程序性、规范性较强的礼仪活动。同时，在举行签字仪式时，应体现仪式的正式性、严肃性。

仪式：签字、交换文本、合影留念、香槟庆祝等。

分组讨论庆典活动的礼仪规范

提示：

仪表礼仪：根据场合选择服装，适当妆饰以示对他人尊重和对活动的重视。

礼仪规范：庆典礼仪程序，此外还有座次、接待、称呼、馈赠、宴会、沟通等礼仪规范。

二、学校庆典礼仪

（一）开学典礼

开学典礼是学校新学期开学时，为了介绍学校、回顾工作、勉励新生奋进举行的典礼，大多在新生入学时举办。

仪式：升国旗、奏唱国歌，代表讲话，颁奖等。

（二）毕业典礼

毕业典礼是学校在一届学生完成学业之后举行的典礼。与开学典礼一样，毕业典礼是学校最重视和最正式的典礼之一，是寄托学校对毕业生的嘱托与希望，祝贺学生完成学业、踏上新征程的礼仪活动。

仪式：拨穗仪式、学位授予仪式、颁奖仪式、合影留念等。

学校周年庆典活动及颁奖仪式

提示：

学校周年庆活动形式：校友座谈会、学术交流会、报告会、文艺演出、校史展、作品展、运动会等。

颁奖、表彰典礼仪式：升国旗、奏唱国歌、致辞、颁奖、合影等。

（三）颁奖礼仪规范

1. 引领上台

通常情况下，礼仪人员在授奖人的左前侧引领其上台。

2. 颁奖

将奖品、奖状、证书等放在铺有红布的托盘中，礼仪人员整齐划一列队（或分两队分别从舞台两边上台）将奖品等端上台，交给颁奖者，再按顺序依次走下台。

3. 引领退场

待受奖者合影后，礼仪人员引领其从最近的一边退场。

模块十
礼仪活动策划

功以才成，业由才广。

——《三国志》

项目二　礼仪活动设计与策划

项目学习目标

情感态度目标

1. 理解礼仪活动策划的重要性。
2. 增强礼仪活动策划的自信心。

技能目标

1. 能撰写基本的礼仪活动策划方案。
2. 能够开展礼仪活动，进行组织与管理。

知识目标

1. 了解礼仪活动方案的策划原则和撰写要求。
2. 掌握礼仪活动筹办的流程与细节。

项目学习内容

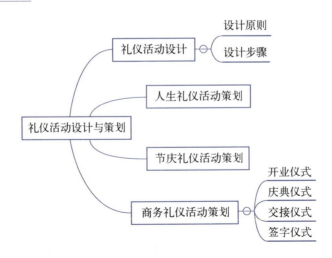

导入案例

"尴尬"的接收仪式

一天,H国将迎来最新型飞机。H国为这架飞机举行了隆重的接收仪式,然而在仪式中却出现了意想不到的"状况"。按照国际惯例,飞机的接收仪式过程中要"过水门"。仪式当天,这架新飞机缓缓驶过两辆消防车中间,两辆车喷水迎接。可就当飞机缓缓驶过时,意外发生了,消防车本应喷出的自来水变成了消防泡沫。

原来,其中一辆消防车在突发任务结束后匆忙赶来,忘将"喷泡沫"切换成"喷水"模式,才造成了此次意外,让本该严肃的氛围陷入了"尴尬"。

案例分析

"过水门"是在庆祝新航线首飞、接收新机型、新飞机或者纪念退役飞机时,举行的对飞机或机长礼遇最高的仪式。两辆或两辆以上的消防车在飞机两侧喷射水雾,会出现一个"水门"的形状,故名"过水门"。

以上案例是庆典礼仪活动的中的一类。案例中,因一个意外状况,让整个仪式陷入了尴尬。分析其原因,在整个仪式过程中,流程没有出错,人员安排也很到位,却"败"在了细节。因此,在礼仪活动策划学习中,除了要熟悉和掌握礼仪活动的流程,更要懂其设计原则,加强对礼仪活动过程中细节的掌控。

随着时代的快速发展,礼仪活动设计也逐渐得到了各领域和行业的重视。一个成功的礼仪活动能让主办方树立良好形象,沟通情感,维系关系,创造价值。把握礼仪活动设计的原则,掌握设计的步骤,熟知各项礼仪活动的组织流程及细节是礼仪活动设计者应具备的基本功,是关系到活动实施成败与否的关键点。

项目实施

任务一　礼仪活动设计

在设计礼仪活动时,不能千头万绪,内容堆砌,让礼仪活动形式或议程过于烦琐,而应紧扣各类礼仪活动的仪式及规范,突出其特点,更要找准设计的思路,了解设计的原则。

一、礼仪活动设计原则

(一)目标性

设计礼仪活动首先要吻合主题,找准活动举办的目的性,如宣传推广、感恩答谢、祝贺庆祝、嘉奖表彰、树立形象、维护感情和凝聚人心等。

10

（二）可执行

在设计过程中要考虑主办者的实际情况，如活动是否合法合规，以及活动的人力、物资、成本预算、环节设计、环境分析等是否切合主办方的要求。

（三）规范性

礼仪活动中会包含一个或多个仪式环节，值得注意的是每一个仪式都有通用和认可的礼仪规范。因此在设计礼仪活动和实际操作中，可根据实际情况稍作调整，但不可对仪式规范进行修改，如升旗仪式、签约仪式等。

（四）针对性

在对礼仪活动设计时，要明确活动的对象和主体，有针对性地确定主题，设计礼仪活动流程和活动形式。

（五）创新性

随着礼仪活动的增多，受众对象往往感觉到所接触到的礼仪活动的内容和形式大同小异。如何在同类型的活动中脱颖而出，赢得关注、提升活动效率，关注创新性是最有效的办法。值得注意的是，创新不是随心所欲，要建立在符合法律法规、合理合情的基础上。

（六）礼仪活动策划者的素质要求

知识储备：懂得礼仪活动的分类和特色、熟悉礼仪规范、人文环境、当地习俗、活动流程、相关法律法规以及主办方的企业文化等。

能力储备：具有创新性思维，良好的沟通协调能力，组织能力，团队协作、文案编辑、传媒推广、灵活应变、语言和计算机运用等能力。

素质要求：积极向上的态度、专业化的职业素质和强大的心理素质。

二、礼仪活动设计步骤

（一）前期准备

1. 确定主题

不同的单位对礼仪活动的要求各不同。在设计时，应先了解主办方举办礼仪活动的目的，期望达到的效果以及效益。在了解目的后，再确定礼仪活动的类型和主题。一般为"开门见山"型，如某某公司开业庆典、某某学校开学典礼、某某单位揭牌仪式等。

2. 估算成本

在估算成本时，应考虑到礼仪活动的各个层面和环节，如涉及多个部门或商家，还需及时沟通，以便掌握实际情况，计算活动成本，内容包括：场地租赁与搭建、供应商物料采买、差旅费、公关费、设备租赁、安全保卫、人工费、工作人员工资、宣传费、餐费、礼品支出、其他费用等，成本估算比例和活动预算示例分别见表 10-1、表 10-2。

表 10 - 1　成本估算比例表

成本项目	活动场地搭建	供应商物料采购	差旅费	答谢	其他费用
所占比例	40%	30%	15%	10%	5%

表 10 - 2　活动预算表

活动主题	"十年奋进卓越腾飞"×××公司周年庆典			
成本项目	用　途	单　价	数　量	总价（万元）
前期宣传	广告投放	50 000 元/天	10 天	50
	新媒体运行	10 000 元/次	3 次	3
	宣传产品制作	80 元/个	200 个	1.6
……				
合计：……				

在制作成本预算时，除了实际消费外，还应留有"其他保障资金"预算（不超过整体活动预算的 10%）。因为在活动实施过程中，并不能保证实施过程与实际情况完全相符，在处理突发事件或需要调整方案时，"其他保障资金"则是活动顺利实施的有效保障。

3. 撰写方案

（1）组建礼仪活动策划团队。组建团队是为了整合优质资源，通过合理分工协作将团队成员优势发挥到最大限度。特殊活动可以考虑增加外援，如礼仪培训师、公关公司人才、新媒体运营人才等。

（2）制作工作进度表。根据举办活动的类型和目标，制作工作进度表，对各项任务进行分解，并落实到具体负责人，以免造成工作的拖拉、责任的推诿等现象。大致有：活动进度表、活动前期工作安排表、活动当天工作安排表（工作人员）、活动议程安排（参加人员、嘉宾）等，示例见表 10 - 3、表 10 - 4。需要注意的是，制表的目的是让活动实施更有效率，布置工作任务更加直观，切勿出现"一人多表""一事多表""一事多标准""一事多人负责"的现象，以免弄巧成拙，让实施者无从着手工作。

表 10 - 3　工作计划表

工作项目	负责人	具体内容	工作目标	开始日期	结束日期
礼仪培训	×××	1. 挑选礼仪人员 2. 制定培训计划 3. 礼仪人员培训	1. 符合礼仪活动规范 2. 熟练运用礼仪技能	月　日	月　日
……					

10

表 10-4　工作进度表

工作项目	负责人	1月				2月		
		第一周	第二周	第三周	第四周	第一周	第二周	第三周
展台搭建	某某	招标	展台方案确定					展台搭建
……								

（3）文案策划。

主题方向的确定：时间、地点、主要内容和流程、成本预算、推广内容、预期效果。

人员的确定：各人员对应的工作内容、职责、目标等；邀请人员、参加人员名单确定。

场地及后勤保障：场地搭建、物资采买、设备租借、安全防卫、住宿餐饮、接待、迎送安排等。

宣传与营销：媒体选择与沟通、联络、接待，形式多样且有效的宣传手段、宣传标语、口号，产品的设计与制作等。

突发事件预案：机动人员的调配，以及地点、设备、场地、天气、安全等细节方面突发情况的预案。

（4）前期准备工作的实施。根据礼仪活动策划方案，团队成员应在工作时间节点前按质量、按要求完成所负责的项目内容。在前期工作准备实施时，领导者应把控全局，如遇问题，积极提供帮助，协调各部门的工作，检查准备情况。各项目负责人应发挥团队合作精神，凝聚团队的智慧，积极沟通协调，团结协作完成任务目标。

礼仪活动策划实施方案的撰写示例

（二）活动现场安排

1. 活动现场检查

包括人员、设备、场地、宣传、物资等检查。

2. 彩排

各组人员按活动流程彩排。主要关注是否预留足够的时间以保障突发事件的妥善处理，根据彩排出现的状况及时协调解决；项目负责人保障负责内容的顺利实施、各环节出现的细节问题处理、突发预案的预演和彩排现场的安全防护等工作。

3. 活动实施阶段

按礼仪活动策划方案实施。主要关注安防工作、各部门的组织与协调、突发事件的灵活处理、宣传与推广等。

活动的节奏直接影响到礼仪活动的实施效果，应考虑活动开展节奏的连贯性和合理性，适时引导参与者的情绪。活动节奏设计可分为五个阶段：起始、渐强、高潮、渐弱、落幕。

（三）活动总结与评价

1. 收尾工作

包括场地的清洁与打扫，设备、物资的归还，各项目工作的结算与报销等。

2. 活动评价与总结

包括照片、录像、文字材料等整理与归档。总结活动的经验、对活动进行过程评估、费用评估和效果评估，形成总体报告，以备为下一次工作提供参考和制作物化成果。此外，还可对参与者开展调查问卷、电话跟踪等活动，收集更真实、科学的活动效果评估数据。

3. 宣传与推广

包括发布新闻、新媒体推广（官方微信、微博、公众号等）。

任务二　人生礼仪活动策划

以出生宴为例。

（一）出生宴主题元素

在筹备出生宴时，可围绕一个或多个主题来营造气氛。可选主题元素有：新生命的诞生、家庭的希望、爱情的结晶、茁壮成长、幸福美满的一家、爱的表白等。

（二）出生宴的流程

1. 前期准备

（1）需要确定的：举办的时间、参加人员名单、座次（含备桌）。

（2）需要沟通的：预订场地、休息室的准备、菜单、影视和音响设备、主持、致辞稿、发邀请函（或请策划公司）等。

（3）需要保障的：现场人员安排与分工、经费预算、现场拍摄人员，家庭成员和婴儿健康状态，以及婴儿的衣物、玩具、推车、奶粉、防护用具等。

（4）需要采购的：烟酒、瓜子、糖（蛋糕）、回礼等。

（5）需要制作的：场地氛围的营造，如照片墙、成长视频、海报、背景墙、摄影区等。

（6）环节准备：抽奖、文娱节目、小游戏等。

2. 宴席仪式流程

（1）致辞（感谢与祝愿）。

（2）表达环节（婴儿成长视频、来宾致辞等）。

（3）互动环节。

（4）抽奖环节。

（5）切蛋糕仪式（或开香槟、放飞气球等庆祝方式）。

（6）举杯祝愿（开席）。

（7）敬酒环节（送回礼）。

（8）欢送来宾（合影留念）。

以上流程为参考流程，在具体实施过程中，可根据实际情况来策划。

3. 后期收尾

结算、视频剪辑与制作等。

10

课堂互动

如何策划周岁宴

　　主角：乐乐。性别：男。请围绕"成长"这一主题元素,分小组为主角乐乐撰写一场温馨的周岁宴策划方案。

　　要求：场地、时间不限。

　　参加人员：40 人。

　　预算经费：2 万元。

　　提示：请参考以上"生日宴的流程",写出详细执行方案。

任务三　节庆礼仪活动策划

　　随着习近平总书记"四个自信"(道路自信、理论自信、制度自信、文化自信)的提出,中国传统节日文化得到了更多的关注与重视,发扬和传承民族文化更是策划节庆礼仪活动的根本性宗旨。现如今,人民日益增长的物质文化需要不断提高,催生了节庆礼仪文化的诞生,市场需求面逐渐扩大,节庆礼仪活动也成为各级政府和单位共同关注的焦点。

　　节庆礼仪活动策划的要点如下：

　　(1) 明确主题元素,如端午节龙舟赛、元宵节彩灯秀、重阳节登高。围绕主题开展一个或多个活动,制订可实施方案。

　　(2) 结合文化元素,可参考的文化元素有：民族文化、习俗文化、礼仪文化、地方文化、企业(景区景点)文化、传说故事、节庆文化等。

　　(3) 创新活动内容,可从参与者(消费者)心理、感情、产品需求入手,从节庆活动宣传入手,从节庆氛围营造和场地设计入手或者从节庆活动形式入手。

　　(4) 合理统筹规划,主要内容有：从主办方和主办地的实际条件出发,合理制定礼仪活动规模。准确把握参与者节庆(产品)需求,合理安排人员工作,合理支配资金成本,关注活动实施效果,积极推广和宣传。

案例：山东节庆活动精彩纷呈

任务四　商务礼仪活动策划

　　商务礼仪活动的内容广泛,涉及开业、竣工、交接、谈判等多个方面。在策划商务礼仪活动时,根据主办方实际情况,在礼仪活动中可穿插一个或多个仪式,如：企业开业典礼中可依次安排剪彩仪式、签字仪式等。

一、开业仪式

类型：开业典礼、开幕仪式、开工仪式、破土仪式、奠基仪式、通车/航仪式等。

不同类型的开业仪式流程如下。

(一) 开业典礼

开业典礼流程如图 10-1 所示,其中物品准备有:邀请函、新闻通稿、宣传内容(文字和高清图片)、场地布置物品、签字台等。

图 10-1　开业典礼流程

(二) 剪彩仪式

剪彩仪式流程如图 10-2 所示。

图 10-2　剪彩仪式流程

1. 剪彩仪式物品准备

剪彩绸缎(绸缎与花团):一般是一匹没有使用过的红绸缎,或用两米左右的红丝绸缎代替。绸缎的中间挽成几个花团,花团的数量可比剪彩人数多一个或者比剪彩人数少一个。

剪彩剪刀:剪刀数量要根据剪彩人员准备,必要时可多备一把。剪刀需用新剪刀,且锋利、顺手,在剪彩之前最好是对剪刀进行检查和演练。

白色手套:为了以示庄重,可为剪彩人准备一副白色新手套,手套应注意大小合适,没有污渍。

托盘:托盘为盛放剪刀、绸缎、手套所用。托盘一般要铺上一块红绸布。

2. 剪彩仪式站位安排

剪彩仪式单双排站位示意图如图 10-3 所示。嘉宾重要性按数字 1 至 5 排列。

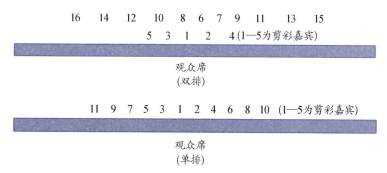

图 10-3　剪彩仪式单双排站位示意图

10

(三) 开工仪式

开工仪式是矿山开采、工厂生产动工开始时较常见的庆典仪式,流程如图 10 - 4 所示。

图 10 - 4　开工仪式流程

(四) 竣工仪式

竣工仪式一般流程如图 10 - 5 所示。

图 10 - 5　竣工仪式流程

(五) 下水仪式

下水仪式是庆祝新船建造完成、交付使用时举行的庆祝仪式,流程如图 10 - 6 所示。

图 10 - 6　下水仪式流程

除了以上常见的开业庆典仪式外,在开业庆典礼仪活动中,可根据主办方特点及意愿,设计更加个性化、时尚感的启动仪式,如:放飞气球、齐开香槟、同切蛋糕、揭牌等仪式。

案例:掷瓶礼

二、庆典仪式

庆典仪式是商务活动中最为常见的庆祝仪式,主题有周年庆典,重大荣誉、业绩、发展的庆典。

一般仪式流程如图 10 - 7 所示。

图 10 - 7　庆典仪式流程

物品准备:茶点、礼品、节目单、茶水、席位卡等。

📝 **课堂互动**

开业庆典活动怎么办才有特色？

提示：

（1）挖掘企业特质，融合产品亮点。

（2）结合热点节日，扩大影响人群。

（3）丰富活动形式，拓展宣传方式。

三、交接仪式

交接仪式是施工单位按照合同约定，将已经建成或安装完成的工程、项目、设备等，经验收合格后正式移交给使用单位时举行的庆祝活动。

交接一般仪式流程如图10-8所示。

图10-8　交接仪式流程

交接仪式必不可少的是要准备交接象征的有关物品，如验收文件、钥匙（用以开启交接物、交接建筑的象征性物品）、一览表（交接清单）等。

四、签字仪式

签字仪式是商务公务活动中常见的礼仪活动形式，一般在会谈、会见后举行，或穿插在会议中进行，是签订合同、协议的各方在合同、协议正式签署时的较正式的仪式。

一般仪式流程如图10-9所示。

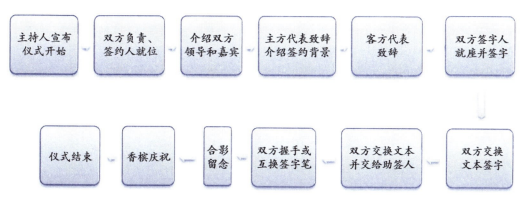

图10-9　签字仪式流程

10

签字仪式场地的布置一般有：

（1）签字厅。一般铺有地毯，摆放一张长方桌和签约所用的椅子。

（2）签字桌。签字桌应铺有台布（一般为深色），横放于签字厅。签字桌上摆放合同文本及签字笔、吸墨器等。根据实际情况，还可摆放鲜花、国旗、话筒等。

礼节是所有规范中最微小却最稳定的规范。

——拉罗什福科

项目三　礼仪活动的主持

项目学习目标

情感态度目标

1. 增强对主持人的认同感和对舞台的向往。

2. 勇于展现自我,增强自信。

技能目标

1. 能够树立礼仪主持人的专业形象。

2. 掌握良好的口头表达能力。

3. 培养语言应变能力。

知识目标

1. 了解礼仪主持人的工作内容和作用。

2. 懂得礼仪主持人的道德和职业素养。

项目学习内容

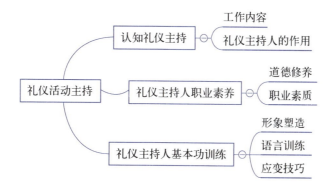

导入案例

一日,某商场前,一家公司正在举办新开发的减肥产品上市推广活动。该公司领导对这次新产品的面市非常重视,请来了专业礼仪策划公司指导。上午11时,商场门前的人流越来越多,该公司的推广活动正式开始,在主持人渲染气氛下,越来越多的顾客聚集过来,准备参加接下来新品试用的派送活动。主持人为了把活动带入高潮,说道:"肥胖不仅是我们个人的负担,也是家庭的负担,更是社会和国家的负担,我们公司就是为了解决这一'世界'性的难题,推出了新产品……"就在这时,一位刚刚领到试用品的参与者,愤然地将试用品扔上台转身离去。她的举动也使现场一度陷入了尴尬。

讨论:这位参与者为什么生气?主持人的言语存在什么问题吗?

案例分析

以上案例中,主持人抓住了活动议程的节奏,想在人气最旺的时候把活动推向高潮,这也是一名主持人在活动中应起到的作用。但在烘托活动气氛时,主持人的言语惹怒了一位参与者,导致本该达到的活动效果大打折扣。

根据有关数据调查显示,一位投诉的顾客背后有25个不满意但未投诉的顾客,案例中虽只惹怒了一位参与者,但也就意味着至少有25名参与者同样对主持人的言语不满。因此,当我们进一步分析会发现,主持人言语的失误不仅仅影响到的是活动效果,对主办公司和主持人的企业和个人形象都有所损害。

随着社会发展的文明和进步,现代礼仪活动层出不穷,礼仪主持的需求量日益剧增,同时也伴随着礼仪主持人素质参差不齐等现实问题。现如今,大众过于关注礼仪主持人的"颜值",而忽略了主持人最应具备的道德修养、职业素养、知识储备和文化涵养。

礼仪主持是一项专业综合能力要求较高的职业,是串联整场礼仪活动,把握活动节奏的灵魂人物,对整场礼仪活动质量和层次高低起着决定性的作用。正确认知礼仪主持人这一职业,掌握必修知识,练好专业基本功,是成为行业"金话筒"的先决要素。

项目实施

任务一　认知礼仪主持人

一、礼仪主持人工作内容

主持人是在节目、会议或活动中负责推进议程、调节气氛、沟通关系的专业人员。礼仪主持人主要负责礼仪活动的主持工作,如企业礼仪活动主持、政务礼仪活动主持、婚庆礼仪活动主持等。主要工作内容分为以下几方面:

（一）礼仪活动前

（1）明确礼仪活动的程序与要求。如：与主办方和承办方沟通，了解礼仪活动相关要求及基本情况；了解客户对礼仪主持的风格要求；熟悉礼仪活动的流程；礼仪活动主持的形象、声音、知识等准备。

（2）参与方案的构思和撰写。如：参与礼仪活动文案的策划、撰写和熟记礼仪活动主持词、参与礼仪活动各环节的细节处理等。

（二）礼仪活动中

（1）导入、串联、收合礼仪活动各环节，推进活动程序。如：在礼仪活动中展示专业职业素养，用语言、形态把控活动节奏，推进礼仪活动进程等。

（2）与礼仪活动参与者进行交流互动、营造气氛。此外，还要善于处理礼仪活动中的危机，化解所出现的尴尬。

二、礼仪主持人的作用

（一）礼仪活动程序的推进

礼仪主持人是程序推进的执行人，要按计划将礼仪活动中的各项程序推进到位。这就需要礼仪主持人做好充分的准备，熟知各项议程中的礼仪规范，包含礼仪活动的座次、站位等安排，各类仪式的流程及具体要求。善于根据现场情况，调整主持风格，从而牢牢地吸引参加者的注意力，顺利推进礼仪活动的各项进程。

（二）礼仪活动氛围的营造

礼仪主持人的专业性不仅体现在专业知识的功底，还应该体现在礼仪活动各阶段氛围营造的能力，通过语言魅力调动参与者的情绪，让参与者对礼仪活动产生兴趣。如开场暖场氛围的营造、礼仪活动高潮氛围的营造、仪式感氛围的营造等。

（三）礼仪活动各环节的串联

礼仪主持人要熟记礼仪活动的各个环节，每个环节的具体内容和实施步骤，处理好各环节的衔接。如在领导或嘉宾致辞后，能给出恰当的评价或总结，承上启下做好串联。

任务二　礼仪主持人职业修养

一、应具备的道德修养

（1）热爱本职工作，团结协作，遵纪守法，维护国家形象，有政治意识。

（2）拒绝低级趣味，拒绝有害国家、民族和社会公德的言论。

（3）营造积极健康向上的文化氛围。

（4）不损害和侵犯他人名誉和隐私权。

（5）同行之间相互尊重，相互支持，不做不正当的业务竞争。

10

良好的道德修养是从事任何职业的先决条件。礼仪主持人的道德修养也决定了活动的底线和尺度,有一定的言语导向作用。因此,礼仪主持人要关注自己的道德修养,提高自身思想境界。

> **课堂互动**
>
> 主持界流行这样一句话:"有话没话都要'聊'"。你认为这种说法对吗? 该如何正确理解?
>
> 提示:主持人不该为了主持效果"胡乱调侃"。因此,提升主持水平更应该在自我学识修养、幽默艺术以及口语表达方面下功夫。

二、应具备的职业素质

(一) 人文素质

礼仪主持人应是"杂家",既要有所擅长的知识领域,也要不断地扩充自身知识面的深度和广度。礼仪主持人还要特别关注在礼仪规范、程序、习俗等方面的学习,在主持的时候才能够做到胸有成竹,一语中的。

(二) 心理素质

礼仪主持人要有承受和调节各种心理压力的能力。稳定的心理素质是礼仪活动中应变能力的成功保证。

(三) 气质修养

礼仪主持人要努力提升自身的人格魅力,用专业的职业形象,得体的举止行为,高雅的谈吐去感染和吸引听众。

(四) 业务能力

学习的能力、发音的规范、语言表达能力、思维方式、应变能力、写作能力等。

> **课堂互动**
>
> 有一次,一名记者采访中央电视台某著名节目主持人,问他优秀节目主持人的标准是什么。该主持人答道:"优秀的节目主持人,应该在基本框架的基础上,尽量推陈出新,反应一定要灵敏,对一般的事物最好能有出乎意料的见解,要有'节目就是我做,换了我不行'这种舍我其谁的霸气。我想这种霸气就是对自己的一种强烈的自信。"
>
> 请分组讨论,礼仪主持人的"自信"来源于哪些方面,又该如何具体落实到学习行动中?

提示:
(1) 多查阅书籍,翻看一些关于口才的书籍,多看多练。
(2) 在日常人际交往中,多和人交谈交流,提升口才。
(3) 活动开始前充分准备主持词,注重相关知识的储备。
(4) 多次排练,练习自己不足的地方,提升主持的技巧。
(5) 努力提高各方面修养,举止大方,塑造良好形象。

任务三　礼仪主持人基本功训练

 **导入案例**

"大家都是摔倒了又爬起来才走到这里的"

在 2009 年春晚首次彩排中,青年美声歌手王莉在上场的时候不慎摔倒,单膝跪地。虽然她的舞台经验丰富,摔倒后并没有影响到声音的效果,但现场气氛仍略显尴尬。面对王莉的摔倒,中央电视台著名主持人董卿临时发挥说了这样一段话:"刚才歌手王莉不小心摔倒,好在没影响到她的演出。其实春晚就是这样一个舞台,能站在这里的都是最优秀的演员,大家都是摔倒了又爬起来才走到这里!"

案例分析

灵活的应变能力是主持人化解现场危机的润滑剂。从以上案例我们看到,王莉不慎当众摔倒,场面一时陷入尴尬,主持人董卿展现了高情商的职业综合素质,用温暖的话语帮助王莉化解了尴尬,也让在场的观众产生了共情。而董卿良好的心理素质背后,是优秀的语言表达能力和文化修养。

"大家都是摔倒了又爬起来才走到这里的",正如董卿所说的这句话一样,礼仪主持人的专业基本功,没有速成的办法,必须要经过孜孜不倦反复的训练,在练习中找准自己所欠缺的,一步一个脚印去完善提升,终有一天我们也会走上属于自己的成功舞台。

一、礼仪主持人的职业形象塑造

根据心理学家洛钦斯提出的"首因效应"的概念,礼仪主持人的第一印象能为接下来的主持工作带来良好效应。第一印象包括主持人的形象、仪态和服饰等。

(一)礼仪主持人形象设计原则
1. 美观大方
礼仪主持人的形象要给人以美的享受。礼仪主持人不论高矮胖瘦、颜值如何,其外在

10

个人形象都要符合大众的审美观,不能过于个性化、过于前卫、过于暴露、过于有设计感等。

2. 和谐统一

一是礼仪主持人的外在形象要和心灵美相和谐,不能只重视自己的外在,而忽略了内在涵养的提升。二是个性形象和环境的和谐统一。三是个人形象与主持风格的和谐统一。

3. 个性化原则

礼仪主持人要找准适合自己的主持风格,在符合大众审美的前提下塑造符合自己气质的个性形象,给观者留下深刻的"烙印"。如《非诚勿扰》的主持人孟非、中央电视台少儿频道的主持人金龟子刘纯燕等都有着自己鲜明的形象特点,独特的个人形象也为他们增添了人格魅力。

✏ 课堂互动 ┄┄┄┄┄┄┄┄┄┄┄┄┄┄┄┄┄┄┄┄┄┄┄┄┄┄┄┄┄┄

在一次节目访谈中,著名节目主持人杨澜分享了一段她的求职经历。那时的她因为面试屡次遭拒,心灰意冷。一天她披头散发地走进了一家咖啡厅。一位英国老太太坐在她前方的位置观察了她很久,老太太临走时,递给了她一张纸条,内容是"作为女人,你必须优雅,这是你的尊严和做人的标志"。杨澜分享这段经历时,她说道:"没有人有义务透过你邋遢的外表去发现你内心的美。"

请根据你的理解,阐述礼仪主持人塑造良好形象的意义。

(二) 礼仪主持人的妆容与服饰要求

1. 妆容要求

了解自己皮肤特性、定期做好皮肤保养;扬长避短使用适合自己的化妆技巧;发型要符合自己的脸型和服饰特点;注意室内和户外妆容的区别;及时补妆。

2. 服饰要求

根据场合挑选不同风格的服饰;根据自己的身材挑选服饰;注意穿着的礼仪规范;注意饰品、配饰的搭配原则。

(三) 礼仪主持人的仪态要求

良好的仪态是礼仪主持人形象气质的外在表现,专业的语言表达要和动作语言相配合。关注自身仪态的规范,有意识地训练仪态,才能在工作中游刃有余,体现专业性。

(1) 仪态要符合礼仪规范。

(2) 仪态要大方得体,真诚自然。

(3) 注意禁忌,避免落座时椅子拖动太大声,与他人交谈时左顾右盼,用手指指人等。

课堂互动

假如你是一名礼仪主持人,请结合本人实际情况,说出个人外在形象改造的详细方案。

提示:

从妆容、服饰、仪态三个方面考虑。

二、礼仪主持人的语言训练

(一)发音与吐字练习

礼仪主持人是靠"嘴巴吃饭"的职业,主要通过有声语言表达自己的思想和情感。好的嗓子是有利的天赋,同时这项技能也是可以通过后天训练达到效果的。在练习时,主要关注发音清晰、语调得体、声音自然、音量适中、语速适宜等方面。

1. 练习的基本方法

通过运动加强胸部和腹部肌肉群的力量;通过不同题材、风格的诗歌朗诵调整呼吸方式;通过绕口令练习语速和流利度;通过朗读纠正发音和吐字,达到语言与感情的交融;通过文章语调的停顿、轻重、抑扬顿挫掌握断句和语言的节奏。

2. 语言表达训练

(1)开场白训练:好的开场白是拉近礼仪主持人与受众距离快速而有效的方式,关键点是要"出彩",一开口便能吸引受众的注意力。

方法:① 开门见山。问候、介绍主题、进入第一环节。如:"各位来宾,早上好,今天我们欢聚一堂庆祝××公司的开业庆典。首先,请允许我先介绍今天到场的……"

② 抒发情感。借助与主题相关的环境、物,抒发感情。如"大城县的美景,让我由衷感受到金山银山不如绿水青山……"

③ 问题式。提出问题,或描述一种现象,引发受众思考。"现在的中国制造在世界有多牛?大家一定想不到……"

(2)串联语训练。在主持礼仪活动的过程中,通过串联词和语句来确保各环节的连接和推进。

要求:① 抓住主题。主持人要善于引导礼仪活动的话题,在撰写主持词时,要注意串联词与主题的契合。如果是现场环节,更要凭借自己对活动的信息储备,抓住重点,紧扣主题,做话题的引导者。② 衔接自然。串联语关键是起到承上启下的过渡效果,要善于发现各环节之间的衔接点,保持内容相关和形式一致,可以在准备主持词时,多准备几个衔接语,在临场发挥的时候也能有备无患。

方法:① 学会交谈。在活动主持过程中,为了增加受众的参与度,往往会有互动、谈话等环节。此时主持人要注意:一是不要没话找话,要抓住重点准确表达。二是留意对方的暗示,把握交谈节奏,比如对方不停看手表,则表示不愿意再继续交流。三是把握交谈的时间。四是注意倾听和谈话时的仪态。② 学会用评论语。在主持礼仪活动时,嘉宾发言后往往会用到的就是评论语,评论或总结嘉宾发言的"精髓"也是衔接下一环节的语言技巧。

（3）结束语训练：结束语是主持人在礼仪活动即将结束时说的话。结束语要给整个活动画上一个完美的"句号"，保证活动的完整度，不能虎头蛇尾，但也不能喋喋不休。

方法：① 简要概括。主持人在节目结尾时，要关注受众的情绪，避免啰唆。简洁明了收尾，如："××仪式圆满结束，再次感谢各位的莅临，再见!"② 产生共鸣。让受众产生共鸣的结束语能鼓舞人心，让人回味无穷。如："感谢各位领导和嘉宾的莅临，感谢各位媒体朋友的支持。今天我们共同见证××企业的璀璨绽放。从此刻开始，××企业将为我们带来新的福音!"

> **课堂互动**
>
> 　　在一次乡村旅游开幕庆典中，主持人郭莎邀请了一位4岁的小朋友上台互动。谁知4岁的小朋友完全没有跟着郭莎的"节奏"走，对郭莎提出的问题不理会，而是"跑题"地问道："姐姐，天空为什么是蓝色的？"如果你是主持人，你会如何回答？

三、礼仪主持人语言技巧训练

（一）即兴表达训练

1. 即兴语言训练

即兴语言训练，主要通过听到、看到、想到的事物或信息，通过自己语言的重新组织再流利地表达出来。刚开始，可以从一句或两句话来表达，再逐渐增加句数。

方法：① 听完就说。听到一段问话、一个新闻或一个观点等，马上就说。在说的过程中，注意逻辑性、关联性。② 看完就说。看完一段文字、几个词组、一个企业信息等，马上就说。③ 此外，还可以在日常生活中，把自己看过的一本书、一部电影、一个美食分享给你的伙伴，通过情感的分享来训练自己的表达能力。

2. 即兴思维训练

思维决定了我们表达的框架、方向和内容，也就是说你的思维决定了你的表达能涉及的广度和深度。

方法：① 思维导图。思维导图是帮助我们记忆非常有效的一种方式，选定一个主题，把说的内容用思维导图的方式画出来，再使用思维导图的逻辑性表达出来。② 格式化构思。即兴表达时，我们可以以时间、空间、因果、方向等顺序进行格式化构思。

（二）培养幽默感

在主持过程中，幽默的语言是化解危机、吸引注意力、拉近与受众距离的技巧之一。培养幽默的语言一定要有一个幽默的心态，培养幽默感，不只在主持实战中积累经验，更要在平时生活中，保持积极健康向上的心态，对外部事物充满兴趣，向他人学习，培养自己的幽默感。主持中运用到的幽默形式有自嘲、夸张、俏皮话等。

小链接

　　例1：在一次综艺晚会上，主持人凌峰登台说："大家好。我叫凌峰，凌峰的凌，凌峰的峰。（众大笑）你们听过凌峰的歌没有？"凌峰："没有听过凌峰唱歌的朋友，终身遗憾。（众笑）听了一次凌峰的歌，遗憾终身。"

　　例2：央视新闻频道朱广权的一段开场白："亲爱的观众朋友们，地球不爆炸，我们不放假；宇宙不重启，我们不休息。风里雨里节日里，我们都在这里等着你。没有四季，只有两季，你看就是旺季，你换台就是淡季。"……

　　你还能说出曾经遇到或听到的主持中的幽默话语吗？

能力训练

　　学完本模块所有项目任务后，请扫描二维码完成模块十能力训练，并在教师带领下进行讨论。

模块十
能力训练

10

附录 全国礼仪大赛通知、参赛方案、设计文案

为更好地贯彻《国家职业教育改革实施方案》（国发〔2019〕4号），提升职业院校礼仪教育教学水平和人才培养质量，彰显中华传统礼仪文化的时代价值，展示职业院校师生的职业礼仪风采，中国职业技术教育学会决定举办全国职业院校师生礼仪大赛。现已成功举办多届。

大赛指导思想：坚持以习近平新时代中国特色社会主义思想为指导，弘扬中华传统礼仪文化和行业、职业文化，展现职业院校师生良好的职业素养、职业形象和育人成果；推进教学改革，提技能、强素质，为促进经济社会发展和提高国家竞争力提供优质人才支撑。

大赛每年制定相应主题，如2019年为"迎祖国七十华诞 展职教礼仪风采"。

大赛组织机构：

主办单位：中国职业技术教育学会

承办单位：中国职业技术教育学会人文素质教育专业委员会

协办单位：赛项承办院校

……

礼仪国赛已经汇聚了全国近千所职业院校的磅礴之力，通过礼仪教育教学交流，促进了礼仪文化课程的丰富创新；通过赛事举办传播，营造了职业院校礼仪文化育人的全新格局；通过职教学会公益搭台，促成了多项赛教融合、校企合作项目的工程建设。全国职业院校师生礼仪大赛的又一次成功举办，将为职业教育改革注入新的动力源泉，为职业院校文化育人提供新的方案计划，为礼仪课程革故鼎新挖掘新的内涵方法。

（礼仪国赛详细的通知、介绍、参赛方案等请扫描下方二维码获取。）

主要参考文献

1. 金正昆. 商务礼仪[M]. 北京：北京大学出版社，2004.
2. 金正昆. 服务礼仪[M]. 北京：北京大学出版社，2005.
3. 陈玉. 礼仪规范教程[M]. 北京：高等教育出版社，2005.
4. 向多佳. 职业礼仪[M]. 成都：四川大学出版社，2012.
5. 斯静亚，杨群欢. 职场礼仪与沟通[M]. 2版. 北京：高等教育出版社，2014.
6. 周思敏. 你的礼仪价值百万[M]. 北京：中国纺织出版社，2012.
7. 王玉玲，徐春晖. 商务礼仪[M]. 北京：人民邮电出版社，2014.
8. 张百章，何伟祥. 公关礼仪[M]. 大连：东北财经大学出版社，2005.
9. 徐珍，林剑伟. 商务礼仪与沟通技巧[M]. 北京：电子工业出版社，2016.
10. 盛美兰. 民航服务礼仪[M]. 2版. 北京：中国民航出版社，2013.
11. 穆清. 职场礼仪[M]. 长春：吉林教育出版社，2019.
12. 方凤玲，陆蓉. 空乘形象塑造[M]. 北京：国防工业出版社，2015.
13. 陆红杏. 空乘化妆与形象塑造[M]. 东营：中国石油大学出版社，2017.
14. 熊鹤群. 旅游礼仪实务教程[M]. 武汉：华中科技大学出版社，2016.
15. 王春林. 旅游职业礼仪规范与训练[M]. 上海：华东理工大学出版社，2010.
16. 国家旅游局人事劳动教育司. 旅游服务礼貌礼节[M]. 北京：旅游教育出版社，1999.

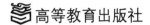高等教育出版社

教 学 资 源 索 取 单

尊敬的老师：

　　您好！

　　感谢您使用向多佳　李俊等编写的《职业礼仪》。为便于教学，本书另配有课程相关教学资源，如贵校已选用了本书，您只要加入高教社职业素养和创新创业教师交流 QQ 群，或者添加服务 QQ 号 800078148，或者把下表中的相关信息以电子邮件方式发至我社即可免费获得。

　　我们的联系方式：

联系电话：(021)56718737　　　　高教社职业素养和创新创业 QQ 群：310075759

服务 QQ：800078148(教学资源)　　电子邮箱：800078148@b. qq. com

传真：(021)56717650　　　地址：上海市虹口区宝山路 848 号　　邮编：200081

姓　　名		性　别		出生年月		专　业	
学　　校		学院、系		教研室			
学校地址					邮　编		
职　　务		职　称		办公电话			
E-mail				手　机			
通信地址					邮　编		
本书使用情况		用于＿＿＿＿＿学时教学，每学年使用＿＿＿＿＿册。					

您对本书有什么意见和建议？

您还希望从我社获得哪些服务？

☐ 教师培训　　　　☐ 教学研讨活动

☐ 寄送样书　　　　☐ 相关图书出版信息

☐ 其他＿＿＿＿＿＿＿＿＿＿＿＿＿＿＿＿＿＿＿＿＿＿＿＿＿＿＿＿